博碩文化

想去你的元宇宙

全面認識 NFT、社群經營及商務應用，搶攻 Web 3.0！

U0086567

元宇宙
由你定義自己的元宇宙。

鄧萬偉（Sway）主編

Jack Xu、Dylan Lin、Alina Shih 合著

施振榮、陳美伶、葛煥昭 專業推薦

主　　編：鄧萬偉（Sway）
合　　著：Jack Xu、Dylan Lin、Alina Shih
責任編輯：Lucy

董 事 長：陳來勝
總 編 輯：陳錦輝

出　　版：博碩文化股份有限公司
地　　址：221 新北市汐止區新台五路一段 112 號 10 樓 A 棟
　　　　　電話 (02) 2696-2869　傳真 (02) 2696-2867

發　　行：博碩文化股份有限公司
郵撥帳號：17484299　戶名：博碩文化股份有限公司
博碩網站：http://www.drmaster.com.tw
讀者服務信箱：dr26962869@gmail.com
訂購服務專線：(02) 2696-2869 分機 238、519
（週一至週五 09:30 ～ 12:00；13:30 ～ 17:00）

版　　次：2023 年 2 月初版

建議零售價：新台幣 650 元
I S B N：978-626-333-316-1
律師顧問：鳴權法律事務所 陳曉鳴律師

國家圖書館出版品預行編目資料

想去你的元宇宙：全面認識 NFT、社群經營
及商務應用，搶攻 Web3.0！ /Jack Xu,
Dylan Lin, Alina Shih 合著；鄧萬偉 (Sway)
主編 . -- 初版 . -- 新北市：博碩文化股份有
限公司，2023.02

　面；　公分

ISBN 978-626-333-316-1(平裝)

1.CST: 電子貨幣 2.CST: 電子商務 3.CST: 網
際網路 4.CST: 市場分析

563.146　　　　　　　　　　　111018616

Printed in Taiwan

歡迎團體訂購，另有優惠，請洽服務專線
博 碩 粉 絲 團　(02) 2696-2869 分機 238、519

持續學習，走進元宇宙的新世界

最近媒體常談到元宇宙、NFT、區塊鏈、Web 3.0 等等新名詞，這些都是現在發生中的未來趨勢，就像更早之前媒體經常提到網際網路、搜尋引擎到後來的大數據、AI 等等，這些名詞都是新技術，一波又一波持續演進發展。

我在大學及研究所讀的是理工、電子，至今已近 60 年，一路走來看著這些新技術不斷堆疊上去，彼此都有關聯性，雖然發展過程需要時間，但隨著新技術發展日漸成熟與普及化，未來一旦時機成熟，一定會影響到每個人的工作與生活。

因此，每當我們又聽到一個新的名詞時，雖然一開始時不懂這個新技術，但我們要利用機會去多接觸，心態上不要排斥，慢慢去了解新技術的真義，以及會帶來哪來新的應用，如何改變我們的工作與生活，甚至進一步利用這個新工具，提升工作效率或讓我們更享受生活。

這些持續發展的新技術可說是新的數位工具，會帶來新的數位落差，但我們不用急、不用慌，新技術是慢慢演進，所以會有足夠的時間讓我們去接觸和了解，如此面對未來時，才不會對我們自己不利。

《想去你的元宇宙》主編鄧萬偉先生，以淺顯易懂的文字，帶著大家全面去認識 NFT、社群經營及商務應用，搶攻 Web 3.0。尤其未來「去中心化」的大趨勢不容忽視，這也是每個人都將面對的大趨勢，會影響大家的工作和生活。

未來我們的世界，會有一個物理實體存在的宇宙，但同時也會有一個建構出來的元宇宙。虛擬的元宇宙仍在持續發展中，待發展成熟，未來我們也會生活在元宇宙之中，並讓我們的生活更豐富且更有意義。在此將本書推薦給各位讀者，歡迎大家走入元宇宙的新世界。

施振榮

宏碁集團創辦人／智榮基金會董事長

勇往直前從不畏懼的創業家——
為 Sway 鄧萬偉的新書喝彩

結識鄧萬偉是在我擔任國發會主委任內，但通常都是在活動的場合。知道他是台南小孩，多一份親切。俊帥的臉龐與削瘦的身型下，是一顆對區塊鏈未來發展抱持著炙熱的心與勇往直前的衝勁。投入工作的時間多到令人難以想像，而他總是説這就是創業家的精神。

之後，認識許多和他幾乎同期創業的台灣新創家，我發現這群網路泡沫化時畢業的世代，似乎都藏有創業 DNA，看到他們從手無寸鐵到現在胸有成竹的擁有屬於自己的事業，除了讚嘆，更是祝福！台灣有你們，真好。

區塊鏈是數位經濟時代的重要趨勢，並具有強大發展可能性，相信大家都沒辦法否認。為了讓業者意見能夠與政府有溝通的管道，也讓政府政策更符合業界的需求，建構一個政府與業者的溝通平台實屬必要，2019 年由我還在國發會時，發起結合國內產官學研各界共同成立「臺灣區塊鏈大聯盟」，建立溝通平台使業界與政府雙向資訊交流，進行國內外合作，推動場域應用，促進人才培育，創造業者良好的發展環境。鄧萬偉與華碩雲端吳漢章總經理一同負責大聯盟產業推廣組的工作。鄧萬偉常説，鏈圈的發展比幣圈更急迫，更能滲透到金融之外的各產業，也更有空間，我完全同意。我也非常開心看到他一直抱持著這個核心價值前進與努力。

綜合過去二年，我們看到幣圈如同雲霄飛車般的高低起伏，連帶也讓區塊鏈整體產業又再次上沖下洗！一年牛市加上一年熊市，確實讓很多新進的從業者與投資人無所適從，但這早已是區塊鏈產業的「新常態」（New Normal）。新常態之後，緊接而來的是「新秩序」（New Order）！各國政府未來對於交易所與穩定幣的加強監管，都會讓產業環境與發展更有規則，不再放牛吃草。

舉例來說，新的亮點賽道 Web 3.0 已經成形，搭配區塊鏈技術的去中心化治理、網路行為自主性、Web 3.0 資安等議題都已浮上檯面，不論是政府或民間，都必須未雨綢繆，才能與時俱進。

很高興看到鄧萬偉在工作忙碌之餘，還能花時間寫作，這本《想去你的元宇宙》是一本新科技的科普書，也是一本實踐經驗的書，非常適合關注 Web 3.0 發展的朋友閱讀，這是我們為打造台灣區塊鏈產業生態系努力的見證，期待如同台灣區塊鏈大聯盟的目標一樣，我們注重的是區塊鏈技術對人類社會帶來的進步與貢獻，透過這本書，讓我們聚集一群願意耕耘、分享、學習區塊鏈新技術及其應用的人，為台灣下一個護國神山產業而一起努力。

陳美伶

台灣區塊鏈大聯盟總召集人／台灣地方創生基金會董事長／前國發會主委

從元宇宙到數位行銷，
一本新世代必備的工具指南

元宇宙概念在 2021 年 Facebook 改名為「Meta」後一夕爆紅，被視為虛擬實境的延伸，未來的趨勢是網路自治，避免個資、網路資源集中在少數大公司，使用區塊鏈技術，搭建出虛擬網路生態系。區塊鏈、大數據、虛擬實境、人工智慧等，皆是構成 Web 3.0 的重要技術，也因此，目前許多大專校院紛紛成立相關科系深入研究此一專業知識領域，本校也洞燭機先，於 2020 年 8 月成立 AI 創智學院，2021 年人工智慧學系招收首屆大學部學生，是全國綜合型大學中第一個成立人工智慧學系。

為了讓更多社會大眾一起參與這個劃時代的話題，坊間許多相關書籍陸續問世，《想去你的元宇宙》就是其一，它是一本綜合性的專業知識書籍，既教導了區塊鏈的工作原理和應用場景，也深入探討了 NFT 與元宇宙的理論和證據。作者 Sway 鄧萬偉從本校資訊工程學系畢業後，多年來一直深耕於資訊科技產業，除了半導體產業與雲端伺服器產業，他對區塊鏈和元宇宙這兩個主題也都非常熟悉，在本書中將其解釋得清楚易懂。

此外，鄧萬偉還以自身的創業經驗，結合了與藝文市場、潮流文化產業的交手過程，使本書中的內容更加豐富。Asus 華碩與 Acer 宏碁兩大 IT 品牌，除了與他合作，Acer 宏碁更投資了他的公司。不只如此，我們日常生活中所熟知的公共電視、台灣博物館、時報周刊、永豐證券、緯來電視台、霹靂布袋戲、中華電信、威秀影城、哈根達斯這些企業，也都與他的公司合作數位商品。透過閱讀這本書，不僅能夠更加了解區塊鏈和元宇宙對一般產業的影響，還能從這些案例中獲得許多啟發，也可以跟上現在 Web 3.0 這個熱門關鍵字。

因此，所有對區塊鏈和元宇宙有興趣，並想要應用在企業轉型、數位行銷的讀者，這本書將會是您理解這些主題的最佳助手。在資訊工程學系擔任教授多年，我感受到本書豐厚的資訊科技含量，也祝您閱讀愉快！

葛煥昭

淡江大學校長

導言

本書在一個 NFT 市場最巔峰的時候開始寫，歷經 Metaverse（元宇宙）話題被傳入大街小巷，然後在 Web 3.0 慢慢成為「產業」的時候完成。科技新元素迭代的速度讓我嘆為觀止，在編輯這本書的同時我成立了一間子公司和一間合資公司，無法好好睡的我感覺也快升天到「西方極樂元宇宙」裡去了。

小時候布袋戲中獨眼龍與金太極對決的經典畫面一直存在我腦海中，楚留香飄逸的身手到現在也還令我懷念……好了先不說這些了，這些都不是現在年輕人認得的元素。

我個人對元宇宙的幻想是這樣的：某一天我們分身進到一個熟悉場景，我和楚留香一起對付壞人，或是和兩個國小同學在霹靂元宇宙中和亂世狂刀一起聊著天。很多記憶中的角色，不再褪色，只要分身到元宇宙裡，都找的到他們。

在那裡，我還期待遇見更多的驚喜，包含一些只能在夢中見到的至親，以及曾經回家都要抱牠一下的寵物……這樣我根本就可以在裡面胡混一整天，電視機遊戲機手機我都可以扔了。我最大的期待是在元宇宙中，我們曾經的感動，有機會再回來。

不知可否看到這情境真正出現。

我要感謝

本書能付梓，我要感謝一起完成本書的著作群和得力小編們，Dylan Lin、Jack Xu、Alina Shih、xuanak.eth、格格、幣趨 Andy、Janice（AJ GameFi）、Duncan Li、黃俊維（馬克叔叔）、方宸軒、李奕澄、王藝龍、蔣雯等人的齊心幫忙。

本書內容中有很多精彩的章節必須要存在「高度的想像力」、「具商業認知的創造力」、以及在論述過程中，又發現了新的思維，「打自己臉的辨證力」。這當然無法由我一個人完成（在撰寫本書過程中我已經使用了許多不同的 Avatar 分身，活在不同的場景中思考），一人就算殫思竭慮也無法構築未來世界，所以我挑選了數位優秀的產業從業人員一起編輯，一起發想，一起完成本書的創作。

五年後的世界不一定會比現在還精采，但肯定是比現在還多元的。我們每天的眼球都不夠用，恨不得吸收更多的資訊到我們的大腦中。但是，資訊吸收的完嗎？光是注意你白天用來混飯吃的專業領域，每天創造出的資訊量就讓你消化不完了，更別說你還貪心的想多涉獵一些兩性關係、親子互動、養生保健、旅遊美食、流行娛樂等等等等的資訊……你覺得你會有多少時間？

由身處 2022 年的此時延伸五年之後，你的大腦已經不屬於你自己的了，更精確的說，你的實體大腦是長在你的脖子上沒有錯，但你大腦內的資訊量已經是被精心餵養進去的了。被大量精緻資訊佔領的大腦，到那個時候你會恨自己身上可移動的交通工具只有兩條腿實在是太少了，你有好多地方想去看看，包含真實存在與不真實存在的地方。電影《移動世界》（Jumper）如能發生真是太好了，用自我意志控制下一秒身體要出現在哪裡。不能發生的話，退而求其次坐在沙發，戴個眼鏡就移動到巴黎找當地女友抱一下也是很美好的事……科技就是從渴望的人性中野蠻的發展開來。有需求，就有滿足，所以一般人對科技人的普遍印象不是酷就是屌，要不就是好棒棒，好像有點道理，不然，你來想一想別的形容詞？

至於十年或是二十年後的世界，已經很難想像了，當然，人類迎來 2042 年的機率還是很高，只是這個時候的人類存在的方式與樣貌，很可能跟現在會有很大的差別。我有很大的機率無法看到那時的世界，而我本身也沒有那麼期待，因為努力活在當下，利用現在手邊的一切才是創造未來的關鍵元素。如果真不幸還能看到，我反而希望在那個時候，「時間」是被規範的。我希望人類一定要有一部份被規範的時間抽離數位世界，處在可接觸的實體生活。會這麼說，是因為到那個時候，一出生就接觸網路的原生世代已經佔了人口的絕對優勢，而不愛數位網路只接受實體接觸的舊一代不免受到排斥而寂寞的凋零，這幾乎是一件不可逆的事。而每天新訊息提醒超過 999 次的通訊軟體讓你沒感情的送出一個又一個燦爛笑臉，其實這動作就跟政客開空頭支票時的嘴臉一

樣噁心，但這種事又如此平凡無奇如呼吸空氣。我的意思並非數位世界內沒有溫暖，而是你伸出手無法在愛人臉上拭去感動的眼淚，只能按功能再按傳送鍵時，眼淚就成了眼睛這器官多餘的功能了。

本書使用了很多智者的心血結晶，也著實是花掉我很多時間，所以我希望這本書對你們都有幫助。我的觀念是，書跟煙和酒一樣都是工具，煙和酒不是吃多就有用，同樣的書也不是唸多就有用，但一本書裡只要有一段話讓你因而腦洞一開而受用一輩子，或是記在心中一輩子，這本書就有用，學到一些道理時總是會感覺開心，而我會因為你的開心而開心的，因為我跟你沒有離很遠。

鄧萬偉

合著者簡介

Dylan Lin

【經歷】

- 致理科大 企管系 會展活動管理（全英文）學分學程
- SELF TOKEN 品牌大使
- 時代基金會 未來創業人
- Light Retrievers 共同發起人
- CEO for One Month 台灣區 Top20
- DeFi 項目 中文社群負責人

【現職】

- 思偉達創新科技 專案經理
- 防制洗錢與打擊資恐專業人員
- @croupier.lab IG 社群 創辦人

一位癡迷代幣經濟，有五年以上區塊鏈研究經驗的 24 歲小韭菜，2016 因資金盤開始接觸加密貨幣，2018 跑了上百場區塊鏈活動，透過先進們及零散的網路資料鑽研，但也曾被自己待的 DeFi 團隊慘割。目前在思偉達擔任專案經理，負責 NFT 平台、Web3 顧問服務相關的 BD、專案規劃、市場分析、產品開發等工作，同時也是公司金流 PM 及部門 IPO 窗口，並擔任過公共電視內訓、經濟部工業局、台北市教育局、成功大學等講師。在此也感謝 Sway 跟編輯群，希望能藉此機會跟讀者們學習交流，歡迎透過 IG 私訊我。

Jack 徐正樺

【經歷】

- 波士頓大學 經濟 M.A & 稅法 LL.M
- 勤業眾信會計師事務所 資深風險諮詢顧問
- BiiLabs Co. 信任網路公司 央行數位貨幣產品分析師
- 國王管理顧問公司 創業孵化器主任
- 思偉達創新科技 募資暨商務開發經理

【現職】

- PhoeNEX Limited 產品創意總監
- Defits Capital 加密貨幣對沖基金 資深 Defi 金融研究員

早期於不動產金融私募基金金融科技公司、供應鏈金融區塊鏈公司，擔任法務、商務開發與金融架構人員，負責調查底層資產與平台開發。於 2021 年底加入思偉達創新科技，開始協助 Jcard 2.0 平台與人的 NFT 指數產品規劃，發行 KOLs NFT。有幸能與 Jcard 團隊以及 Sway、Tin 以及 Alina 合作。2022年中開啟了美國行銷公司、香港金融區的國際工作旅程，打造屬於自己的全球化人才經驗。有免費的英文 YouTube 單字頻道「Cheng Hua Hsu」，教學英文邏輯單字的觀點。希望有朝一日能落地綠色地球、教育科技等「十年樹木，百年樹人」元宇宙平台。

目錄

01 區塊鏈與 NFT 關聯

02 NFT 潮流文化初探

03 NFT 藝文市場介紹

04 NFT 平台介紹

05 NFT 共識價值探討

06 NFT 社群 / 數位行銷

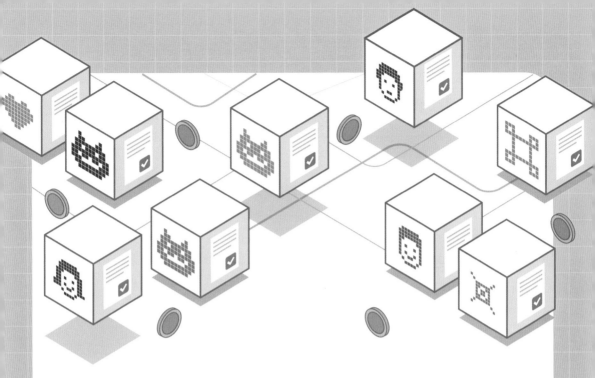

01

CHAPTER

區塊鏈與 NFT 關聯

1.1 區塊鏈介紹

◉ 經濟史中的價值交換：共識信任的起源

遠古時代在缺乏政府、國家等中心化組織時，村落與村落之間全靠搶奪、戰爭等手段進行資源掠奪，彼此在缺乏信任的前提下，透過比誰的拳頭大的暴力方式來解決問題，而這其實就是一種去中心化的概念。（而這個概念與比特幣 PoW 演算法[1] 很類似喔！）

隨著人類經濟活動變化，我們出現了村落、農業、市集、城市、公會、公司、政府，甚至抽象的制度，讓人類不能再任意搶奪資源，而金融系統與政府的出現，也成為人類史上最重要的里程碑。

資源交換需要人與人之間「價值認定」與「交換行為的信任」，價值認定從經濟學角度來看就是「供需法則」。當供給媒合需求時，我們便創造了「價格」，並且從主觀效益上來看，它也展現人對所有權的價值。

早期價值傳遞是從以物易物開始，你需要什麼我就跟你交換，各取所需，銀貨兩訖。然而隨著國際貿易的興起，跨海交易大量出現，人們為了加速交易進程，交易雙方需要一個第三方信用保障的集散地，而那就是——信託機構；為了降低外匯風險，市場出現匯兌機構來保障交易貨幣的價值。在信託機構與匯兌機構兩相輔助下，國際貿易因而強勢崛起。

---

[1]　工作量證明（Proof-of-Work，PoW）：是區塊鏈中的一種共識機制，為了驗證資訊的真實性，讓去中心化節點安全運作，防止受到駭客攻擊。

然而在國際貿易的發展過程中，市場出現許多金融體系性的風險問題，而這些問題最終促成金融海嘯。金融海嘯發生時期，人們因為無法即時拿回屬於自己的資產，或無法以合理價格換取應有的價值，導致金融市場的信用崩毀，而市場為了改善現行金融體系的問題推出了許多解決方案，其中區塊鏈科技就是其中一種解決方案。

≫ 區塊鏈於金融史的崛起過程

在沒有區塊鏈技術前，傳統金融體系不是也能正常運作嗎，那麼為什麼需要區塊鏈呢？可以猜想到的是，這裡國際金融或經濟體一定出了什麼問題，才會在價值跟價格崩毀的時候，出現了另外一個鏈上經濟體，也就是代幣經濟（Tokenomics）。

為什麼人們會不信任國家發行的貨幣或銀行，反而信任一個與當今體系相對小眾的代幣經濟體呢？理由其實很多，其中包含了銀行在金融海嘯的時候，人們無法拿回屬於自己的資產或以合理價格換取應有的價值。

這種信用崩毀的過程就是金融海嘯的歷史，也就是次級房貸大家借錢以後，銀行將實際上信評很差的債權包裝得很美，再與信用評等公司合作將這些品質差的債權給予高分的優質評價，最後再將這些結構性金融商品賣給市場。

然而層層包裝再轉售的結果是，當一個人倒帳的時候，上面好幾間銀行、金融機構、私募基金，甚至國家機構，因為都買了同一批債券，但顯示在會計帳本上的意涵可謂「同一筆錢記錄了好幾次」。且在特定時間範圍內，會讓會計師審計的時候看起來大家都有這筆資產，只是說基金公司會以投資，銀行則會以借貸呈現在帳上，但實際上，卻只有一間公司擁有最後債權帳款的收款權。

那這樣一來，這麼多本帳本豈不都是虛的？那也不然，因為如果這些錢真的收到了，且按照時間排序記帳，又能一本又一本地連續往後記錄，後面要投資的人也看得到前面的帳本，且大家相信這本帳本的話，那或許有機會減少空帳本的問題。

◉ 解決痛點的方法：區塊鏈技術

過去許多銀行發生重複抵押與重複融資等多間銀行間帳本不一致等問題。一般來說，這些大型機構並不會將自己的帳本公諸於世，相關資訊都是由機構自行「選擇性」公布，可信度相對不高。而區塊鏈使用了分散式帳本技術，將機構與機構、機構與客戶間的各種記錄上鏈，讓所有大眾皆能一目瞭然。公開透明的帳本，沒有任何一間機構或是個人可以恣意改動，以達成集體共識以及一定的安全性。

以下是根據比特幣白皮書所歸納出六大區塊鏈特性：

❶ 為了保護資產安全，將多本帳本融合成為一本，以便讓大家都可以看到──公開透明性。

❷ 大家要看到的帳本必須是真實且不可爭議──團體共識。

❸ 這個創造團體共識（Consensus）的過程是經過公認，換句話說即制度本身也是經由共識達成──共識的程序正義。

❹ 記錄上去的東西要確定是任何人都不能憑一己之力竄改的──不可竄改性。

❺ 記錄上去的順序是要能夠一個接一個有順序性的，不可反時序──時序的重要性。

❻ 在傳遞這個帳本資訊的時候，為了避免傳遞資訊被中間人竄改，可以點對點的傳輸而不用經過複雜的中間人程序──去中心化特性。

區塊鏈是一本具備群體共識性、不可竄改性，以及時間可查詢的公開帳本。

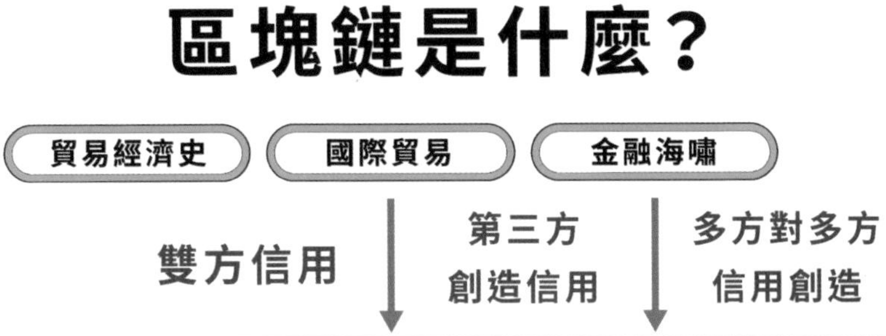

區塊鏈是什麼？

	貿易經濟史	國際貿易	金融海嘯
	雙方信用 ↓	第三方創造信用 ↓	多方對多方信用創造
共識機制	雙方共識	第三方擔保	智能合約
信用機制	彼此信任	信託、銀行	合約控制
帳目	各自紀錄保管	第三方托管	大家皆可瀏覽驗證

圖 1-1 　區塊鏈是什麼？

區塊鏈是結合共識演算法、密碼學、代幣經濟、網際網路傳輸層、時間戳[2]與智能合約等，跨領域基礎技術所建立的複合式技術。

其中又以如何創造公認（共識演算法）機制為最關鍵的技術要點，因為這將影響到，為何大家要認可這本帳本。試想：如果只有兩個人，你我互相相信就好了，但超過三個人，就可能會有傳遞訊息錯誤或者不可互相信任的問題，或者發生兩人投票造成的多數暴力來影響另一人本來是真實的訊息。

2　時間戳（timestamp），又名時間戳記或時間標記，是經加密後形成的憑證文件，用於記錄時間日期，以確保商務時間與日期的安全性。

真實訊息的投票機制設計：共識演算法

如果把這個帳本訊息傳遞抽象出來成為數學問題，就會變成大家網路上閱讀區塊鏈時，常聽到的拜占庭演算法[3]。這個演算法當時要解決的問題是：一個將軍要命令下面的數個軍官前往特定方向打仗，但因為裡面有可能超過 1/3 的間諜，間諜故意傳達錯誤訊息，讓軍隊聽了錯誤訊息之後，走錯方向導致打了場敗戰。

針對此資訊傳遞錯誤的問題，每支軍隊的將領需要就何時進攻的確切時間達成一致。他們通過派信使來回穿越敵方城市進行交流，但當時也沒有其他的交流方式。數學家想透過一個演算法，來解決這個訊息真實性的問題，然而當時並沒有適合的科技方案，因為早期打仗沒有類似手機或網路科技可以傳遞訊息。

而隨著科技進步，除了傳輸資訊方式變多以外，電腦科學中的傳輸與加密技術，開始為這個問題開啟了一道曙光。區塊鏈正是藉由此演算法，打造了一個無中心人須被信任的資訊傳輸架構，讓資訊之間能夠有加密與點對點直接傳輸的機制，避免將軍與其他將軍間的消息真假無從考證，確保攻城時能獲取勝利。

區塊鏈科技的誕生：從加密到挖礦

就上述資訊傳遞問題，電腦科學家為了達成上述提到的六大區塊鏈特性，這次他們融入了以下五種科技：

❶ 密碼學：把訊息加密，沒有相應鑰匙便無法解讀，避免訊息傳遞錯誤，也不讓任何人有機會竄改。

❷ 共識演算法：只要大家公認（這裡先用多數決，因為之後還會有少數勝多數的演算法等各種變化），就不能再說這是假的東西。

---

[3] 拜占庭演算法是 1982 年由著名計算機大師萊斯利・蘭波特（Leslie Lamport）針對分散式對等網路通信容錯問題所提出的假設性問題。蘭波特藉由拜占庭將軍問題，想要解決計算機通訊出現不一致性的問題，因而推出相應的解決方案。

❸ 治理：大家都能投票決定「公認」這個機制本身的運作流程，而這其實與
民主制度的決議過程相似，因此民主制度有的問題它也會發生。

❹ 分散式儲存：為了避免一本帳本儲存區遺失或壞掉，所以同時備份很多份
在各種地方。

❺ 時間戳：記錄各種資產、交易等的時間於帳本中。

當然，你可能馬上會聯想到「難道這樣就能避免造假嗎？如果大家都是錯的怎
麼辦呢？」好問題，因為區塊鏈能保障的是鏈上數據的真實性而不是鏈下，因
此鏈下的數據還是可以被竄改，因此在記帳之前的鏈下審核機制，始終是區塊
鏈無法解決的問題。要想解決鏈下數據的真實性辨識問題，除了透過傳統人工
審核外，大數據的收集也是重要的鏈下審核方式。

不過科技本就難以改變想造假獲取更多利益的人性，但區塊鏈至少能保證鏈上
價值的傳遞是大家集體共識的結果，且其傳遞的資訊也是真實、不曾被竄改過
的數據。而這可以連結到因為人們對於鏈下經濟體制的不信任（即對政府、銀
行等中心化機構的不信任），所以大家才擠往鏈上進行交易。

帳本價值傳遞的機制

這個帳本的記錄方式如下，有一個人想要交易，他把資訊傳遞到一本公開的帳
本上，再藉由廣播機制，讓鏈上所有的礦工們皆知曉這筆交易記錄後便產生共
識，隨後藉由各節點認證，將該數據上鏈到分散式儲存體內。

此時，若有人願意提供自己的電腦算力來進行工作量證明（Proof-of-Work，
PoW）運算，並完成資訊存證。為鼓勵這些人所耗費的電力與時間成本，系
統會發放所謂的代幣獎勵給他們。

這本帳本的好處是，藉由一群礦工們協助記帳並創造經濟體的價值循環後，這
些記帳的人再透過自己的電腦，幫助帳本增加一次又一次的記錄。而每一次交
易都會需要產生共識，產生共識後再把資訊加密並再次傳遞。就這樣，一次又
一次的記帳，我們把不同的帳本（區塊）串聯在一起成為所謂的區塊鏈。

共識演算法的發展

為了解決雙花問題（重複支付），區塊鏈誕生了一代又一代的共識演算法，每一代演算法的共識產生規則都不一樣，其中較為有名的是依照算力多寡決定共識結果的算法 BNB（BSC），類似比特幣選用的 PoW（Proof-of-Work；比特幣選用）；以及類似質押資產多寡且類似股份制度的 PoS（Proof-of-Stake；以太坊 2.0 選用）；到中心化管控授權資訊進入的 PoA（Proof-of-Authority；BNB（BSC）鏈選用）。這些共識規則的演進，正是人類對於如何創造帳本信任的制度轉變，詳細說明分述如下：

❶ 工作量證明（PoW）：工作量證明是比特幣所採用，同時也是最早的共識機制。工作量證明是藉由礦工們爭奪新區塊的記帳權，比誰解開訊息資訊速度快，並給予比特幣作為記帳獎勵的競賽。要想成為新區塊記帳權的擁有者，必須成為最早解開新區塊繁複數學題的礦工，因此礦工們為了獲得新區塊的記帳權就必須消耗大量時間、電力成本，以換取更多的電腦算力，才能提升成功解出共識答案的機率。PoW 可以說是最去中心化的共識機制，但缺點就是它需要消耗大量能源，因此對於重視永續發展當代社會這也是它為人詬病的地方。

❷ 持有量證明（PoS，又稱股份權益）：鑒於 PoW 證明過於耗電，以代幣持有量作為證明的 PoS 慢慢嶄露頭角。PoS 股份權益證明也是以太坊升級後，主要採用的共識機制。持有量證明是比抵押加密貨幣數量，抵押的加密貨幣數量愈多、抵押時長愈長，就能提高獲得新區塊記帳權的機率。持有量證明是用加密貨幣的持有量取代電腦算力，再藉由各節點代幣持有者的幣齡時長來決定隨機驗證節點與新區塊獎勵多寡。

延伸閱讀

關於以太坊升級：以太坊未升級前也是幣圈人常說的以太坊 1.0 或稱 ETH1 時期，升級後則稱為以太坊 2.0 或稱 ETH2，但因以太坊升級並非改變或優化原先 1.0 的鏈，而是再新增加一條共識層，讓以太坊升級前的主鏈變成分片鏈。

然而，礙於用 2.0 稱呼以太坊升級會使人產生誤會，誤以為是將原先的鏈做優化升級，因此，以太坊官方基金會宣布不再使用，以太坊 1.0 和 2.0 稱呼升級前後的型態，而是以執行層（Executing Layer）和共識層（Consensus Layer）來稱呼 ETH1 和 ETH2。

以太坊未升級前，因出現交易速度過慢、Gas Fee 昂貴與挖礦過度耗能等問題，因此為了提升以太坊系統整體運算能力，升級是必然的經過。以太坊升級共分五階段，分別為合併（Merge）、激增（Surge）、邊界（Verge）、清除（Purge）和狂歡（Splurge），其中 The Merge 階段已在 2022 年 9 月 15 號左右完成升級。

下面簡述各階段主要升級內容：

- 合併（Merge）：上線信標鏈，並合併信標鏈與執行層（即 ETH 1）；全面實施實現 PoS，終結 PoW。
- 激增（Surge）：引入分片，實現數據擴展。
- 邊界（Verge）：引入 verkle tree，精實化區塊空間。
- 清除（Purge）：減少驗證者所需的硬碟空間。
- 狂歡（Splurge）：雜項更新。

 POINT 幣齡的計算方式是用代幣質押天數乘上質押幣數，因此當擁有的幣數愈多，或代幣質押時長愈長時，持有者取得記帳權的機率也愈大。

基於 PoS 幣齡計算規則，大量囤幣有助於提升記帳權，因此富人們開始大量囤幣，然而這不僅造成代幣的流動性降低外，也出現富人們對生態圈影響力過大的情況。因此相較於 PoW，PoS 雖然提供較節省能源共識機制，卻犧牲了一些去中心化特性。

❸ 權威證明（PoA）：PoA 權威證明共識是基於驗證者聲譽的演算法，被選為驗證者的人通常在幣圈市場具備一定聲望和專業能力，而聲譽愈高者，其影響力也愈高，創造共識的能力也愈強，因此被選為區塊驗證者的機率也愈高。PoA 權威證明是藉由個人身分價值決定它在這個區塊鏈上的影響力。然而，由於 PoA 的區塊驗證者也是三者中最少，決定區塊共識的權力將聚集在特定人士身上，因此容易陷入權力過度集中的問題，而 PoA 權威證明也是三者中，去中心化的程度最低的共識機制，它的特性更偏向中心化共識機制。目前採用 PoA 權威證明的鏈以 BNB（BSC）鏈最知名。

仔細想想：這些演算法，不也剛好跟人類的民主制度史或公司發展史重疊嗎？會這樣並不是一個巧合。同上所述，當鏈下政府央行、金融機制或公司制度不被信任的時候，我們其實只是在鏈上創造了另外一個對應的經濟體，以補足鏈下經濟效率的不足。自然而然，我們的信任共識機制不管如何進化或改變，都逃不出過往的人性與政府或公司組織治理的框架。因此，在預測技術趨勢演變的時候，其實可以先歸納出一套經濟史的邏輯演變。

未來，如果各位要研究白皮書中的代幣經濟或治理代幣的時候，讀者需要好好思考的是：什麼樣的共識（投票等）機制是最符合一個商務痛點的解決方案。舉例來說：如果一個商務問題是要解決中心化的痛點，那去中心化的 PoW 就會比較適合。如果要解決去中心化的痛點，那反過來是類中心化的 PoA 比較適合。

各種去中間人的運用，端看經濟效率而定，因為中心化跟去中心化都有它各自的優缺點，就跟民主與集權沒有絕對一樣。舉例來說：當一群人欠缺管理很懶散的時候，或許中心化且嚴謹獎懲制度的模式就會比放任來的更好。而當一群人很積極想要表現自己創造價值的話，那去中心化的完全競爭或許更佳。

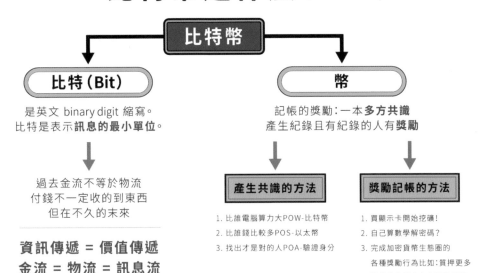

圖 1-2　比特幣是什麼？

接下來的章節，我們會開始介紹區塊鏈經典的應用，也就是時下最夯的 NFT，而這個科技的底層運用的機制即是上述的區塊鏈。

1.2　NFT 介紹

從區塊鏈到 NFT：非同質化代幣的崛起

區塊鏈科技從發展至今，經歷 2008 年金融海嘯（中心化）、初始代幣發行 ICO（去中心化）泡沫化，與證券型代幣 STO 監管化（中心化），以及後續 DeFi、IDO、NFT、元宇宙等演變後，不知道各位有沒有在這些「數位代幣發行歷史」中，看到了中心化金融與去中心化金融的角力？藉由趨勢轉變與金融階級的再

平衡，看到一股由下至上的力量，以及國家和企業想要拿回貨幣主權的階級流動過程？那麼究竟什麼是NFT？它是在什麼情況下崛起呢？下面我們接著說明。

≫ NFT（Nonfungible Token）非同質化代幣定義

首先，我們來看看資產是如何被分類。對應到現實生活，也就是我們能使用的錢其實就是一種同質化資產。因為錢是政府發的主權代幣，因此目前在功能上，我們可以把資產區分成以下二大類，分別為同質化和非同質化。

圖 1-3　同質化代幣與非同質化代幣的差異

同質化的英文為 Fungible，意即可以交換或替換某些東西。它可以像美元、黃金、賭場籌碼、比特幣、以太坊或飛行常客忠誠度積分一樣進行交易、互換。例如，用 10 歐元現金換取兩張 5 歐元紙幣。

儘管不同貨幣的價格與價值不同，但它們總價值可以是相同的。相反的，NFT 屬於非同質化資產。不可替代一詞意味著它是一種無法替代的資產。它具有獨特的屬性，使其與同一資產類別中的其他東西不同。就像一幅畫、一張電影票、一棟房子、一個商標，只不過這些是有形資產，而 NFT 則是無形的數位資產身分認證，可以作為有實體資產文件的載體（例如：不動產），也可以作為純數位商品的載體（例如：數位藝術品）。

那麼，NFT 是如何工作的呢？ NFT 主要是基於 ERC-721[4]、ERC-1155[5] 等以太坊代幣協議為標準而運作，而不同 NFT 代幣標準會在鏈上儲存不同的數據訊息，因此不同的代幣標準也會影響 NFT 的呈現方式。

非同質化代幣 NFT 與加密貨幣驗證方式類似，它們皆是基於區塊鏈去中心化特性來驗證其真實性。但與加密貨幣不同的是，NFT 具備不可替代性。除非加密資產本身做成兌換券，否則不能將 NFT 換成汽車或購買 Pizza，因為每個 NFT 都附加到特定的數位資產，例如票券、數位藝術、交易卡牌的集合。每個比特幣同時具有相同價值，但 NFT 並非如此。

簡而言之，我們可以將 NFT 視為真實性證書的獨特數位版本，並由區塊鏈公開認證。我們或許也可以將 2 枚 NFT 想像成是一張神奇寶貝卡，一雙喬丹限量版球鞋，你不會認為一張神奇寶貝卡一定能換到一雙喬丹限量版球鞋，因為他們之間無法等價交換，而這與 NFT 不具同質性的概念相同，NFT 無法像比特幣一樣可以兩兩互換或拆分成小單位（例如：0.01 顆比特幣），而正因為 NFT 具備不可替代性與不可分割性，因而促成 NFT 能在其它數位資產中創造獨特性。

4　ERC-721 是目前主流 NFT 的代幣協議（通證標準）。

5　ERC-1155 全名為 Multi Token Standard，中文翻為多重代幣標準，用於包裝、融合多個代幣功能於單一個智能合約的代幣標準。

商務痛點解決：商品金融化與流通性創造

講完 NFT，大家是否曾想過，NFT 究竟能解決什麼樣的商務痛點呢？為什麼我們會需要數位資產身分證呢？數位資產身分證有什麼好處呢？

首先，我們來看看同質化代幣跟非同質化代幣分別有的好處：

≫ 可替代代幣（同質化代幣）

❶ 分割性：如同前文所述，可替代代幣是可分割的，可以分成更小的部分，但價值仍然不會改變。

❷ 流動性：由於它們被分割並以非常小的面額代表的性質，可替代代幣增加了市場貨幣的流動性。

❸ 支付性：這些代幣只要能錨定一種實際法幣並換取價值、做好換匯的風險控制，將有機會成為支付型的基本貨幣。

≫ 不可替代的代幣（非同質化代幣）

❶ 所有權：NFT 以獨特性為主要方面，可應用於現實世界的任何可收藏對象，例如藝術品、房屋等。擁有這些代幣的用戶對該對象擁有的所有權。

❷ 客製化／定制：不可替代的代幣不僅保存了它們所關聯的對象的資訊與訊息，並且也客製化地保存它們所代表的對象的整個歷史。

❸ 可交易／換性：由於 NFT 的獨特性和區塊鏈的溯源功能，NFT 所表彰的物件交易，可以是比傳統交易更容易和更快的過程。

≫ 商務痛點解決

回歸到前一章節描述的區塊鏈必要性簡化判斷流程，大家可以思考一下，這些功能是否與傳統會計帳本之間有關係？以及為何這種獨一無二的不可替代「帳本」可以解決相關問題？以下將從金融、商務跟法務等面向，探討可能碰到的難題。

❶ 金融面：過往的金融機構因為中心化效率低落，跨資料庫身分驗證流程複雜。透過獨一無二的代幣，有助於解決部分的中心化問題，減少驗證成本與增加帳本上物件的公信力。可以想像一本銀行資產負債表，若上面所有項目都是 NFT，將可以追溯每一筆項目的來龍去脈，讓整張資產負債表易於審計與追蹤，大幅減少會計帳本的稽查成本。

❷ 商務面：從金融帳本延伸出來，可以看出的未來潛力是，若未來所有的商品都採用 NFT 虛實整合電商的模式，那電商既有的許多中心化資料管理風險，與用戶追蹤都會變得更為透明。因為在這本帳本中，NFT 代幣可以作為專屬身分、特定所有權、獨一無二資訊。

❸ 法務面：法律實務上，有許多需要被驗證人別[6] 資料的過程、證據舉證的程序等，而這些流程都將因為證據能做到虛實整合而簡化。從 NFT 代幣可以作為專屬身分、特定所有權、獨一無二資訊的公式，我們可以看到，未來等於可以增加更多的法律證據，而每個證據代表的都是每個人取得的資料來源。

❹ 藝術面：區塊鏈技術提供所有權證明、更高的透明度、增強的安全性和更容易的可追溯性。對於數位藝術家而言，目前維護其作品的版權非常具有挑戰性。透過 NFT 人們可以購買數位藝術品，並在了解有關資產信息的完整歷史的虛擬空間中自豪地展示它。例如，藝術家詳細訊息、來源日期、以前的持有者以及整個生命週期內的資產價值。若藝術家擁有自己的 NFT 平台，則無需支付第三方費用，也可獲得藝術價值。

有頭像的 ICO？從炒作到元宇宙商務落地

從去中心化對照中心化的經濟史角度來看，NFT 對傳產影響最深的應該是金融與藝術品、創作者經濟的產業。下面整理一些判斷標準，讓大家在思考並推斷未來 NFT 市場趨勢變化時能有參考方向，以及為何在這樣的大環境下，能造就 NFT 虛擬商品的興盛。

---

6 人別：「人別」為法務專有名詞，意指個人身分資料細節。

❶ 去中心化與中心化的角力主體：這裡，你要判斷的是「究竟是誰跟誰在對抗，攻城掠地既有的商務收益，這個賽局是誰跟誰在玩？誰有哪些資源運用去中心化科技或平台？」舉例來說，Visa 接受加密貨幣、臉書從 Diem 穩定幣轉向元宇宙，以及 MetaMask 接受 Visa、各國央行開始監管加密貨幣或開發的軌跡，這些都可以看出商戰的趨勢與方向。此外，藝廊的去中介化與創作者經濟的平台化，都可展示出去中心化的力量逐漸增加。

❷ 加密貨幣與傳統金融的量體消長：這個需要以金融不確定與市場穩定性，來判斷傳統金融與加密金融的消長，而以目前全球市場趨勢來看，我們可以總結如下：

（1）加密貨幣的需求來自於地區金融的不穩定與地緣政治，運用上往往聚焦緩解金融危機。

（2）加密貨幣市場增長越來越快，且需求近乎指數成長，採用方面也是逐步擴大落地範疇。

❸ 傳統與區塊鏈商務模式角力方式：確認誰與誰對打且了解趨勢消長後，下一步要研究的是，當導入 NFT 後，該如何與既有的傳統中心化商務模式產生互動？究竟是部分取代規模化經濟效益，還是可以獨立出一個可行的商務模式。從本書的實戰經驗來看，任何去中心化的嘗試都會動搖到既有的利益。

❹ 同質與非同質化代幣的整合趨勢：傳統的 ERC-721 某程度上是個數位藝術品身分證跟各種財產物件的憑證，藉由獨一無二、稀缺性、投機性跟對於跨境資金流動的需求，創造了過去近幾年來的光景。而隨著發行規則（例如：荷蘭式拍賣[7]）、代幣經濟模型研發得越來越複雜，近年來 NFT 與 ERC-20[8] 的整合方案只會越來越密切。而在眾多案例中，也讓我們從純銷售數位藝術品、藝術品金融化、過熱後的虛實整合賦能，走到了目前嘗試解決貨幣資產死亡螺旋的演算法開發，可謂競爭白熱化。

7　荷蘭式拍賣是一種特殊的「減價拍賣」，競標物品從價格高點一路向下喊價，優先出價者可先中標，若商品一直未售完，所有人可待價格降至底價時在買入。

8　ERC-20：ERC 的全寫為 Ethereum Request for Comments，是以太坊數據通訊協議的一種，也是目前最多加密貨幣採用的代幣協議（通證標準）。

❺ 監管與非監管的項目範圍增減：了解市場的監管趨勢，始終是資產代幣化、證券化、遊戲點數化需要關注的項目。而 NFT 橫跨了數種領域，包含金融、藝術、商務、收藏品等不同的用戶價值與體驗創造。而混種商品的監管也是從 DeFi 1.0、2.0 直到 NFTFi 1.0[9] 逐漸受到規制，這些規制其實不管是金流、證券法規，也都可以看到傳統金融的影子，而區塊鏈在元宇宙興起前始終被列為灰色地帶，如今是時候用另外一個監管標準看待 NFT 了。建議研究項目者，能以多元開放的心態來面對監管，利用產品創意來解決監管疑慮。

◉ 反思觀點：回歸區塊鏈本質並維持多元共識

從本書接觸並參與 NFT 項目以來，經驗上可謂從零到一：不論是親自開發會員證產品、進入社群學習預熱、FOMO[10]（Fear of missing out）、擔任 Moderator[11]、學習 AMM[12]（自動做市商）、改良傳統 ERC-20 代幣經濟模型，或業務開發既有商品，無一不感受到這個領域的產品多元性與行銷的複雜度。

綜觀目前 NFT 的運用方式，若要創造商務價值，本書依照實務運作方式歸納如下：

❶ 純虛擬商品：頭像、各種生成圖像等，這種商品多半是以造市社群對於價值的共識為主要價格創造來源。若商品起始無價值，則需要有極大的造市資金與社群行銷費用來建構市場信任度。

❷ 純實體商品：類似商品兌換券，或者各種票券的虛擬化，這種兌換券的價值來自於實體商務的基本功能，並不是個容易造市的對象。

---

[9] NFTFi（NFT Financialization）：NFTFi 是將 NFT 與 DeFi 的概念結合，為 NFT 創造更多流動性資產。

[10] FOMO 即 Fear of missing out 的簡稱，中文翻為錯失恐懼症，指患者處於一種害怕錯過關鍵時刻的恐懼症。

[11] Moderator 幣圈人常簡稱為 MOD，通常泛指幣圈社群管理員。

[12] AMM（Automated Market Maker）即自動化做市商，是一種去中心化交易所協議，透過價格演算法自動為資產進行定價。

❸ 虛實整合商品：行銷上最複雜的方案類型，因為這比單純的建立社群創造虛擬價值來的更難。在大眾理性計算後，會發現虛實整合為了維持社群長期的熱度，需要提供大量「有感」獎勵，才能凝聚共識價值。

在此，本書提供一些造市型 NFT 的價值來源思維：社群共識。

這個概念其實類似 ICO（Initial Coin Offering）幣跟比特幣價值的起源，而你和我還有整個社群的信念，是一切價值與價格的基礎。從政治史的角度來看，代幣經濟是一種類似社會契約的制度，因為社會契約主張，個人融入政治社會是透過相互同意的過程，當中，個人同意遵守共同的規則，並接受相應的義務，以自己和其他人不受暴力和其他種類的傷害。換言之，這就是治理代幣或者帶有 NFT 社群權限的代幣制度下，大家願意以勞力或各種方式換取 NFT 空投，並遵守社群秩序的基本原因，社群整體相信這個經濟體是可以運作，然而這個運作究竟該如何量化成效，並維持價值恆定與商品流通性，也是當今代幣經濟模型的難題。

結語：NFT 的未來

然而，不論是炒作也好，或找尋落地商務模式也好，究竟區塊鏈的去中心化與 NFT 的運用該如何規模化，始終要回歸區塊鏈本質去判斷，究竟去中心化的價值何在？去中心化加上代幣經濟的效用何在？即便 NFT 已被許多人視為單純的數位行銷專案，然而本書認為長期多元的發展，仍有助益於市場的汰舊換新與經濟均衡。

如前述關於社群共識的起源，也可讓讀者們反思，究竟三者運用方式中，哪一種項目類型的實用效益價值不是最高，但市場價格卻可以達到最高？比如：為何純虛擬的頭像會超越一幅百年名畫或者一棟大樓？對於虛擬的共識跟金融流通的需求，為何可以讓一枚頭像價值不斐？最後，由於 ICO 與 NFT 都帶有強烈時機財的性質，究竟一個人或企業是否應該立即導入 NFT，似乎都是值得深思的議題。

最後，不論讀者閱讀本書目的為何，本書希望各位能夠重新看待目前市場氛圍，以及理性思考究竟哪些類型的 NFT 項目真正具備元宇宙發展潛能。唯有

找出一些元宇宙市場投資的判斷依據後，才能避免一頭熱地陷入 NFT 產品開發迴圈。而這些議題會在接下來各章節引入，讓讀者有序地閱讀並反思「究竟我希望從 NFT 市場獲得些什麼？是名？是利？還是獲得社群的共識後，再來執行共識的商務模式？」因為唯有確認明確商務目標策略與方案後，才能真正實現 NFT 落地應用之場景。

1.3 區塊鏈、NFT 與元宇宙的關聯性

在了解完區塊鏈的定義與特色後，我們接下來會來探討兩者之間的關聯性，還有它們跟元宇宙的關係，以為接下來的章節鋪路。我們在這邊用一個簡單的地產買賣案例來介紹區塊鏈、NFT 與元宇宙的關聯性，大家先可以簡單以數位平行時空的資訊平台來理解元宇宙，一個可以用區塊鏈作為帳本來交易 NFT 的環境。

房產案例：區塊鏈、NFT 與元宇宙的關係

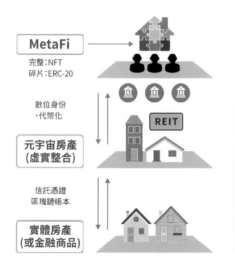
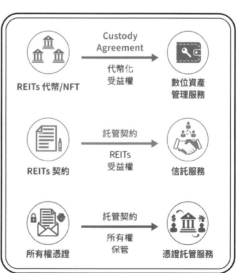

圖 1-4　區塊鏈、NFT 與元宇宙的關係，以房產案例說明

在現實生活中，我們買房子需要透過仲介與託管服務，來避免銀貨兩訖無法達成的問題並降低交屋風險，這時候我們會將實體所有權憑證交由履約保證制度來處理。若這樣的交易記錄要能在 B 端（企業端）之間作帳，讓各方都能被信任，除了既有的不動產公證人以外，我們也可以用區塊鏈帳本將公證人的工作簡化或取代，只要有多方能看到這本共識帳本即可。而這時候各方所信任的共識來源，是國家提供的區塊鏈服務帳本，具有法律權威、客觀性與正當性。

若無政府或公證機關，如上一頁圖 1-4 採用的是信託牌照的機構的話，我們所銷售的便是信託的受益權憑證。這樣的憑證是將實體信託契約用智能合約的方式表彰，減少執行時候的法律成本。而如果我們打造了一個元宇宙賞屋區塊鏈平台，要能夠在不需要透過中間人來完成信託受益權或不動產所有權交易的話，我們也可以利用 NFT 方式作為實體信託憑證的數位雙生（Digital Twins）[13] 或所有權表彰，來做為 C2C 或者 B2B、B2C 的交易媒介。

這樣一來，不論是碎片化信託受益權或所有權，都能夠有效透過這個平台交易，而元宇宙體驗帶來的則是更便利的用戶流程。歸納一下三者的關係，我們可以得出：

❶ NFT：虛實整合可用來做數位雙生物件身分證的一種交易媒介，也是元宇宙的重要元件。

❷ 區塊鏈：記錄整個交易的公開、不可竄改與公正第三方帳本。

❸ 元宇宙：提供虛實整合媒合服務的平台，並提供沉浸式體驗的展示空間。

至於更詳細關於 NFT 與元宇宙之間的關聯，本文將在後面數個章節慢慢帶大家了解。下一章，我們將先帶大家簡單認識 NFT 的發展史後，再為讀者介紹熱門 NFT 項目有哪些，並分析它們爆紅的可能原因。

---

13 數位雙生（Digital Twins）是比照真實世界的實物與數據，打造擬真的 3D 數位世界，讓數位世界就如同真實世界的孿生存在。

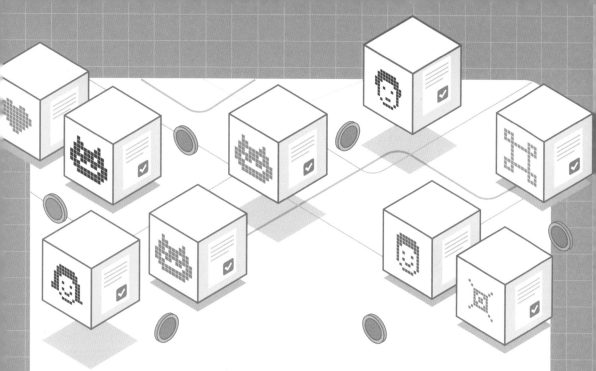

02

NFT 潮流文化初探

在了解區塊鏈與 NFT 的基礎介紹後，接下來本章節將對時下的藝術品與流行文化 NFT 做詳細介紹。要想了解當今 NFT 的潮流文化，就必須對 NFT 的演變過程與各階段 NFT 的代表案例有一定認識，因此下面將帶領大家從 NFT 發展史開始介紹，再逐漸深入至不同類型的 NFT 項目介紹。

2.1 NFT 發展簡史

現在許多人提到 NFT 都會聯想到以太鏈，會產生這樣的聯想與現有主流 NFT 市場多以 ERC-20 為主要發行鏈有關。但是你知道嗎？其實 NFT 發展歷史比以太坊早。

◎ 1993 年 NFT 概念緣起

比特幣先驅之一的哈爾芬尼（Hal Finney）曾於 1993 年，提出加密交易卡（Crypto Trading Cards）的概念。加密交易卡是透過單向函數與數位簽名的混合，再透過隨機排列的方式呈現一系列套卡，哈爾希望藉由每組套卡其背後數字皆不同的特性，來為每張加密卡創造特殊收藏性，而這與 NFT 概念有異曲同工之妙。

◎ 2012 ～ 2013 年：第一個類 NFT 通證誕生染色幣（Colored Coins）

2012 年 12 月 4 日，來自以色列的工程師 Meni Rosenfeld 首先提出染色幣或稱彩虹幣（Colored Coins）的概念。染色幣是基於比特幣鏈上生態的衍生應用協議，用於證明現實世界的資產所有權，舉凡像是股票、房地產權證、債券等，皆可透過染色幣達到這些目的。那麼染色幣與 NFT 之間的差異又是什麼呢？

染色幣本質上是一種小單位的比特幣，具有可分割性和可替代性。由於染色幣是比特幣最小單位「聰」（SAT）組成，因此我們可以先不論分割性帶來的影響，但「可替代性」卻讓染色幣無差異化，而無差異化的染色幣就無法作為權證來使用。

≫ 為什麼染色幣無法作為權證來使用？

無差異化的代幣就像兩枚一模一樣的 10 元銅板，當它們混在一起時，人們很難區分誰是誰，因此當用無差異化的代幣作為權證使用時，就會出現無法證明權證的所有權的問題。

試想一下，若用兩枚染色幣分別代表信義區和中山區的地契，但由於兩枚染色幣之間沒有任何差異，因此當時間一久，人們忘記哪一枚染色幣是代表信義區的地契時，交易就會出現問題，而這也是染色幣無法作為權證使用的主因。

NFT「非同質化」特點正好彌補染色幣無法讓代幣之間做出差異化的問題，而且 NFT 還可用影片、音樂等形式來呈現，大幅增加藝術表現形式的多元性。

◉ 2014 ～ 2016 年：進入 NFT 迷因時代，NFT 平台雛形出現

最早的 NFT 作品目前被公認為是 2014 年 5 月 3 日，由紐約數位藝術家 Kevin McCoy 透過生成藝術所創作並命名為《量子》（Quantum）的作品。《量子》是 Kevin McCoy 透過將演算法編碼與自身的創作理念、美學設計做結合，讓系統自動生成出的八邊形動態數位作品。

一起來看看《量子》長什麼樣吧！

Kevin McCoy 作品《量子》

2014 年 Robert Dermody、Adam Krellenstein 和 Evan Wagner 三人共創了 Counterparty。Counterparty 是一間點對點交易（peer-to-peer）平台，是建構於比特幣鏈上主網的去中心化開源網際網路協議（換句話說，Counterparty 是一個免費對外開放的去中心化平台），它提供使用者創建、交易虛擬資產和代幣，而平台最主要的交易又以卡牌遊戲和迷因梗圖為主，因此也被後世視為最早的 NFT 平台雛形。

圖 2-1　Rare PepesNFT 系列之 QUEPASAPEPE

（圖片來源：OpenSea 擁有者 yungchiu[1]）

---

[1]　圖片資訊：https://opensea.io/zh-CN/assets/ethereum/0x82c7a8f707110f5fbb16184a5933e9f78a34c6ab/2421371

Counterparty 的出現對 NFT 落地應用的推進取得了很大的成功，期間 Counterparty 平台所創建的「Rare Pepes」NFT 系列（即將熱門迷因圖悲傷蛙做成 NFT）更是促進 NFT 快速發展的其中一個關鍵。「Rare Pepes」迷因系列的出現迅速獲得廣大粉絲的支持，而此次的成功也讓許多原本並不關注幣圈的用戶，開始注意到這個全新的數位載體。

「Rare Pepes」的成功伴隨而來的高關注，卻也讓人們開始意識到比特幣網路的侷限性。作為 Rare Pepes 的發行平台，Counterparty 雖然開啟了比特幣應用先鋒，但因為缺乏靈活性，其他生態或應用很難在上面發展，因此 Counterparty 只能被視作比特幣鏈上的一個外掛。

此外，由於比特幣鏈上的交易量愈來愈龐大，昂貴的礦工費（Gas Fee）和交易速度慢等問題也讓人們發現，僅透過比特幣網路是無法滿足人們對於鏈上應用的開發需求，因此許多人決定重新建構一條自己的鏈上網路，而以太坊就是在這個氛圍下誕生的項目。

2015 年 11 月以太坊創辦人維塔利克·布特林（Vitalik Buterin）創立了 ERC-20（Ethereum Request for Comments 20）代幣標準，ERC-20 為代幣設立一個統一標準，只要按照這個標準創建加密資產或代幣，便能輕鬆地使用以太坊建立的生態與應用。相較於 Counterparty，ERC-20 代幣標準更能兼融各項應用開發，對於推進區塊鏈應用起到關鍵作用。

POINT

還是不太能理解 ERC-20 代幣標準的概念嗎？

ERC-20 代幣標準就像是為代幣或者加密資產的外面套上一層樂高拼圖的接合處，因為統一了榫頭、榫眼的尺寸，因此不同加密資產也能透過相互緊密契合，對於應用開發也能達到事半功倍的效果，而這也是以太坊能成功搭建自己的應用生態圈的主因之一。

2017 年 NFT 關鍵年

在 NFT 演變進程中，2017 年可以說是 NFT 關鍵年，先後誕生的三個項目，成功奠定 NFT 走向主流市場的關鍵要素。這三個項目分別為 Curio Cards、

CryptoPunks 與 CryptoKitties，下面帶你了解這三個項目對於 NFT 發展史的重要性。

≫ 以太坊數位交易卡（Curio Cards）—— ERC-20 初體驗

繼以太坊推出 ERC-20 代幣標準後，2017 年 5 月，以太坊第一個數位交易卡項目 Curio Cards 誕生了。Curio Cards 是由七位藝文工作者，合計共推出 30 個系列，不同系列的發行量皆不同，從百到千個不等。

由於 Curio Cards 誕生時，ERC-721 代幣標準還未出現，因此 Curio Cards 採取的方式是每發行一張 Curio Cards 時，就為它打造一枚專屬的 ERC-20 代幣。透過將每張 Curio Cards 都綁定一枚不同 ERC-20 代幣，Curio Cards 解決數位藝術品無法證明其所有權和稀缺性的問題。

此外，Curio Cards 也是首度將數位圖片上傳至 IPFS 網路的項目，透過將圖片上傳至 IPFS，Curio Cards 能保證數位資產能不被竄改或者刪除，而這對於數位藝術創作者而言，可以說是解決過去最困擾他們的難題。

可惜的是 Curio Cards 最後一次更新是在同年八月二十二號，上線不到五個月的時間便不再更新。雖然 Curio Cards 存在有如曇花一現，卻深深影響著後來 NFT 的發展方向，Curio Cards 的許多標準與概念都被 NFT 借鑑。

≫ 加密龐克（CryptoPunks）—— ERC-721 NFT 祖師爺

2015 年 John Watkinson 和 Matt Hall 共創了 Larva Labs（中文譯名為「幼蟲實驗室」），他們因為喜歡龐克文化，因而創造一萬個 24x24 像素的龐克風格頭像。CryptoPunks 出現時，ERC-721 代幣標準也還未出現，因此他們採用 ERC-20 作為代幣標準協議，不過特別的是，他們將 ERC-20 稍作修改，讓 ERC-20 具備與 ERC-721 相似概念的特性，而這也是為什麼許多人會將 CryptoPunks 採用的代幣標準稱為 ERC-20 與 ERC-721 的混合體，而 CryptoPunks 也成為以太坊史上無可替代的 NFT 項目。

不是只有採用 ERC-721 代幣標準的數位創作才算 NFT！只要能滿足「非同質化」的要求，即便是兩枚相同的代幣，能清楚區分代幣之間的差異，例如在代幣背後貼上代碼或者編號，方便人們能清楚區分這樣也能算 NFT！ERC-721 代幣標準只是目前最常被拿來作為 NFT 發行用的代幣標準。

≫ 謎戀貓（CryptoKitties）── 首個 ERC-721 標準的 NFT

謎戀貓是第一個採用 ERC-721 代幣標準的 NFT，ERC-721 是專為非同質化代幣開發的代幣標準，而開發 ERC-721 代幣標準的人正是謎戀貓團隊的首席技術長 Dieter Shirley。ERC-721 協議之所以能成為後來主流 NFT 皆採用的代幣協議（通證標準），除了它具有不可替代和不可分割的特性外，也與謎戀貓的成功息息相關。謎戀貓的出現為當時的以太坊創造龐大的流量，最高峰時期更霸佔以太坊網路的 20% 流量，造成以太坊出現嚴重塞車。此次事件後，除了讓人們開始注意到 ERC-721 協議外，也成功吸引到更多圈外人士對於加密數字世界的關注。

◈ 2018 ~ 2021 年：NFT 大爆發

除了早已關注幣圈，或者本身就是 NFT 創作者，大部分的人都是在這個時期接觸到 NFT。在 OpenSea、SuperRare 等交易平台的引領下，NFT 市場開始蓬勃發展，例如知名數位藝術家 Beeple 將 5000 張圖片拼湊成一個 316 MB 圖檔，最終以 6934 萬美元的價格由佳士得拍賣售出。

其後因為交易市場、錢包不斷改進，外加 2020 年突然爆發的疫情使得投資人變得更加大膽，更願意嘗試投資未知領域。以及 GameFi 的出現，讓 NFT 的玩法不僅能結合社交、故事線等元素，還能邊玩邊賺都是促使 NFT 在 2021 年出現大爆發的主因之一。

元祖項目

01 CryptoPunks 加密龐克 – NFT 祖師爺

類型：收藏品

發行者：Larva Labs

發行平台：以太坊

項目發行數量：一萬個不重複的像素化圖案

項目發起日：2017 年中

圖 2-2　CryptoPunks 示意圖

（圖片來源：OpenSea CryptoPunks 網頁）

被譽為 NFT 祖師爺的 CryptoPunks，是由 Matt Hall 及 John Watkinson 兩位創立的 Larva Labs 於 2017 年九月所發行的 NFT 項目。CryptoPunks 是一萬個不重複的 8 位元龐克風格的像素化圖案，最一開始 CryptoPunks 其實是免費發放給大眾的。隨著 NFT 的熱潮水漲船高，這些龐克風格的角色變得炙手可熱，目前在 OpenSea 上累計的交易總額已達 20 億美元。2021 年一組 9 個 CryptoPunks 頭像的套組在佳士得以 1700 萬美元成交，而在 2022 年蘇富比也出現了一組 104 個 CryptoPunks 頭像的拍賣品，其估價高達 2000~3000 萬美金。值得一提，CryptoPunks #5822 為此項目單一交易價格最高者，其交易價格高達 2370 萬美金。

綜合前面對於 CryptoPunks 介紹後，現在我們知道 CryptoPunks 的影響力不容小覷了，但它為何會如此受到歡迎？為何價格能居高不下呢？首先稀有度占了很大的因素，發行的一萬個頭像彼此互不重複，有些有鬍子、有些戴帽子、有些戴飾品，特徵愈稀少則愈有價值。簡言之，物以稀為貴，更何況每個 NFT 都具備獨一無二的合約地址。

第二個影響 CryptoPunks 價格居高不下的原因是人氣，CryptoPunks 在 2020 ~ 2021 年這段期間內受到的關注度更甚以往，一方面是 NFT 進入大眾視野，另一方面 CryptoPunks 不斷創新高的交易金額也讓大家屢屢聚焦。最後一點，別忘了 CryptoPunks 是最早發行的 NFT 項目之一，作為 NFT 的死忠收藏者，它所具備的歷史意義非常具有收藏價值。

類型：電子貓養成遊戲　　　　項目發行數量：兩百萬個不重複的電
發行者：Dapper Labs　　　　　　　　　　　子貓圖像
發行平台：以太坊　　　　　　　項目發起日：2017 年底

圖 2-3　謎戀貓示意圖

（圖片來源：OpenSea CryptoKitties 網頁）

CryptoKitties 謎戀貓（官方譯名為謎戀貓，但圈內人更常稱它為加密貓）是世界上第一款採用區塊鏈技術、並建立在以太鏈上的貓咪養成遊戲，和前面提及的 CryptoPunks 的發行方式相似，每一款貓咪都是獨一無二、互不相同的物件。團隊每 15 分鐘會釋出一款新品種的貓咪，從 2017 年 11 月 28 日起至 2018 年 11 月就不再產出新貓咪。玩家要想獲得貓咪除了可以向其他玩家購買外，也可以透過交配的方式讓兩隻不同的貓咪結合，產生出新的品種。

配種愈多次的貓和愈晚世代出生的貓，牠們的生育能力會逐漸下降，從一天可以生好幾胎，到好幾月只能生一胎，也因為發行方不會再額外創造新的貓咪，因此依照此規則，新貓咪的數量只會愈來愈少，而出現新品種或者稀有貓咪的機率也會愈來愈少，所以謎戀貓的價格水漲船高，在當時吸引了無數玩家，高峰時更曾占據以太坊 20% 的流量。

如今謎戀貓的銷量雖不如以往，平均價格比起項目剛發行時也低了許多，但其曾經掀起的熱潮代表的是 DApp（Decentralized Application，去中心化程式）和 ERC-721 協議的成功。雖然在這之後也有許多與類似的項目，但 CryptoKitties 始終在蒐集卡牌類型的遊戲市場保有一席之地。

話題製造機

01 「just setting up my twttr」Twitter 創辦人的第一則貼文

類型：貼文　　　　　　　　　　項目發行數量：1
發行者：Jack Dorsey　　　　　項目發起日：2021 年初
發行平台：Valuables

圖 2-4 「just setting up my twttr」Twitter 創辦人的第一則貼文

（圖片來源：Jack Dorsey Twitter）

一則 Twitter 貼文的價格可以是多少？或許大多數的人沒有想過貼文可以被購買，不過 2021 年時推特創辦人傑克‧多西（Jack Dorsey）決定以 NFT 的形式公開販售自己於 2006 年 3 月 1 日在推特發布的第一則貼文，最終被區塊鏈公司 Bridge Oracle 的執行長 Sina Estavi 以 290 萬美元的價格買下，這在當時形成軒然大波，而 Estavi 本人則回應，他認為：「這則貼文具有歷史性意義，其價值遠遠超過一則貼文而已。」

不過 2022 年 Estavi 希望售出這則具有歷史意義的貼文，市場最高的開價卻僅 0.09 ETH，以當時的幣價來看這個價格相當於新台幣 8000 元，雖然最後並沒有成交，但與當初斥資 290 萬美元買下的價格形成強烈對比。或許有人會覺得這是個失敗的投資，不過單就成功標下傑克‧多西貼文的舉動，已讓 Estavi 和其區塊鏈公司 Bridge Oracle 成功進入全球幣圈人眼中，其蘊含的行銷價值難以估計。

02 **Everydays: The First 5000 Days – 藝術結合科技的實例**

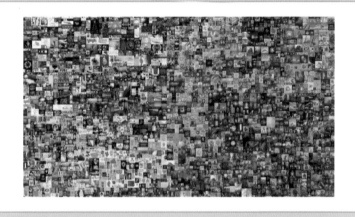

類型：數位圖檔　　　　　　　　　　　項目發起日：2021 年初
發行者：Mike Winkelmann (Beeple)　　成交價格：6930 萬美元
項目發行數量：1

圖 2-5　Beeple 的《Everydays: The First 5000 Days》

（圖片來源：OpenSea 官網）

一位美國數位藝術家畢波 Beeple（本名為邁克·溫克爾曼 Mike Winkelmann），自 2007 年 5 月 1 日起，連續十三年半每天創作一幅數位圖檔。2020 年底 Beeple 將這五千個圖檔集結在一起，並為其命名為「Everydays: The First 5000 Days」，該幅作品後來以 NFT 的形式在佳士得上進行拍賣，最終以接近七千萬美元的驚人價格結標。

這個案例不僅在當時創下 NFT 交易金額新高，也讓數位藝術收藏重新走入大眾視野。「Everydays: The First 5000 Days」的成功不僅將 NFT 帶入主流市場，更讓全球藝術創作者們看到全新藝術表現形式所帶來的可能性，同時也為 Web 3.0 奠定全新數位藝術的起點。

◎ NFT 經典代表

01 **Bored Ape Yacht Club 無聊猿－潮人明星必備**

類型：收藏品

發行者：Yuga Labs LLC

發行平台：以太坊

項目發行數量：一萬個不重複的猿人頭像

項目發起日：2021 年初

圖 2-6　BAYC CLUB

（圖片來源：BAYC CLUB 官網）

包含知名主持人 Jimmy Fallon、音樂製作人 DJ Khaled、NBA 籃球員 Stephen Curry 和歌手 Post Malone 都是無聊猿 NFT 的持有者，究竟無聊猿具有什麼魅力能讓明星趨之若鶩，人人都想持有一枚無聊猿 NFT ？

長期占據 NFT 交易前三名的無聊猿（Bored Ape Yacht Club，後簡稱 BAYC），從發行至今不過短短一年多，總價值卻已突破三十億美金，其發行公司 Yuga Labs 目前估值超過四十億美元，甚至成功通過種子輪融資向知名風投公司 a16z 募得 4.5 億美元。

繼發行 BAYC 後，Yuga Labs 陸續雇用藝術家、社群經理、財務長等職位，除了在未來持續推出新項目外，也希望透過有規劃性地經營社群，來保持社群高凝聚力等目的。Yuga Labs 不甘於只做成功的 NFT 品牌，2021 年底與知名經紀人，同時也是風險投資人的 Guy Oseary 聯手，希望能進軍娛樂產業，將 BAYC 的 IP 拓展到影視娛樂的領域。

BAYC 同樣具有不同的稀有物件，例如背景、帽子、衣服、眼睛、嘴巴、毛髮、耳環等，而這七個元素的稀有度直接影響每隻無聊猿的價格。除了收藏功用外，BAYC 持有者也能在 BAYC Bathroom Wall 自由創作或留言，或在 The SandBox 沙盒遊戲中擁有能與其它持有者互動的專屬元宇宙空間。BAYC 的經營方式是將 NFT 作為社群身分識別證，藉由持有無聊猿 NFT 為每一位持有者創造專屬社群身分，再搭配其他社群福利，例如當社群有活動時，持有 NFT 的用戶就能優先取得新項目的訪問權，或在決議項目未來發展方向時，持有 NFT 的用戶就能擁有投票權等，透過賦予 NFT 獨特身分與價值，為社群用戶提升整體凝聚力與向心力。當各大明星紛紛加入 NFT 社群後，將產生額外的明星加持效益，對於藏家來說，「想要和明星來自同一個社群」的想法也將促使人們加入這個社群，而這也是目前 BAYC 能穩穩地霸佔 NFT 市場的主因之一。

Decentraland – 在元宇宙中購買自己的土地，做自己世界的老大

類型：虛擬社群世界	發行平台：以太坊
發行者：Decentraland Foundation	項目發起日：2020 年初

圖 2-7　Decentraland 示意圖

（圖片來源：Decentraland 官網）

在 2021 年底，知名歌手林俊傑曾在 Twitter 上宣布購買區塊鏈土地，而那個土地其實就是 Decentraland 的 NFT 土地。Decentraland 是建立在以太鏈上的虛擬世界，使用者可以在這個世界中購買土地，並佈置屬於自己的空間，而 Decentraland 同時也提供具有互動性功能的應用遊戲，讓玩家們可以一邊在虛擬世界徜徉的同時，一邊也能體驗到創新科技帶來的全新數位體驗。

你可以把 Decentraland 的概念想像成 3D 版的「當個創世神系列 Minecraft」，在這個世界你可以任意建造你想要的場景、設施，甚至是遊戲或應用服務，而創建物件同樣需要透過 Decentraland 發行的平台幣 MANA 幣進行購買。MANA 幣除了可以購買土地或者道具外，持有 MANA 幣的玩家也可以擁有治理平台的投票權，玩家可以透過增加持有 MANA 幣來擴大對 Decentraland 政策與開發方向的影響力。

雖然目前 Decentraland 還有許多發展空間，但在 2017 年某場拍賣中，Decentraland 總計拍賣出價值約三千萬美元的土地，在當時一度成為最炙手可熱的 NFT 項目。此外，Decentraland 除了與 HALO、Stephen Curry 等明星合作推出聯名 NFT 外，也與雅詩蘭黛（Estee Lauder）等國際美妝品牌聯手推出虛擬時裝週，相信未來 Decentraland 還會有更多應用與合作項目持續推出，我們可以持續保持對這個項目的關注。

03

Azuki – 東方動漫風掀起的 NFT 旋風

類型：收藏品

發行者：TeamAzuki

發行平台：NA

項目發行數量：一萬個不重複的二次元風格頭像

項目發起日：2022 年初

圖 2-8　Azuki 官網

（圖片來源：Azuki 官網）

2022 年年初，NFT 市場出現一個能挑戰 BAYC 交易量霸權的 NFT 項目，那就是 Azuki。Azuki 在上線不到一週的時間，便高居 OpenSea 前三大交易量項目之一。在 NFT 市場日趨冷靜的 2022 年，Azuki 竟然還繳出如此亮麗的成績，著實對當時已逐漸麻木的 NFT 市場造成轟動，然而，究竟 Azuki 有什麼異於常人之處？為何能讓市場又一次陷入瘋狂？

在開始販售 NFT 前，Azuki 的核心團隊—— TeamAzuki 便在官方網站上描述了他們的願景與未來發展藍圖，吸引認同他們想法的人來加入 Azuki 的大家庭。當然勾勒願景是不夠的，為了防止其他項目出現的羊毛黨（意指獲得白名單後迅速將得手的 NFT 販售以獲得暴利的人），Azuki 白名單非採隨機抽取，而是透過篩選機制獎勵那些在社群上有互動、有貢獻的高活躍成員。這樣的篩選方式有效地隔絕掉部分只關心價格投機者。不同於某些項目，其發行人往往隱藏在幕後的情形，TeamAzuki 發起成員的背景，甚至是社交帳號都清楚地被公布在官方網站上，且團隊成員多來自 Google、Blizzard 等知名科技、遊戲公司，而如此坦然透明地交代團隊背景，成功為 Azuki 贏得社群會員的信任。

Azuki 這個項目開創了許多 NFT 新玩法，首先是荷蘭式拍賣的販售模式。物件從 1 ETH 起標，採分時降價，每 20 分鐘降 0.05 ETH 的拍賣方式進行販售，最終當價格達至 0.15 ETH 為止。這樣的銷售模式對於乏人問津的項目並不討好，但在此階段的 NFT 竟都在第一次降價就售出，並在開盒後至少都有翻倍的售價。

不同於其他項目每次鑄造（Mint）[2] NFT 都須支付 Gas Fee，Azuki 重新修訂 ERC-721 並推出 ERC-721A。ERC-721A 允許購買者僅支付一次的 Gas Fee 就同時鑄造多個 NFT，而這樣的更改大幅降低購買者的鑄幣成本，對於 NFT 市場可謂一大創舉。

Azuki 目前的經營方式是持續與其他品牌合作，未來他們也將考慮與其他元宇宙平台合作開發全新遊戲場景，將來或許也有機會販售實體周邊商品，或者舉辦實體活動等。另外，官方網站也表明未來將推出平台代幣和建立 DAO 等計劃，短時間內 Azuki 都是值得市場持續追蹤的有趣項目。

2　Mint 是在加密貨幣市場中常見的用詞，用於 NFT 的市場中，會翻譯成「鑄造」。也就是當你在買一個 NFT 時，這個 NFT 會透過區塊練技術，以程式碼的方式來產生。這個過程會被就會被稱作「鑄造」或「Mint」。

◎ 鏈遊金融（GameFi）

Axie Infinity – 有史以來最多人玩的區塊鏈遊戲

類型：區塊鏈卡牌對戰遊戲　　　交易平台：Axie Marketplace、Katana
發行者：Sky Mavis　　　　　　項目發起日：2021 年中

圖 2-9　Axie Infinity 官網示意圖

（圖片來源：Axie Infinity 官網）

無論是手機或遊戲主機，玩遊戲已經是現代人最常做的休閒娛樂。儘管玩遊戲能透過虛擬寶物交易，或代練等方式獲取報酬，但與真正「邊玩邊賺」的概念還有一段落差，甚至對於部分人來說，「邊玩邊賺」的概念還有點難以想像，不過這個想法卻在一款區塊鏈遊戲 —— Axie Infinity 完美落實。

Axie Infinity 是一款由越南團隊開發的卡牌對戰區塊鏈遊戲，玩家可以使用一種名為 Axie 的虛擬數位生物彼此進行對戰，勝利的一方可以贏取遊戲內代幣，並透過交易市場將這些遊戲代幣兌換成實體的法定貨幣，而這便是「Play-to-Earn」的核心概念。

Axie Infinity 的玩家在以 NFT 的形式購買 Axie 之後便可進行對戰，對戰中所賺取的遊戲代幣 AXS 幣和 SLP 幣，以及寵物 Axie 都可以透過交易市場進行變現，其中 SLP 還可作為 Axie 繁殖使用。

Axie Infinity 創下了許多驚人的成績，例如它是全球收入最高的線上遊戲，也是歷史上交易量最高的 NFT 項目，以及最多人遊玩的 NFT 遊戲等。在爆紅時期 Axie Infinity 估值一度上看 30 億美金，成為越南的獨角獸科技公司。然而 2022 年三月底，側鏈 Ronin Network 的節點遭到駭客入侵，導致 Axie Infinity 遊戲原生 NFT 地板價、平台遊戲貨幣，以及整體 Axie Infinity 交易量全面下滑，雖然後續 Sky Mavis 籌資補償玩家，並迅速恢復 Ronin 的鏈上交易功能，但此次事件造成的影響目前看來尚未結束，加上遊戲內的通膨問題，都讓 Axie Infinity 遭受前所未有的打擊。接下來 Sky Mavis 該如何克服目前的困境，重拾往日精彩，仍是未知數。

02

StepN Move-to-Earn 讓你心甘情願開始跑步

Sneaker #669935684
Price
Ξ 1.6

Sneaker #151457357
Price
Ξ 1.55

Sneaker #182427249
Price
Ξ 1.56

Sneaker #450167212
Price
Ξ 1.53

Sneaker #692801658
Price
Ξ 1.57

Sneaker #210813301
Price
Ξ 1.55

類型：區塊鏈運動遊戲　　　　　交易平台：OpenSea
發行者：Find Satoshi Lab　　　　項目發起日：2021 年底

圖 2-10　StepN 示意圖

（圖片來源：OpenSea 官網）

StepN 是一款 Solana 區塊鏈遊戲，玩家首先購買遊戲中使用的運動鞋 NFT，接著以跑步、快走等運動方式來換取遊戲貨幣 GST 幣，而 GST 可用來鑄造、買賣、升級跑鞋（增加其兌換 GST 的效率），玩家也可將遊戲貨幣 GST 兌換成美元、Solana 幣，以達成邊運動邊賺錢（即「Move-to-Earn」）的目的。遊戲中還有另一種代幣 GMT，GMT 屬於治理代幣，只有在使用等級 30 以上的運動鞋才能賺取，而它的用途比 GST 更廣。

如同許多線上遊戲，不同寶物皆有不同的稀有值，在 StepN 中鞋子的稀有度也分為五種，分別為普通（灰色）、罕見（綠色）、稀有（藍色）、史詩（紫色）和傳說（橘色）。運動鞋本身的稀有度也可再分成 Walker、Jogger、Runner、Trainer 四種類型，分別適用不同的移動速度、消耗相對應的能量，並產生不同程度的獎勵。這邊筆者不一一描述跑鞋的所有屬性，簡單來説，喜歡走路的人，就會選速度適合散步的 Walker，而有跑步習慣的就會傾向選擇 Trainer。至於想透過運動鞋 NFT 來賺錢，則需要妥當地使用 GST 和 GMT 幣才能增加收入。

不幸的是，2022 年 5 月 27 日 StepN 官方團隊在 Twitter 宣布，因配合相關監管單位將清查中國帳戶，並於 2022 年 7 月 15 日停止提供中國地區用戶 GPS 與 IP 位置服務，此舉意味著七月中之後 StepN 將不再服務中國的用戶，而這樣的消息導致 GST 幣與 GMT 幣雙雙大跌。針對各種問題，2022 年 6 月初開發團隊宣布將進行一系列的遊戲機制調整，包含鑄造方式與貨幣的調整，並增加球鞋回收的機制，希望相關措施與反思能改善團隊面臨的問題。

雖然 2022 年以來的跌宕讓有些人對 StepN 感到卻步，但仍有許多樂觀的支持者認為這只是項目的短期波動，畢竟 StepN 確實成功結合虛擬世界與實體運動，將「Play-to-Earn」轉變為「Move-to-Earn」，後續會如何發展值得關注。

台灣明星

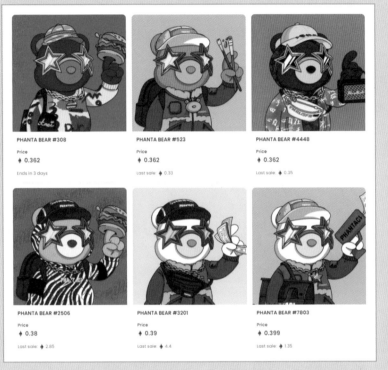

類型：收藏品

發行者：PHANTACi & Ezek Club

交易平台：Ezek Club

項目發行數量：一萬個不重複的熊頭像

項目發起日：2022 年年初

圖 2-11　Phanta Bear 示意圖

（圖片來源：OpenSea 官網）

2022 年初，知名歌手周杰倫旗下品牌 PHANTACi 發行一萬個名為 Phanta Bear 的 NFT 頭像。在明星光環加持，這個項目不僅在 40 分鐘內就完售，更在發行 7 天後登上 OpenSea 交易量排行榜第一名，超越長期霸榜的 BAYC，而「東熊西猿」（西猿指 BAYC）的名號不脛而走。

Phanta Bear 除了作為收藏品外，同時也是 Ezek Club 的會員資格，除了擁有購買商品的折扣之外，在 Ezek Club 的規劃中，Phanta Bear 只是個開端，後續還會建構 Metaverse，甚至舉辦虛擬演唱會等活動。

在二級市場中，Phanta Bear 的地板價更曾一度飆升至 5.45 ETH，雖然目前 Phanta Bear 市場價格已不復往日光景，但 Phanta Bear 是少數台灣項目締造市場奇蹟的代表，至於它未來會如何發展，就要看 PHANTACi 與 Ezek 是否能端出更多新意了。

02

類型：收藏品
發行者：陳零九
交易平台：OpenSea

項目發行數量：999 個不重複的像素風格貓頭像
項目發起日：2022 年初

圖 2-12　YOLO Cat 示意圖

（圖片來源：OpenSea 官網）

台灣藝人陳零九於 2022 年初推出限量 999 個的 NFT 頭像，並宣布會抽出一位幸運兒，可獲得陳零九本人整年收入的 9%，獲得廣大關注。不過意外的是，原本預計在下午 13:30 公開發售的 YOLO Cat Club 系列 NFT，竟然在 13:29 全數鑄造完畢，且價格在二級市場迅速竄升。對於此事件相關團隊也迅速做出回應，原來會造成此次事件的緣由，與其公開鑄造合約的程式碼不完整有關，之後陳零九與團隊也提出補償方案，將 Gas Fee 全數退還給沒有鑄造成功的交易。

藝人發行的 NFT 固然有其購買價值，無論是支持藝人本身或是認為其有炒作空間而購買，都是吸引購買者的動機。當公開透明的智能合約出錯時，作為購買人而言，是否 DYOR（do your own research，投資前自己做好研究）就變得著實重要；而作為 NFT 的發起團隊，除了明星聲量、技術的掌握度、團隊是否對於整個項目有長久規劃，以及是否有能力與社群做良好互動，都將影響 NFT 項目是否能成功的關鍵因素。

可以吃的 NFT

類型：收藏品　　　　　　　　　　發行平台：Oursong

發行者：師園鹽酥雞　　　　　　　項目發起日：2022 年初

圖 2-13　師園鹽酥雞 NFT 示意圖

（圖片來源：Oursong 師園鹽酥雞 NFT 官網）

擁有 33 年歷史的師園鹽酥雞在平台 Oursong 發行 NFT，成為了全球第一個 NFT 炸雞店，而其發行的 NFT 不單只有收藏功能，八種菜色只要是初次購買或轉手，買家就能到師園鹽酥雞兌換一份實體鹽酥雞。這樣特殊玩法與題材，在競標結束後其二手市場的價格一度飆漲至 9 倍到 100 倍不等，畢竟如此特殊的主題，比起能兌換到食物，收藏的意義或許更吸引人。

PaperPlane — 打造全球酒吧通用的 NFT

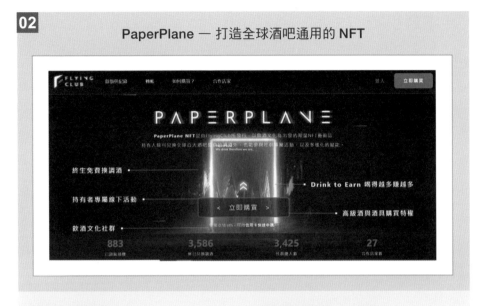

類型：收藏品　　　　　　　　　　項目發行數量：一萬個

發行者：FlyingClub.io　　　　　　項目發起日：2022 年初

發行平台：FlyingClub.io

圖 2-14　PaperPlane 打造全球酒吧通用的 NFT

（圖片來源：PaperPlane 官網）

NFT 若作為身分象徵，或會員資格，是否能與現實生活結合呢？ PaperPlane 是以成為全球酒吧通行證為目標而成立 NFT 項目。持有 PaperPlane NFT 就像是持有 VIP 證，每個月可以在發行團隊所合作的酒吧店家，兌換四杯調酒。目前除了座落在台灣的店家，香港、上海、北京、韓國、日本皆有合作的店家。除此之外，持有 NFT 的購買者也能參加不固定的私人活動，並可抽取或認購限量的酒款，隨著調酒兌換數量的上升，NFT 還會被隨機賦予不同的特殊權利。

這樣的玩法受到特定客群的讚賞，有別於大部分的 NFT，購買者在取得白名單、鑄造後便將 NFT 投身至二級市場尋求溢價，PaperPlane 是款比較適合飲酒人長期收藏的 NFT。

🔘 本章小結

2021 年 12 月底，Adidas 宣布發售 Into the Metaverse NFT，限量發售三萬枚 NFT，並以每枚 0.2 ETH 的價格出售。即便沒有公布 NFT 的樣貌，依舊在短時間內完售，購買人可以在藉由銷毀 NFT 來兌換實體產品。可口可樂在 2021 年中，推出 Coca-ColaNFT 友誼盒，並將收益捐獻給東京殘障奧運會。其他知名品牌如 Nike、Lamborghini、LV、Ray-Ban、麥當勞等，都不約而同地踏進 NFT 世界，彷彿任何名人、名牌，只要加上 NFT 三個字，便能吸引眾人爭相收藏，使項目方名利雙收。

回到收藏品本身，值得收藏或投資的商品可能具有以下幾個要素：擁有文化底蘊、具有涵義或代表性、話題性與熱度等等。那麼作為收藏或投資品的 NFT，是否擁有以上幾點要素呢？

能夠進到你我視野、成功不掉價的 NFT 可謂鳳毛麟角，大部分的項目乏人問津，或者只是成功案例的抄襲者，很難稱得上值得收藏或投資。當然，每個人的審美與藝術觀點不同，但可以確定的是，明星與名牌的熱度終有褪去的一天，而當熱度退燒後，NFT 本身是否還保有其當初所代表的價值，筆者無法給出答案，畢竟這要交給每個購買者與市場來定奪。筆者希望透過本章節能夠讓各位讀者了解 NFT 與潮流文化的發展樣貌。

下一章節我們將從 NFT 藝文市場的角度，結合行銷策略、實體賦能，以及代幣經濟等概念，探討 NFT 與潮流藝文市場的價值。

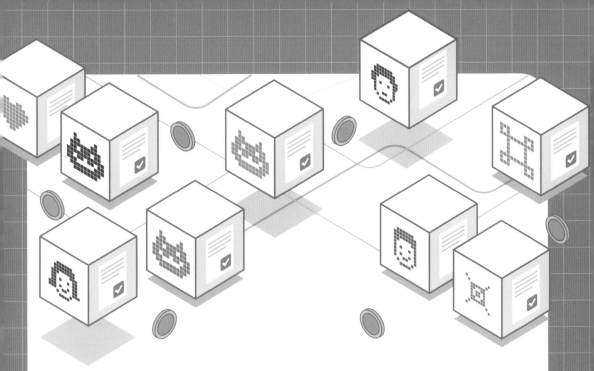

03

CHAPTER

NFT 藝文市場介紹

本章將從圖像藝術品的角度來分析 NFT 作為藝術商品時的價值。藝術史告訴我們，在人類史上早期藝術品是從日用品發展出來的文化元素，比如：各朝代留下來的瓷器、水杯、水盆等精美外觀造型的器具，而後藝術品也從生活日用品，逐漸變成了宮廷內的裝飾與奢侈品。

在當代，則有許多藝廊透過多方炒作，讓藝術品成另一種投機品與金融流通的工具。到了最近幾年，因區塊鏈與 NFT 的發展，讓實體藝術、虛擬藝術與虛實整合藝術間，出現了越來越多的競合關係，更加模糊藝術與金融價值間的界線。

此外，藝術品藉由科技碎片化的所有權與代幣經濟的崛起，在許多運用場景，也讓藝術品成為了一種類央行數位資產、金融商品與博弈商品的買賣。這些看似不可思議的發展流程，建議可以試著回歸人性本質來思考，以及定義商品需求，而非用 NFT 的本質來決定商品的價值。因為是需求整合產生社群共識，共識決定社會契約，社會契約決定價值，而價值交換則創造流通性，最後，再由流通性創造了目前市場上屢屢翻新的價格。

接下來我們將探討 NFT 是如何改變藝術市場的商品本質，初探研析 NFT 藝文市場價值增長與傳遞的方式。

3.1　為何需要藝術？誰需要藝術？

這裡簡單歸納幾個筆者認為人類需要傳統實體藝術的原因，如下：

❶ 藝術使我們能夠將人與思想結合。

❷ 藝術是對人類意義的表達，鼓勵我們勇敢做自己。

❸ 藝術拓展了我們的邊界與想像。

❹ 藝術亦能成為溝通橋梁，表達當下心境。

❺ 藝術讓近在咫尺的空間更有意義，以不同意象記錄當下。

然而，究竟藝術是否可以用想要或需要來界定價值創造，一直是個雞生蛋、蛋生雞的問題；對於一般消費者來說，藝術品看似是一種奢侈品，往往可有可無。若從藝術品角度出發看待 NFT，其實傳統藝術的價值仍然可以藉由數位藝術呈現，畢竟 NFT 僅是載體。然而，大家不解的是，為何新聞上始終有許多相當難以理解的作品可以如此高價？甚至覺得這些收藏品的價值跟實體藝術品根本不能比。

其實，從前述的藝術史沿革論述中，也不過是傳統實體藝術場景的總結（例如：藝廊、拍賣行），而我們在面對新科技的當下，除了既有的商務運作，是否能找出額外的藝術品需求。那，誰有這樣的需求呢？傳統藝廊究竟是在什麼地方受到了商務上的限制？這些都是值得思考的問題。

這些問題的提出，其實也是在回應第一章與前言中所提到，NFT 商品性質將隨著需求轉變，而 NFT 不過是一個內容的載體，它可以乘載各種需求並創造行銷效益。然而，這樣的載體本身是否是件藝術品？讀者是否應該朝著藝術品方向思考而去？如果 NFT 不僅是個藝術品，為何筆者還是建議從藝術市場這個具體案例切入？請容筆者娓娓道來。

3.2 什麼是藝術市場？

我們或許可以換個角度來思考：如果這世界少了藝廊而改用平台來滿足供需雙方的需求，究竟這個藝術市場會變成什麼樣子？又是什麼原因讓虛擬藝術收藏崛起？這些答案耐人尋味，也需要從傳統中心化藝術市場與去中心化 NFT 藝術發展角力說起。

傳統藝術市場是指買賣商品、服務和藝術品的中心化控管雙邊市場。而藝術市場是在一個除了供需變數以外仍有其他變數的經濟模型中展開與運行：它還是一種混合類型的預測市場；在這個市場中，藝術品的買賣價值，不僅來自於作

品的文化共識及感知價值，還有基於其過去的貨幣價值、以及其預測的未來價值。

在藝術市場中，除了在畫廊中展售，也充斥著私下販售的案例，這些資訊無法系統地獲得，導致了市場的不透明，更加速了詐騙的猖獗，而這部分的私人銷售更是佔了市場交易中的一半比例。在這樣不透明的市場，正是 NFT 切入的最佳領域，利用區塊鏈技術，將藝術品放上公開透明的鏈上，一切交易皆可在鏈上數據中一覽無遺，另一方面，基於區塊鏈的特性之一：不可竄改性，能確保其真實性。

根據區塊鏈基本的透明且不可竄改帳本功能，藉由去中心化的共識帳本，NFT 價格便是多方共識價格的結果。談到這，讀者或許會開始重新思考：那這樣說，我們是不是應該重新審視這個平台究竟帶來什麼商務效益？為何這樣的效益幾乎改寫過去藝術史上的媒介？

3.3 NFT 藝術史 × 經濟史？一種新型態社群共識的象徵價值傳遞

早期的傳統藝術平台存在著潛在的問題，藝術品價格一部分來自於資訊不對等與中間人可控制的市值管理。近幾年，區塊鏈技術發展日趨成熟，NFT 平台的出現，實現了去中間人的效益，透過平台的機制與功能，減少資訊落差、增加流動性並讓價值傳遞的內容變得更多元。

隨著 NFT 平台的出現，例如：全球最大的 OpenSea、亞洲最大的 Jcard、以及有著社會公益色彩的奧丁丁等，以各自獨有的特色，開始在各種領域發行藝術類型 NFT，這些作品有的是藝術家努力不懈的成果、有的是迷因梗圖，或帶有一系列賦能的商務機制。

不論是什麼模式，回歸商務邏輯的本質，「NFT 藝術收藏」究竟是「藝術史」的一部分，還是將會發展出千千萬萬種可能性，成為「經濟史」的一部分？這個問題以不同方面思考，往往會有不同的解讀。

現階段的市場上，除了傳統的藝文畫廊外，去中心化力量也正悄悄崛起，這股去中心化力量即非傳統藝廊或具威望機構（例如：蘇富比拍賣），其所創造的價值更是無法預估。NFT 成為藝文領域中的新載體，藝文產業與科技創新的結合，將成為新世代數位藝術新穎的面貌在大眾面前呈現。

3.4 案例分析思維與框架建立

市面上關於 NFT 市場分析的書籍已是汗牛充棟，每位作者以自己的觀點闡述整體市場動向，為讀者在實際應用上的參考依據之一。本章節將歸納出目前藝文市場上的案例及普遍流程：

◉ 產品開發與規劃判斷依據

❶ 藝術品使用區塊鏈的必要性。

❷ NFT 具備的特性（金融屬性、商務賦能、博奕遊戲、純藝術數位化，抑或是其他屬性）。

❸ NFT 的目標客群（幣圈、非幣圈、新手）。

❹ 社群及合作方支持（支持度、活躍度）。

❺ 具體對應的實體商品或賦能。

◎ 資金獲取能力與流通性判斷

① 鑄造的搶購程度，以及後續二級市場的流通銷量和持有時間長短。

② 未來持續的賦能，例如：項目方為 NFT 持有者空投新的衍生商品、代幣及福利。

③ NFT 的出口應用，例如：項目方後續規劃推出之遊戲、平台或工具。

④ 社群及共識力量。

從以上的判斷流程可以了解到：這些精美圖像的背後，所代表的商務意義都可能是不同且整合的。不管你是產品開發人員或投資者，若要把 NFT 商品的效益最大化，都需要去深入了解背後所代表的商業意義。最重要的莫過於，這些路線圖到底是為了吸引資金，還是要利用這些資金換取更大的財務槓桿，以利完成更堅實的商務模式。

項目方發行 NFT 的目的不盡相同，有些 NFT 的發行是為了建立品牌，有些是為了強化商品行銷賦能，有些則是為了純粹的吸金，功能百百種。了解其背後故事，找到與自己投資方向的平衡，方能享受其中樂趣。

3.5 NFT 藝術適合你嗎？

◎ 個人發行：(創作者)

在這蜂擁而至的市場中，也讓藝術創作者趨之若鶩，在跨足這個領域之前，可以先定位出作品發行方向。目前市面上的模式不外乎都是圍繞著「投資蒐藏」方向發展，而對於自身的品牌定位也會顯得格外重要。

一部分的參與者加入這個市場，抱持著一夕暴富的想法，但並未將其背後實際價值套用在 NFT 上，這往往會導致地板價低於發行價格，讓投資者對項目失去信心。

而另一部分則是透過社群連結、虛實整合等方式拓展持有價值，讓 NFT 不僅僅只是一張圖片檔，賦予其相應價值。這類型的發行，需要花費較多心力及時間來經營，投入的時間及成本相對會較高，從社群中建立屬於自己的社群信眾，往往能將自身品牌向外擴散。

💠 企業發行

不同於個人發行，許多非藝術產業背景但與藝術產業合作的大企業，例如：HTC、Meta 等，莫不希望自己能透過 NFT 發行，達到數位行銷與創造附加價值的效果。然而，企業的決策流程中，牽涉到包含了許多變因。筆者在此從最小成本到最大成本，陳列出企業或藝廊可行的方案。

首先，企業或藝廊可能有數位行銷的需求。若是因為這個原由而發行藝文相關 NFT，要盡可能使團隊能確保成本效益的最優化。NFT 及加密貨幣市場演變快速，若是採用傳統產品開發流程，而無法針對市場快速反應既有的行銷需求的話，那再完美的產品設計，都無法面對即將失去的時機。

再者，企業或藝廊如希望能藉由新型態社群（如：Discord）建構 B2C 的商務模式。撇除人力維運及相關知識研究，還會牽涉到既有市場的目標客戶量體，與新型態社群用戶接受度的轉換成本。換句話說，NFT 可以作為一種品牌形象建立的專案，來嘗試吸引更多的用戶族群，例如：年輕人遊戲或次文化社群。

最後，企業或藝廊也可能有數位轉型的必要性，這是所有企業想要永續經營的終身課題，NFT 的蓬勃可能只是相當微小的一個面向。然而，數位轉型是企業想要利用區塊鏈作為整體資料庫架構改變的轉換過程，需要更細緻的判斷流程，企業的決策流程需要嚴謹的成本效益分析，若需要短時間內透過 NFT 完成品牌行銷與社群行銷，漸進式社群建構方案較為適合。後續第九章〈元宇宙 ✕ 企業數位轉型〉將會有更詳盡的內容。

3.6 我們可以複製成功案例嗎？

案例分類

基本上，NFT 可以從一個創投業者的角度來看待，因為它屬於早期募資的一種特殊行銷產品孵化項目，顛覆了過去先製造產品再做品牌的過程。NFT 依照不同成功案例類型，主要可以分成以下幾種：

❶ 時機與趨勢造就市場：CryptoPunks 等早期 bit 版本的圖像項目。

❷ 成功次文化品牌形象建立：BAYC、Azuki，以及許多有名的頭像項目。

❸ 藝人 IP 本身名氣：周杰倫、陳零九、黃明志、Snoop Dogs 等。

❹ 企業既有品牌：Gucci、Nike、Adidas 等傳統大型品牌進入元宇宙。

❺ 傳統藝廊升級：HTC Vive Arts 與各國博物館的線上藝廊。

❻ 數位藝術品牌創新與金融化：PAKs、Beeples 等。

❼ 遊戲廠商 GameFi 整合同質化代幣：如 Axie Infinity – AXS、Decentraland – MANA、The Sandbox – SAND 等等。

❽ 電商 NFT 賦能活動：樂天女孩與電商合作、Shopify[1] 啟動 NFT 計畫。

成功因素

每個案例成功因素不同，以商務本質做切割，究竟這個項目帶來了什麼效益，NFT 是個技術載體，本質上是技術中立的東西，至於如何使用與創造價值，始終要回歸商務邏輯。扣除監管地帶的金融運輸商務目標，在所有商務項目中，跟 NFT 最相關的莫過於行銷策略與產品規劃。

---

1 Shopify：Shopify 是加拿大知名的跨國電子商務公司。

以下是筆者對於整個市場項目的歸納總結，希望有助讀者自行找到適合的方法取用所需跟經驗：

❶ 明確的 NFT 商務模式：確認公司的市場定位，如：藝術市場、企業募資、品牌建立、遊戲市場、電商平台、粉絲經濟等。

❷ 項目預算有效規劃：資金配置在營運項目是很重要的一環，其中包括前期預算規劃、社群建置、品牌定位、產品製作、用戶體驗、市值管理等。

❸ 目標客群經濟創造：確認自己企業或創作品的定位後，要試著建立自己的商品市場社群影響力。而每一檔項目的發行背後，都有著自己中心思想與信念，透過每個 NFT 圖騰，打造一種社群的歸屬感與價值觀。

❹ 可靠的產品路線圖：跟傳統的商品製作 B2C 模式不同，回想當時去中心化信念的崛起，是為了對抗中心化的經濟思維所創造，而有了還權於民的思維後，產品路線圖的世界觀、治理權限（例如：社群投票權），將是支撐整個經濟體不可或缺的因素。

❺ 有決心的執行團隊：不論是何種類型的規劃，價值是由社群共識創造出來的，而執行團隊對於該圖騰的集體信念，也會是造就這個項目成敗的基礎設施之一。

❻ 符合趨勢：此部分涉及到如何將 NFT 價值穩定與逐步提升的商務模式，以及資金募集後的運用方式。屬於 NFT 金融化的範疇，會留在下一小節說明。可以把這個想像成開一間藝術資產為擔保的藝術央行，並且打造了一種藝術代幣。

⬢ NFT 共識價值

NFT 作為一個嶄新的數位載體，賦予它們的價值是其稀缺性及人們的渴望程度，當一件商品使人們趨之若鶩，數量又極其稀少時，價格自然會水漲船高；相反地，即使商品極稀有，卻沒有相對應的受眾時，其市場也不會存在。決定 NFT 的價值有很多種方式，而最普遍的為「共識價值」，當共識價值提升，將

能帶動交易熱潮，除了共識外，還存在著眾多影響項目的因素，下面歸納了一些 NFT 價值的基本判斷要素，可供欲發行的項目方做價值創造與管理參考：

❶ 社群中的 Discord 的討論聲量。

❷ 社群用戶在 Twitter 上的活躍程度。

❸ 用戶將此 NFT 作為身份地位的表彰。

❹ 項目整體規劃及路線圖實現。

❺ NFT 在市場上的流通性及流通數量。

❻ NFT 分配、保留及質押等規劃。

❼ 獎勵及賦能制度。

❽ 產品推陳出新效率。

在 NFT 市場中，已有許多成功案例，但要回頭模仿過去成功案例，其實難度很高，因為過了那個山早已沒有了那間廟。我們可以學習其值得效仿之處，以其基礎不斷發想新的行銷策略與產品，才能滿足標準越來越高的市場用戶。

社群共識與發行規則是短期價值的創造來源，而長期路線圖的實體經濟的賦能則是永續經營的價值來源。前者屬於一波流的募資方式，後者則是要讓股東與治理權擁有者能夠真實感到落地的潛在可能性，想要細水長流經營實非易事。

依據以上的案例與成功因素分析，究竟 NFT 能在市場上創造出多少價值，其價值不論為有形還是無形，將是項目方在發行前需要審慎思考的要素。完善的規劃，不僅能為項目締造出新高度，更能衍生出多元創新的玩法。

3.7 從收藏價值到流通價值：藝術金融化

了解基本藝文市場的商務運作邏輯後，本節要探討的是 NFT 如何金融化的議題。NFT 金融化主要是探討 NFT 在經由投機炒作的發展過程後，產生有價無市的結果，而各界項目方希望透過 NFT 金融化的過程，來為市場增加需求與流通性的一種規劃方案。

首先，先來概述金融是如何運作的，金融是一個術語，用於管理、創造和研究貨幣以及投資。具體來說，它涉及個人、公司或政府是如何獲得資金（在企業背景下稱為資本），以及他們如何花費或投資這些資金等問題。金融是關於整個「系統」，即促使資金透過投資或其他金融工具在各領域之間和內部流動的金融市場；金融服務部門則負責促進了這種「流動」。

試想，以這樣的運作模式下，如能套用在原本侷限於實體藝廊的藝術品，便能增加其流動性及創造不同的價值，NFT 本身帶有這樣的技術與賦能，創新科技與傳統產業的結合，為其帶來更深層的價值。而這創新結合是如何運作的，在此簡單描述 NFT 藝術品金融化的過程：

❶ 創作者創作藝術資產：比如畫一幅畫，或者一個數位創作。

❷ 藝術資產鑑價與定價：找到有公正性、客觀性的資產鑑定人完成鑑價。

❸ 規劃藝術品稀缺規則：行銷與營運團隊合作規劃發行模式。

❹ 上架一級市場並發行：預備發行，社群空投、AMA 等行銷活動。

❺ 執行 NFT 發行拍賣規則：與各方協力合作進行發售、荷蘭拍賣等。

❻ 二級市場可套利點：投資客、持有者都會開始在一、二級市場間找到價差與可能的套利空間。

❼ 利用募資資金完成更多賦能：若成功發行並完售，項目方將可利用企業品牌形象的建立，實踐更多路線圖上的賦能。

⑧ 維持 NFT（非碎片化）商務價值：在不分割的情況下，維持其地板價，避免價格崩盤並創造藝術品品牌價值。

⑨ 讓藝術資產代幣化（碎片化）的機會：透過金融化、同質化代幣等的機制，讓藝術品更具有流通性與可互動性。

以筆者觀察發行過項目中，多數案例通常在第三步驟時，就會有人開始採用碎片化代幣的模式，以加速流通性。這部分仍要依虛擬商品、虛實整合商品跟實體藝術品之間的競合關係來判斷。因為每一種商品需求都不同，需要個案決斷。這也是整個行銷策略與產品規劃成敗的關鍵，因為價值創造是所有商務模式最有價值的一塊，然也是最消耗團隊人力資源的地方。

許多項目為了讓同質化代幣能與 NFT（ERC-721）進行互動，進而開發出了許多類似橋梁的媒介，甚至還推出新 ERC 種類如 721A、1155 等，其目的皆是為了加速 NFT 金融化的進程或者減少交易成本。

不論項目方是為了達到什麼目標，成本最小化與效益最大化始終是大家最關注的議題。在下一小節中，將會淺談代幣經濟學，讓讀者理解 NFT 藝文市場可運用的方式與代幣經濟價值所在。

3.8 NFT 結合代幣經濟的價值

淺談代幣經濟學

代幣經濟學為加密貨幣市場中的經濟模型及代幣分配的研究。不同於傳統經濟的法定貨幣，代幣經濟學是以加密貨幣為依據，也可以理解為代幣的供應與需求。它涵蓋了加密貨幣創建、管理、激勵措施、實際運用機制，以及燒毀代幣（從網路中刪除的所有元素）。代幣經濟學是由「代幣」和「經濟學」這兩個詞配對形成的術語。簡單地說，代幣經濟學是研究如何確定代幣價值，以及影

響代幣價值的因素，大部分項目都有固定的代幣供應量，而大方向的目標為創造需求以及制訂激勵措施，藉此提高代幣稀缺性。

◉ NFT 結合代幣經濟的價值

代幣經濟學的各種幣價機制，一部分的是為了對抗不被信任的中心化央行，以及逐步透過央行貨幣政策自動化減少中心化管理，而貨幣政策自動化則可用智能合約運行。將整體的運作套用上藝術收藏，透過代幣經濟人們可以讓藝術資產從非流動性的資產，轉換成具有較高流動性型態，且在價值傳遞過程中也節省下不少交易成本。

藉由以上對於金融化的過程，大家可以去思考的是，NFT 是如何替藝術品創造了流通性？藝術品又是如何替代幣創造價值？虛擬跟實體、虛實整合的藝術品價值之間的關係又是什麼？這些都是實戰過程中一直環繞在產業內的人的難題，並非只有炒作跟行銷而已，因為價值的創造如果是多方共識的話，各方之間複雜的利害關係，將會影響整個代幣經濟模型的設計與規劃。

此外，藝術 NFT 的展示型態不僅可以透過目前的 NFT（ERC-721），也有機會將 NFT 透過託管後，分發成可以切分的同質化代幣 STO（ERC-20）。如此一來，只要實體藝術品不滅失，虛擬商品的價值就有機會透過大型平台流通，並在 NFT 交易市場 和代幣交易所之間產生利差。

依照筆者實戰的經驗，代幣經濟有著許多額外創造價值的潛力：

❶ **NFT 碎片化可降低投資者進入藝術的門檻**：透過讓社群大眾持有來創造共識，以減少拋售的危機。

❷ **ERC-20 同質化是可增加投資者的類型**：實體藝術品藉由 NFT 被託管或抵押在特定地方，達到轉換流通價值的目的。

❸ **多邊平台套利**：利用發行規則與市值管理，增加平台間可以套利的機會，且能利用這樣的價差賺取更多的收益。

3.9 元宇宙願景：打造藝術央行

了解前述代幣運作的邏輯後，我們要來了解如何讓有流通性的資產成為經濟體的一部分。首先，我們要來看一些趨勢與經典案例。

近年來，傳統的高端藝術社群、NFT 和元宇宙之間的關係正在迅速加深。舉例來說，近日蘇富比宣布推出蘇富比元宇宙，這是蘇富比專為數位藝術品收藏家設計的新平台，其中包含由藝術專家策劃的 NFT。此舉是蘇富比在與加密藝術家和收藏家三方之間建立合作夥伴關係後，進入數位藝術領域的最新進程。

蘇富比與密碼設計師和數位藝術家 Pak 合作開發其元宇宙環境，投標人製作個人資料以獲得由 Pak 創建的獨特頭像。人們可以在蘇富比元宇宙中使用加密貨幣或傳統法定貨幣進行購買。至此，蘇富比已售出價值超過 7000 萬美元的 NFT 數位藝術品，而隨著拍賣行繼續擴大其數位藝術品業務，並沒有放緩的跡象。

這樣的趨勢顯示，元宇宙的空間將會成為 NFT 藝術家重要的出口服務，而從上一小節關於代幣經濟的介紹中可發現，NFT 也有機會把自己變成同質化代幣的一種資產類別，只是在操作上更為複雜，但不論如何，元宇宙願景之一就是讓創作者能在元宇宙空間中，運用各種方式流通自己的作品。

這樣前所未有的流通性，讓藝術資產可以用各種金融的形式（借貸、質押、證券等）流通在不同用戶之間。會能夠如此也是因為元宇宙空間的開放性與互通性。

3.10 NFT 藝術與文化的未來：Jcard Culture

元宇宙為一開放而非封閉的空間，打造多方聯名共同維護之藝術與文化上鏈機制，而在執行上需先制定其定位及路線圖，以下提供參考依據：

❶ 藝術與文化社群建立（數位行銷）：讓對於藝術文化與文物有興趣的人都能加入討論。

❷ Meta 藝術與文化基金（眾籌募資）：讓參與眾籌的投資者皆能享有文物冠名權。

❸ 藝術與文化孵化服務（環境建造）：創作者皆能以創作品協力打造元宇宙。

❹ NFT 資產管理（資產流通）：由平台方協助藝術與文化商品發行、驗證與流通。

❺ 永續藝術與文化經濟（數位保存）：人人皆能以虛擬身分一起維護藝術文化元宇宙。

在各階段的發展中，社群建立、文化資產都會有著極強的經濟規模化效應，建立一個可長期維持的商務模式，需要涉略各種知識與技術，以及投入大量的資金及人力成本，而前期的建置及準備過程往往耗費大量時間，也因此，衍生出另一種跨多元藝術與文化保存的元宇宙空間，規劃具有國際藝術與文化資產上鏈的元宇宙方案。

NFT 平台 Jcard 為所有發行方考量了所有難題，而有了 Jcard Culture 的出現，為其解決大部分的問題，新穎 NFT 藝文創作區塊，為藝文創作者輕鬆打造專屬元宇宙入口。提供了親民的入門管道、新手科普教育及嚴選機制，為發行方簡化了所有繁瑣程序，無痛加入創新領域。

NFT 透過區塊鏈技術鑄造，作為藝術創作的新載體，藝文產業與科技創新的結合，確保其稀有性、不可竄改及透明性，將有助創作者作品流通全球，協助藝術創作者走向國際舞台。藝術與文化是全球人類的資產，將實體資產數位化，為保存人類共同資產的絕佳選擇！

NOTE

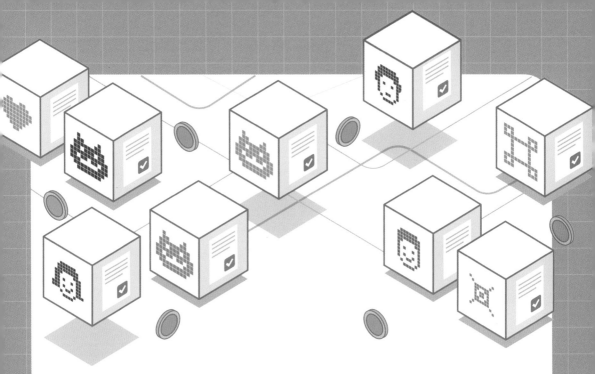

04

NFT 平台介紹

NFT 平台根據上架規則、種類、交易類型等，大致可以區分為以下三大類型：開放型平台、嚴選型平台、遊戲型平台。

4.1 開放型 NFT 平台

開放型 NFT 平台是對所有人開放的平台，任何人都可以在平台上創建、掛賣自己的 NFT，常見的開放型 NFT 平台如下：

OpenSea

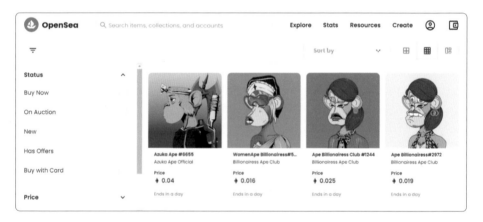

圖 4-1　OpenSea 官網

（圖片來源：OpenSea 官網）

創建時間：2017 年年底

NFT 類型：綜合

版稅：創作者可自訂，最高上限為 10%

一級銷售傭金：2.5%

二級銷售傭金：2.5%

鑄造費：除創作者首次發行時須支付外，其餘情況由平台吸收

支援鏈：Ethereum（即以太鏈）、Polygon[1]、Klatyn[2]、Solana[3]

上架 **NFT** 規則：無限制，可自由創建並上架 NFT

是否支援刷卡：支援刷卡

小補充

版稅是付給 NFT 的原創作者；傭金是平台抽成，即需支付給平台的手續費。

一級銷售（primary sales）：指 NFT 原創作者將作品首次售出。

二級銷售（secondary sales）：指買家與買家間的交易。

OpenSea 是目前全球最大的 NFT 交易平台，中文名稱為公海，屬於綜合型 NFT 交易所，提供藝術收藏類、遊戲類、影音、域名等 NFT 種類。OpenSea 是德文·芬澤（Devin Finzer）和亞歷克斯·阿塔拉（Alex Atallah）在 2017 年於美國紐約所創立的 NFT 交易所。

市面上多數 NFT 交易所通常需要經過申請流程，或者平台主動邀請才允許用戶上架自己的 NFT，而 OpenSea 最大的特點在於，它是開放型 NFT 創建平台，任何人都可以免費在 OpenSea 創建並上架自己的 NFT。此外 OpenSea 也是少數創作者不用負擔鑄造費的 NFT 平台，他們將鑄造費轉嫁給買家，而這對於創作者而言其創作門檻較低，而這也是 OpenSea 成為最多用戶數和交易量的 NFT 平台主因之一。

◎ OpenSea 是去中心化平台嗎？

過去因為開源性免審核上架機制，OpenSea 曾被人們視為去中心化 NFT 交易平台，然而隨著烏俄戰爭的爆發，國際企業紛紛聯合響應對俄制裁，除了傳

---

[1]　Polygon 前身為 Matic Network，是為了改善以太坊交易處理效率低下，而推出的以太坊擴容方案。

[2]　Klatyn 是由韓國社交媒體巨頭 Kakao 旗下的區塊鏈部門 Ground X 所開發的公鏈。

[3]　Solana 是由 Anatoly Yakovenko 創立區塊鏈網路，以 DeFi 為主的開源區塊鏈。

統金融支付如 Visa、Mastercard、美國運通皆宣布暫停提供俄國業務外，全球最大中心化加密貨幣交易所幣安也宣布限制俄國用戶的交易活動。而曾被認為是去中心化 NFT 交易平台的 OpenSea 也傳出，多位伊朗用戶發現自己的 OpenSea 帳戶被封鎖導致無法進行交易外，原先儲存在帳戶內的個人 NFT 收藏也出現「404」的問題，這打破人們認為 OpenSea 是去中心化平台的認知。

Rarible

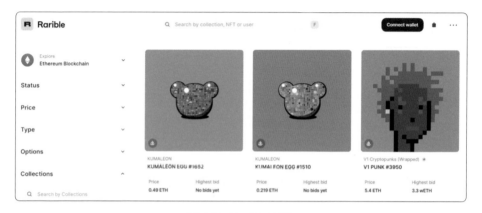

圖 4-2　Rarible 官網

（圖片來源：Rarible 官網）

成立時間：2019 年年底

NFT 類型：綜合

版稅：創作者自訂，無上限

一級銷售傭金：12.5%

二次銷售傭金：向買賣雙方各酌收 1%

鑄造費：由創作者承擔

支援鏈：Ethereum、Tezos、Flow、Polygon、Solana、Immutable X

上架 NFT 規則：無限制，可自由創建並上架 NFT

是否支援刷卡：不支援

Rarible 是一間開放性 NFT 交易平台，它與 OpenSea 的定位相似，皆屬於綜合型 NFT 平台，用戶可以自由在平台創建並上架的自己的 NFT。Rarible 獨特

之處在於它是以去中心化組織（DAO）為目的的 NFT 平台，透過發行平台治理代幣 RARI，讓持有 RARI 幣的用戶可以參與平台未來發展方向的投票活動。

RARI 幣共發行 2500 萬枚，其中的 10% 代幣空投給早期參與者、30% 保留給創辦團隊，剩下的 60% 則分發給使用 Rarible 的用戶。Rarible 透過發行 RARI 幣，實現去中心化組織集體決策，讓 Rarible 成為目前市場 NFT 平台中相對去中心化的平台。此外，Rarible 與 OpenSea 之間具有互通性，在 Rarible 上架 NFT 只要是使用 OpenSea 支援的鏈，那麼也可以在 OpenSea 上購買由 Rarible 上架的 NFT，十分方便。

幣安 NFT

圖 4-3　幣安 NFT 官網

（圖片來源：幣安 NFT 官網）

成立時間：2021 年

NFT 類型：綜合

版稅：自訂，最高不可超過 10%

一級銷售傭金：1%

二級銷售傭金：1%

鑄造費：由創作者承擔，每筆 0.005 BNB

幣安 NFT 是由全球最大的加密貨幣交易所幣安所開創的 NFT 平台，幣安 NFT
剛上線時採邀請制，幣安會主動邀請知名創作者在平台上創建 NFT。不過幣
安對外開放上架規則，一般用戶只要擁有幣安帳號，且帳號有五人以上的追
蹤，才能在幣安創建並上架 NFT。

幣安 NFT 的特點除了手續費低廉（僅 1%）外，其最大的特點在於可在同一個
平台內完成加密貨幣交易和 NFT 買賣，這對於高頻率幣圈交易者而言，不需
要另外下載其它 APP 就能投資 NFT。

Oursong

圖 4-4　Oursong App

（圖片來源：Oursong App）

4　2022 年 2 月中旬，幣安宣布將幣安鏈和幣安智能鏈統一更名為 BNB 鏈。

成立時間：2019 年

NFT 類型：綜合

版稅：10%

一級銷售傭金：12.5%

二級銷售傭金：2.5%

鑄造費：由創作者承擔

支援鏈：Ethereum、BNB（BSC）鏈、Polygon、TT 鏈（Thunder Core）

上架 **NFT** 規則：可自由創建並上架

Oursong 是由 KKBox 團隊推出的開放性 NFT 平台，以 App 的形式。過去許多小白在嘗試使用 OpenSea 時，最常在註冊和入金這兩步驟卡關，而 Oursong 在這兩方面都優化了操作步驟，它讓小白們不需要額外學習虛擬錢包的使用方式，也不用另外下載交易所也能入金。

Oursong 的特點是它不用綁定虛擬錢包，只要有 Email 或 FB 就能創建帳號。至於入金的部分，Oursong 透過平台推出的代幣——OSD 幣，OSD 幣是與美金一比一對價的代幣，用戶可以事先在帳號內儲值 OSD，待想要購買 NFT 時再用 OSD 消費，這與過去我們熟悉的儲值買點數，再用點數買裝備的概念相似，因此即便是幣圈小白，也能輕鬆入金買 NFT。

開放型 NFT 平台以簡單好上手和低門檻的創建規則，深受大眾的喜愛，然而也因為它允許任何人都能在平台上創建 NFT 作品，因此這類型平台容易出現品質參差不齊、盜版猖獗等問題，且多數開放型 NFT 平台都採去中心化管理，當消費者或創作者在平台上發生爭議時，例如買到未經授權的盜版 NFT 作品，被正版授權方求償時，用戶可能將面臨求助無門等困境，因此在使用開放型 NFT 平台時，買家需要花較多的時間來篩選合法、正規的項目。

4.2 嚴選型 NFT 平台

嚴選型 NFT 平台是平台方為創建者們設立一定程度的門檻，這類型的 NFT 平台擁有較嚴格的審核機制和上架規則，對於作品的限制也較多，與開放型 NFT 平台相比，嚴選型 NFT 平台更強調原創性和合法性。

Jcard

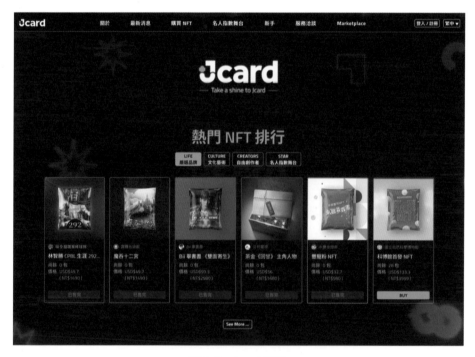

圖 4-5　Jcard 官網

（圖片來源：Jcard 官網）

成立時間：2021 年

NFT 類型：主要以藝術類作品為主

手續費：提領 NFT 手續費為 150 JPoint；轉贈為 30 JPoint（1 JPoint 等值於新台幣 1 元）

鑄造費：免鑄造費，由平台吸收

支援鏈：Ethereum、BNB（BSC）鏈、Polygon、Solana

上架 NFT 規則：採申請制或邀請制

是否支援刷卡：可刷卡

Jcard 是由台灣區塊鏈技術公司思偉達（STARBIT）和倚天酷碁（Acer Gadget）聯手推出的 NFT 平台，是一間主打嚴選、安全、操作簡單直覺的中心化 NFT 平台，Jcard 採信箱註冊，或者綁定 FB、Google 帳號就能完成註冊，捨去熱錢包不易操作，對幣圈小白不友善等設定，大幅縮短用戶進入元宇宙的摩擦力。

Jcard 以提供嚴選、正版 NFT 廣為人知，從林智勝推出打破全壘打紀錄的NFT，到公視最美時代劇茶金、霹靂布袋戲、國民女友崐崘、永豐證券、哈根達斯等，皆是 Jcard 發行過的知名 IP（Intellectual Property，智慧財產權）項目。此外，Jcard 也是少數提供即時線上客服的 NFT 平台，使用者不用擔心遇到問題找不到人處理，加上 Jcard 也是少數自主做履約保證的 NFT 平台，對於用戶的資金安全具有保障。

≫ 小迷思：NFT 平台如果以中心化經營，是否還具備 Web 3.0 的意義？

在回答這個問題前，我們先釐清一個概念，其實市面上多數 NFT 平台都還無法做到完全去中心化，它們的去中心化更像是採「放任式」管理的中心化經營。以 OpenSea 為例，用戶不需要註冊，只要有熱錢包就能使用 OpenSea 這個特點，一度讓它被視為是最去中心化 NFT 平台。然而，隨著烏俄戰爭的爆發，人們意識到 OpenSea 竟然能凍結，甚至是刪除用戶的 NFT，這讓人們開始意識到原來 OpenSea 還是沒有做到完全去中心化，用戶依舊無法百分百對自己的資產掌握主導權。

雖然說多數 NFT 平台更像是採「放任式」管理的中心化經營，但它與一般企業的中心化管理還是有不太一樣的地方，例如 OpenSea 並不掌握用戶的基本資料，交易的資訊全仰賴第三方錢包地址，因此當用戶的錢包資產被盜時，由

於 OpenSea 並未參與雙方的交易流程，所以它不用對其損失負責，然而這正是 OpenSea 狡猾的地方，它既可以對人們的數位資產掌握一定的控制權，卻又可以不用承擔管理風險。

再回到這個問題，NFT 平台以中心化經營還能具備 Web 3.0 的意義嗎？

NFT 平台是否是以去中心化模式經營，我認為與 Web 3.0 之間的關聯並不大，NFT 平台的定位就像蝦皮賣場，蝦皮賣場是否去中心化，與商品本身如何應用並沒有直接關聯，只要平台能確保用戶的 NFT 資產不會突然消失，或者被凍結，並且用戶能自由地決定 NFT 資產的存放位置，只要滿足以上這幾點，即便 NFT 平台是中心化經營，也不影響 NFT 扮演著 Web 3.0 入口的特性。

Nifty Gateway

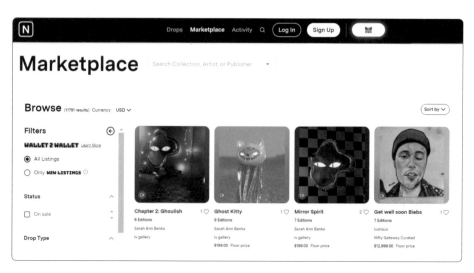

圖 4-6　Nifty Gateway 官網

（圖片來源：Nifty Gateway 官網）

成立時間：2018 年創立

NFT 類型：藝術類作品

版稅：創作者自訂

一級銷售傭金：5%

二級銷售傭金：5% + 每個二級銷售需負擔 0.3 美金

鑄造費：免鑄造費，由平台吸收

支援鏈：Ethereum

上架 NFT 規則：採申請制或邀請制，審核門檻高

是否支援刷卡：可刷卡，但限擁有美國銀行帳戶的持有人使用

Nifty Gateway 一開始是由「比特幣億萬富翁」雙胞胎兄弟 Duncan Cock Foster 與 Griffin Cock Foster 創立，而後被紐約州金融服務部監管的 Gemini 交易所買下，在 Gemini 接手 Nifty Gateway 後，其市場討論聲量不斷提高。

Nifty Gateway 是以頂級藝術品交易為主的 NFT 平台，以提供高品質作品為主旨，他們將自己定位在現代藝術品經銷商，擅長為頂級藝術品包裝，知名美國數位藝術家 Beeple，先前以選舉為主題的 10 秒短影片《Crossroad 十字路口》造成了市場轟動，這部作品便是透過 Nifty Gateway 平台以 660 萬美金的天價售出，創下當時 NFT 藝術的交易紀錄。

另外，凡是在 Nifty Gateway 展出的作品都是 Nifty Gateway 限定商品，你只能在 Nifty Gateway 才買的到。Nifty Gateway 透過與創作者們簽訂獨家授權，巧妙地保有平台作品的獨特性外，同時也建立起用戶對於平台的依賴性，而這也是 Nifty Gateway 能在競爭激烈的 NFT 市場保有一席之地的原因。

≫ Nifty Gateway 拍賣方式

Nifty Gateway 拍賣方式共分五種，分別為公開競標（auction）、無聲競標（silent auction）、抽籤（drawing）、隨機禮包（pack）、開放版數（open edition）。

- 公開競標（auction）：公開競標是最常見的競價方式，買者們各自出價，過程公開透明，參與競標的人和出價都會被公開，最後再由價高者得。

- 無聲競標（silent auction）：即競標過程中無法得知其他人的出價金額，買者只能各自出價，最後再取價高者得的方式。

- 抽籤（drawing）：採抽籤拍賣的作品其價格通常是固定的，而買家在限時內進入將要進行抽籤的拍賣頁面後，系統會再隨機抽出買家。

- 隨機禮包（pack）：類似抽盲盒的概念，採這類拍賣模式的作品通常具有款式多樣的特點，系統會隨機給予買家其中一款，買家在還沒打開禮包前無法得知實際買到的款式。隨機禮包相對於其他拍賣方式，它的收藏性與互動性更好。

- 開放版數（open edition）：開放版數類似限時搶購，是 Nifty Gateway 最常見的拍賣方式。採開放版數的作品，平台會設定一個限時搶購時間，在時間內用戶才能搶購該限量作品，而這種模式下的作品其價格相對較親民。

Nifty Gateway 根據作品的特性而有不同定位和拍賣方式，再結合嚴密的審核上架制度和可用信用卡買 NFT 等特性，確保了 Nifty Gateway 在高端 NFT 精品市場的地位。

SuperRare

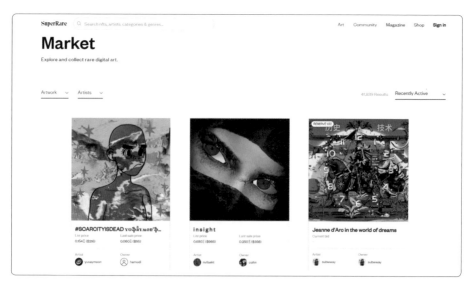

圖 4-7　SuperRare 官網

（圖片來源：SuperRare 官網）

成立時間：2018 年創立

NFT 類型：藝術類作品

版稅：10%

一級銷售傭金：15%

二級銷售傭金：3%

鑄造費：由創作者承擔

支援鏈：Ethereum

上架 **NFT** 規則：採申請制或邀請制

是否支援刷卡：是

SuperRare 是由 John Crain、Charles Crain 和 Jonathan Perkins 三人於 2018 年合力創建的 NFT 平台，同時他們也是 Pixura 的創始人。「你可以把 SuperRare 想像成 Instagram 遇上佳士得。」這是從 SuperRare 官網擷取的一段話，從這段話中不難發現 SuperRare 希望將自身的平台定位與企業願景，朝社群大眾的高端精品方向發展。

SuperRare 與 Nifty Gateway 皆是將平台定位在藝術精品，希望成為 Web 3.0 時代下的佳士得，兩者之間的差異除了平台收取的費用不同外，SuperRare 相較於 Nifty Gateway，SuperRare 更去中心化。2021 年 8 月中旬，SuperRare 2.0 版本正在推出，在 2.0 版本中 SuperRare 將漸進式地朝向平台去中心化，他們透過建立去中心化自治組織 —— SuperRare DAO 來治理平台。

SuperRare DAO 主要負責監督、管理平台各項參數，也掌握平台發展方向。SuperRare DAO 由多名持有平台代幣（RARE 幣）的用戶共同組成，一般用戶只要持有平台代幣也能加入 SuperRare DAO 參與平台治理。當 DAO 成員們對平台發展方向出現意見分歧時，他們會透過社群平台 Discord 進行投票，抉擇出投票數最高的選擇，透過這種方式，讓平台的決議相對更加民主、更貼近多數人的理念。

4.3 遊戲型 NFT 平台

遊戲型 NFT 平台以交易 GameFi NFT 為主的 NFT 平台，這類型平台大致上可以分為兩種，一種是以交易單一 GameFi 項目的 NFT 為主，例如 Axie Marketplace；另一種則以集合各類 GameFi 推出的 NFT 項目為主，例如 Lootex。

Axie Marketplace

圖 4-8　Axie Marketplace 官網

（圖片來源：Axie Marketplace 官網）

NFT 類型：遊戲虛寶

交易手續費：4.25%（由賣家承擔）

鑄造費：根據鏈上即時燃料費率，由買家承擔

支援鏈：Ethereum

上架 NFT 規則：採申請制或邀請制

是否支援刷卡：否

成立時間：2021 年創立

不同於前面介紹的 NFT 平台，Axie Marketplace 是 Axie Infinity Game 的官方 NFT 市場，玩家可以在這個平台上販售自己的 Axies 精靈（即該平台推出的虛擬角色名稱）、Land 和其他遊戲物件。

Axie Infinity Game 是一款於 2021 年七月爆紅的 GameFi 項目，由遊戲開發團隊 Sky Mavis 推出基於區塊鏈技術的精靈對戰遊戲，以「Play-to-Earn 邊玩邊賺」的特性聞名。Axie Infinity Game 是掀起 GameFi 浪潮的起點，其「Play-to-Earn」特性最先於菲律賓、越南等東南亞國家掀起邊玩邊賺浪潮，後來才逐漸擴大，乃至全球皆陷入 GameFi 的浪潮。

不同於前面介紹的 NFT 平台，Axie Marketplace 是 Axie Infinity Game 專門為遊戲內的角色和道具所創立的官方 NFT 交易市場，玩家可以在這個平台上買賣 Axies 精靈（即該平台推出的虛擬角色名稱）、遊戲土地，或者其他道具和物件。

Lootex

圖 4-9　Lootex 官網

（圖片來源：Lootex 官網）

成立時間：2018 年創立

NFT 類型：遊戲虛寶

版稅：創作者可自由設定

交易手續費：2.5%

鑄造費：由創作者承擔

支援鏈：Ethereum、BNB（BSC）鏈、Polygon

上架 NFT 規則：採申請制或邀請制

是否支援刷卡：是

Lootex 是一間主打去中心化的遊戲虛寶交易平台，平台上的 NFT 來自全球各地的 GameFi 項目，對於熱愛遊戲的用戶來說，Lootex 是非常好的 GameFi 入口。Lootex 和多數去中心化交易所一樣採熱錢包綁定註冊，提供 MetaMask、Coinbase Wallet、Fortmatic 和 Qubic 等選擇，其中比較特別的是 Qubic 錢包因為使用門檻式簽章（TSS）技術，因此用戶不需要另外經過繁複的私鑰設定流程，只要你有 Facebook、Google 或是 Apple ID 等其中一個帳號，Qubic 錢包就能直接幫你一鍵創建帳號，註冊全長耗時不到一分鐘，非常容易上手，即便是幣圈小白也能輕鬆完成。

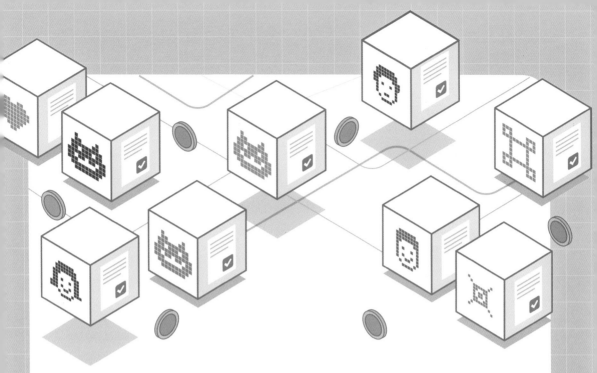

05

NFT 共識價值探討

5.1 前言

在 NFT 歷史上，雖然首個公認的 NFT 是 Quantum，但有相對成功應用且打出知名度的 NFT 是於 2017 年發表的 CryptoKitties（謎戀貓）。當時是透過去中心化的寵物養成小遊戲，結合 NFT 技術讓每一隻貓咪都擁有獨一無二的外觀和特徵，玩家也可以收集和繁殖貓咪，創造出全新的角色。所以謎戀貓也可以算是世上走得比較早的區塊鏈遊戲，藉由 NFT 讓每個虛擬寶物的所有權都可以記錄在區塊鏈上，並且跨平台地轉移。

但 NFT 的轉捩點其實是在 2020 年，藉著 1992 年的元宇宙概念，帶動了整個 NFT 的市場熱潮。在 2019 至 2022 年中，NFT 的投機行為隨處可見，部分 NFT（特別是大家口中的藍籌項目）在幾週內就能暴漲 10 倍甚至 100 倍，也有部分在暴漲後又快速回跌 9 成。但至今為止，NFT 的市場價值仍無法有效評估，進而導致市場產生「發行 NFT 即致富」的不實想像，如同 2017、2018 年的 ICO 亂象。當時的市場瘋狂到成千上萬打著區塊鏈名號的項目胡亂出世，甚至只有虛幻理想的一兩頁白皮書都能籌到上百萬、千萬美元，連要怎麼做都不用寫只要 PPT 夠精美，其中甚至超多項目是由直銷團隊成立的資金盤，人頭拉得快但跑路跑更快。但你一定無法想像，雖然一大堆人因此受害，但也還是有一大堆人連加密貨幣、區塊鏈是什麼都不懂，閉著眼睛跟著鄰居投就賺到上千萬甚至財富自由，但你聽過的區塊鏈詐騙新聞可能也多半是在當時出現的。

NFT 市場無法有效訂定其市場價值，一直是從業者們的課題，而無法鑑價的物品，為了合理市場交易，便需要「創造市場價值」的過程。但相比「加密貨幣」提供流動性的造市方式，NFT 或許更適合以價值創造與鑑定的做法制定動態框架，畢竟 NFT 無法量化特定公允價值（NFT 沒有貼現現金流模型）。不過我們仍可以根據領域相同的「加密貨幣市場」及性質相近的「傳統藝術品、股權市場」作為參考，探討一級、二級市場的劃分及 NFT 共識價值的可能。

5.2 加密市場認知

首先我們得知道，加密資產及其經濟模型與過往傳統市場結構是有所不同的。因此在資本的流動上、項目團隊權益（例如：股東權益）及股利的分配上都有不同於以往的操作。在去中心化概念上越過政府的前提下，其將過往僅有特定對象能參與的一級市場遊戲跨越至二級市場做操作，使一般散戶也有機會參與資本遊戲、投資新創公司或項目，甚至以較小的份額參與大規模的投資等，但同時也伴隨同等一級市場的極高風險及市值模糊。會這樣說不是因為這種用公募替代私募的方式，也不是在說一級市場變成二級市場，而是因為一般大眾會面對的操作及風險，譬如散戶在過去是幾乎不會接觸到鎖倉這件事的。

且不同於傳統一、二級市場，加密市場如今仍處於百家爭鳴的狀況，資源與資本過度分散，不如傳統市場集中，因此效益更難以預估。這也是為何有些人說代幣募資更像是沒有預購產品的產品眾籌。

◉ 一級市場

過往的一級市場被定義為「公司初次出售有價證券，上市、上櫃前或資產做初次販售未經流通的市場」，又稱為發行市場。簡單來說只要不是在各國證交所進行的交易，基本上就是一級市場的交易，因為不是自由流通。創投投資初創公司就是在一級市場進行的，不僅資訊不透明，門檻高，投資人也必須是有較高風險承受能力的特定群體。

如今加密貨幣一級市場操作雖然還是可以有只找特定對象交易的階段，但ICO[1]、IEO、IGO 等首次代幣發行的行為，除了私下交易外，卻也可以在相關平台如：Copper、Binance（launchpad）、Coinlist 等進行，有點像 Angellist

---

[1] 有關 ICO、IDO 的介紹，請見 1-12 頁。

平台，其中也有與股權市場早期持股相同的鎖倉機制，限制代幣過早流通於市場影響市值。也有歸屬及懸崖的機制，就是每幾年能贖回多少等方式，限制早期持有人或員工、團隊太早切割。但也並非所有發行模式都會設置鎖倉。然而加密貨幣無論哪一種發行方式（例如 ICO、IDO、IEO……等）相比股票的 IPO（首次公開發行）一詞都是相對模糊的，雖然有些「懂金融」的就會說，流通就是二級市場，一級就是不流通，一點都不模糊，ICO 也應該是等於 IPO。但這邊主要是在探討平台、詞彙及行為的模糊，ICO 無論是在私募階段或公募階段，確實是不一定會有資金池自由流通的，所以絕對可以歸類為一級市場的行為。但像 Copper 平台的拍賣機制，雖然取得代幣後還無法自由流通，但在拍賣過程中卻有機會短暫自由流通。

又或是本該類似於證交所的二級流通平台 Binance，卻有 launchpad 功能可以執行一級市場的交易行為，也就是純發行（售）不流通。所以說，根據平台是否可以進行代幣流通，並不能被視為是界定平台屬於一級還是二級市場的條件。

NFT 也是有點模糊，過往藝術品的發行通常會先經過藏家、藝廊之間交易及價值奠定，才會進到拍賣場。如今 NFT 的初次發行可能是在發行方自身的網頁進行，但也有許多是在 NFT 交易平台直接進行發行（發行及流通），例如：OpenSea、Nifty Gateway、SuperRare 等。不過也不是所有 NFT 都有辦法被上面這些平台支援並自由流通，甚至早期還沒有這些平台時，取得的二手 NFT 就只能私下轉讓。這也是為何很多早期發行 NFT 的項目後來會自己架設二手市場，所以模糊點同樣在於平台或網頁該如何被界定一二級又或是都有。

而代幣估值也與傳統一級市場取決於公司經營狀況及資本行情的估值較為不同，並非完全是透過投資金額及占比來判斷，很多項目反而是取決於個別代幣自身的經濟模型、預期市場流通與造市情形。當然最初的估值可能還是透過 IDO、ICO 等在外流通的狀況訂定（這邊的在外流通指的是釋出的量，包含私

募,並非自由流通),好的項目則會藉由判斷團隊及成本來決定 IDO 的規模,這就會與傳統的估值方式較為接近。但後續發展是否要依流通量來判定估值又或是以 FDV(完全稀釋估值)來判定,也正是大家在努力解答的問題。

◉ 二級市場

加密貨幣二級市場可對標於 Binance、FTX[2]、Huobi 等中心化交易所或 Uniswap 等去中心化交易所,但在交易所也可以進行首次發行例如 IEO。而這些交易所則類似各國證券交易所,只是不為國家營運,所以目前交易所市場也可說是群雄割據。也因此流動性容易被分散,即便目前看起來是個寡占市場,但個別的一線交易所仍不及證交所的量體。

所以開玩笑地說,用流不流通來界定加密市場的一、二級都還要先看有沒有流動性呢,不然本該是自由流通的地方,時常會讓人懷疑「說好的自由呢」?

NFT 二級市場則可對標 OpenSea、Nifty Gateway、SuperRare 等 NFT 交易所,倒是與傳統藝術品二級市場「拍賣場」有幾分相似,是可以接受初次發售的。但以上平台都是發行及流通,不是純發行的,所以這種就可以明確界定為二級市場。

而此小節主要是先提供一些探討方向,卻是也有些混亂,對於還沒接觸過加密貨幣市場的朋友,先知道有哪些對標的平台就可以了,不必完整了解甚至糾結這些平台的界定。

2　FTX 曾為全球知名加密貨幣交易所之一,於 2022 年 5 月成為全球第二大加密貨幣交易所,但也在同年 11 月 11 日聲請破產,讓約 100 萬名用戶和投資人遭受巨大損失。其所引發的流動性危機也使加密貨幣市場受到重挫。

大型 NFT 市場比較

表 5-1　前 25 名 NFT 市場全歷史比較表

排名	市場	鏈	類型	層級	總平均成交價/U	總交易者/人	總交易量/U
01	OpenSea	ETH/Polygon/Solana	整合	偏二級	$638.42	1,804,159	$31.1B
02	LooksRare	ETH	整合	偏二級	$120.92k	86,394	$23.19B
03	Axie Infinity	ETH/Ronin	自行	偏一級	$183.39	2,105,013	$4.23B
04	CryptoPunks	ETH	自行	偏一級	$132.41k	6,566	$2.81B
05	Magic Eden	Solana	整合	偏二級	$246.46	773,459	$1.46B
06	NBA Top Shot	Flow	自行	偏一級	$50.65	560,265	$949.18M
07	Mobox	BNB (BSC)	整合	偏二級	$643.08	81,198	$684.27M
08	Solanart	Solana	整合	偏二級	$933.49	232,566	$656.41M
09	AtomicMarket	WAX	整合	偏二級	$17.65	1,052,643	$420.55M
10	BloctoBay	Flow	整合	偏二級	$231.02	127,360	$374.74M
11	Rarible	ETH/Tezos	整合	偏二級	$503.89	104,951	$299.63M
12	SuperRare.co	ETH	整合	偏二級	$8.46k	5,919	$234.79M
13	Foundation	ETH	整合	偏二級	$2.29k	35,060	$166.69M
14	Decentraland	ETH	自行	偏一級	$5.46k	8,967	$155.55M
15	DigitalEyes Market	Solana	整合	偏二級	$616.75	71,453	$127.59M
16	NFTrade	ETH/Avalanche/BNB(BSC)/Polygon	整合	偏二級	$357.64	35,651	$106.18M
17	SMB	Solana	自行	偏一級	$16.38k	3,666	$103.67M
18	Aavegotchi	Polygon	自行	偏一級	$552.61	11,650	$83.35M
19	PancakeSwap	BNB (BSC)	整合	偏二級	$530.64	92,465	$79.28M
20	Hic et nunc	Tezos	整合	偏二級	$21.05	73,648	$62.06M
21	Waves Ducks	Waves	自行	偏一級	$1.79k	2,367	$33.03M
22	SolSea	Solana	整合	偏二級	$177.66	80,716	$32.54M
23	MakersPlace	ETH	整合	偏二級	$1.52k	4,825	$25.78M
24	The Sandbox	ETH	自行	偏一級	$426.97	8,920	$18.59M
25	Treasureland	BNB(BSC)/Polygon	整合	偏二級	$97.86	28,999	$17.26M

（資料來源：DappRader 網站，2022/06/18 提供的數據）

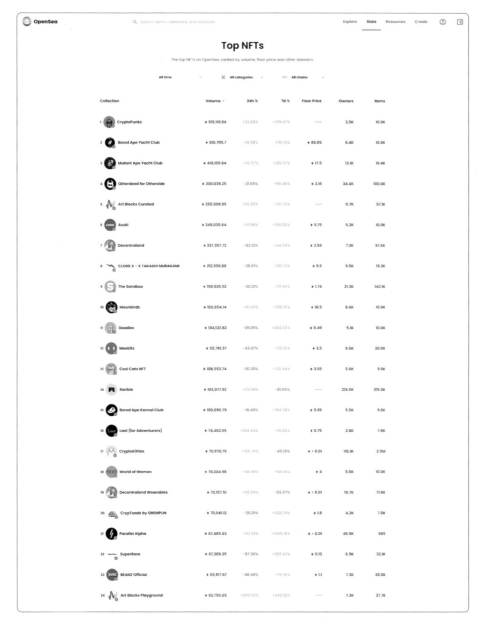

圖 5-1　OpenSea 前 25 名 NFT [3]

---

[3]　資料來源：截至 OpenSea 官網 2022/06/18 的資料。

當然，一個 NFT 交易市場要賺錢，最重要的在於其交易量。但每個交易平台的商業模式不同，一、二級屬性也不同，並不能完全只看交易量。但根據前 25 名 NFT 市場全歷史比較表我們可以看出，平台交易量與交易者數量、平台 NFT 均價並無直接的關係，並沒有因為使用者較多，總交易量就較高。比起交易者數量，交易者質量可能更為重要。也可以看出發行方自行的交易市場不遜於整合型的市場，甚至總交易量前三、四名就出現了。並且於整合型平台資料以及 OpenSea 前 25 名 NFT 一表也可得知，這些二級市場的平台總交易量本身其實涵蓋很大一部分是來自「有自家一級市場」的 NFT 項目，細節我們會在【NFT 藍籌項目】的章節探討（詳見 5-32 頁）。

因此我們可以合理地判斷，目前的二級平台價值是透過 NFT 項目來建立的，而非平台本身。好的 NFT 項目更會帶來好的 NFT 交易者，有好的交易者又會再吸引好的 NFT，進而形成一個正循環。反之 NFT 本身的價值與上架平台、上架於一、二級市場並無絕對的關連性，仍舊在於項目本身，但不排除與發行的鏈有一定的關係，畢竟資本量體的不同將影響用戶交易的金額大小。

但從上方資料可得知，許多大型的 NFT 項目通常還是會有一級、二級兩種市場的交易發生，也就是會有鑄造頁面甚至交易市場，但也會上架至整合型市場。雖然目前還無法明確判斷發行方不直接在二級市場發行，還是要經過一級市場的實際原因。但根據筆者親自詢問成功項目方的結論，其關係可能在「消費者體驗」、「定位」及「成本」。就像自己去玩扭蛋機，跟店家轉了一堆然後擺著讓你選的差異。同時有跟鏈做互動有助於去中心化的信仰，不僅能設置白名單、Mint 上限、發行數量等，也能防止 OpenSea 平台搞中間人 Rug Pull[4]。成本也可由消費者負擔，若真的產生問題，再做 Gas Fee 的返還，還能創造口碑。雖然消費者 Mint 不到其實不是項目方的問題，但智能合約的 Bug 確實就是項目方的挑戰了。

4　Rug Pull：Rug 是「小地毯」的意思，所以用拉起來小地毯的說法來表示「捲舖蓋、跑路、捲款潛逃」，這也是區塊鏈世界中常見的詐騙行為。

小結

可見二級市場的效益還是從項目帶出來的，若要使二級市場有好的交易量，便需要有好的產品在上方。對比傳統二級市場或是加密二級市場，其實也要好的項目才能上到二級市場。新創必須要經歷大量磨練才可能進行 IPO 上到證交所，代幣也必須有足夠的市值及流通性，才有機會被幣安這種中心化的大型二級市場上架（去中心化的交易所則不打破這種謹慎的模式，也因此模糊了市場界定）。

相較於傳統一、二級市場，加密市場更像是整合型的市場，沒有明確的一、二級區分但同時具備一、二級的價值。也說明其市場價值的訂定，並不受到市場層級的影響，特別是 NFT 這種非流動性資產。雖然現在也已經有不少解方是在解決 NFT 的流動性，不管是 NFT 代幣化、碎片化，甚至 NFT 借貸協議[5]的出現等，都是為了創造 NFT 更好的流動性，但這也只是流動性的解方，並非為價值建立的解方。因為 NFT 在本質上就不屬於流動性資產，畢竟非同質化代幣本質上就是每個都不同，就很難鎖定價值，沒有固定價格就很難等價交換，沒辦法隨意交換就自然不會有流動性，沒有持續流通，價值就又能各說各話。所以說，雖然使 NFT 有流動性的解方仍是令人期待的，但要為 NFT 賦予價值，比起在創造流動性上鑽牛角尖或是花費時間界定層級，探討市場中成功的 NFT 標的「訊號」可能更為健康，而訊號可能就包含了社群、稀有度等等層面。

而訊號可能就包含了社群、稀有度等等層面。至於訊號有哪些？是什麼？我們後續章節會詳細介紹。

---

[5] NFT 借貸：NFT 借貸類似於傳統借貸模式，與傳統不同的地方在於 NFT 借貸是以 NFT 作為抵押借出加密貨幣或 NFT，又或是以加密貨幣抵押借出 NFT。透過 NFT 借貸則可以讓原先還沒有賣出或不想賣出的 NFT 可以進行流通及使用，創造額外價值。常見的就有兩、三種模式。礙於內容篇幅，本書就不一一介紹。

5.3 NFT 案例多面向解析

台灣討論度較高的項目

下方以 OpenSea 上持續有二級交易量的項目之交易數據為參考依據。

表 5-2　OpenSea 上持續有二級交易的項目

項目	性質	發行時間	初始價格	地板價	鑄造量	總交易量
CryptoPunks	pfp	2017	Gas Only	68.5 ETH	10.0K	789.4K ETH
BAYC	pfp	2021/04	0.08 ETH	85 ETH	10.0K	336.1K ETH
The Sandbox	game	2019	48 U	3.43 ETH	104.3K	140.6K ETH
Axie Infinity	game	2019	< 10 U	41.63 U	283.8K	27.5K ETH
Demi-Human	pfp	2021/06	0.08 ETH	0.32 ETH	10.0K	639 ETH
YOLO Cat	pfp	2022/01	0.9 ETH	2.25 ETH	268	737 ETH
Brave Series	憑證	2021/11	0.1 ETH	0.195 ETH	558	19.0 ETH
Cool Cats	pfp	2021/07	0.02~0.06 ETH	11.9 ETH	9.9K	73.9K ETH
Alpha Shark	pfp	2021/12	荷拍 < 0.5 ETH	11.69 ETH	450	1.2K ETH
FOMO Dog	pfp	2021/10	< 0.5 ETH	11.5 ETH	777	1.5K ETH
Azuki	pfp	2022/01	0.15~1 ETH	3.88 ETH	10.0K	37.6K ETH
PhantaBear	pfp	2022/01	0.26 ETH	2.52 ETH	10.0K	28.4K ETH
Genesis Curry Flow	game	2021/12	333 U	0.143 ETH	2974（5 款）	2.1K ETH
IreneDAO	蒐藏	2022/01	0.26 ETH	0.9 ETH	1.1K	2.3K ETH
Ghozali Everyday	蒐藏	2022/01	0.001 ETH	0.2 ETH	933	386 ETH

（資料來源：截至 2022/01/23，並從 OpenSea、各大項目官網、DappRader等平
　台取得）

表 5-3　知名 NFT 項目的賦能與做法

項目	持有者	做法 & 賦能簡述
CryptoPunks	3.4K	此項目是首批算法生成的 NFT，最初可以免費獲得，但項目方起初保留 1,000 張，後來也有許多知名人士收藏。它根據每張圖片的屬性（或缺乏屬性），會讓那張肖像可能比其他肖像更有價值，甚至獲得千萬美元的估值。譬如：一個戴著小墨鏡（token ID：378）、戴著帽子（token ID：254）、抽著煙斗（token ID：317）的外星人（token ID：9）等。
BAYC	6.2K	此項目的角色以 170 多種特徵生成決定稀有度，起初項目方保留 30 隻。每張 NFT 等同於 Yacht Club 會員卡，賦能有會員專用的塗鴉板、商業使用權等。它也有很多 KOL 站台，並且聚集了很多線上線下社群。
The Sandbox	18.8K	LAND 所有者可以舉辦競賽和活動，也可以透過 LAND 創造廣告效益。NFT 本身也是透過特徵決定稀有度。
Axie Infinity	45.3K	透過 NFT 可進行遊戲，賺取遊戲幣 AXS、SLP 等。基因決定稀有度及強度。
Demi-Human	3.6K	發行方為 BAYC 持有者與 Taiwan DAO 創始人，參照 BAYC 在疫情期間用人類對抗病毒的故事作為信仰。不僅開放商業使用權，也有空投 NFT 給 KOL。項目方一開始保留了 30 隻，且找了泰國畫師來製作。此項目的線上線下社群也做得非常好，是出圈相對成功的社群模式。
YOLO-Cat	245	此項目由藝人陳零九發行，一共發行了 999 個，項目方保留 19 個。一開始有個很酷的玩法就是，白名單的密碼是藏在陳零九拍的影片中。這個項目在線上下社群的經營上也不錯，

項目	持有者	做法 & 賦能簡述
YOLO-Cat（續）	245	也開放 NFT 商業使用。持有者有機會參與、共享零九演藝事業的利潤，演唱會門票空投、每季最新款服飾、九茶終生喝、會安越南餐廳終生折扣、參與零九下一首歌的歌詞創作同時版稅分潤等。
Brave Series	388	此項目是與動畫及明星聯名，可使用信用卡或以太幣（ETH）支付購買。販售方式是採盲盒，且全球限量，還有額外特殊款。起初項目方保留 50 個，NFT 持有者可以兌換實體公仔，但兌換公仔須歸還 NFT 並獲特殊 nft1，不兌換則可以留著，另外再獲得特殊的 nft2。SR + 的 NFT 則是按屬性、Skin 決定稀有度。
Cool Cats	5.1K	這個項目是 9,999 個隨機生成和風格策劃的 NFT 的集合，超過 300,000 種功能組合，團隊保留了 100。持有者可以參與 NFT 認領、抽獎、社區贈品等活動，也支持 NFT 持有者二創、商業使用。團隊會將第一代 NFT 銷售額的 20% 以太幣（ETH），通過競賽、抽獎等方式返還給社群。Cool Cat 團隊創建了一個基於積分的系統，用於衡量貓的酷炫程度。例如，綠色斗帽的積分比金冠等稀有物品的價值要低。
Alpha Shark	419	此項目一共發放 888 隻，不做增發，首發 188、白名單 30、團隊保留 20。銷售方式採荷蘭拍賣，每個人限購兩隻。他們是中國的 Discord 團體，聚集了數據科學家、區塊鏈分析師、市場專家和 NFT 大師。目標是打造精英 DAO、頂尖玩家。但他們以線上社群為主，提供最 Alpha 的 Crypto & NFT 訊息與投資思維，打造最有經驗的科學家組織。

項目	持有者	做法 & 賦能簡述
FOMO DOG	650	此項目與 Alpha Shark 雷同，總發行量將固定在 1,024 隻，規則寫死，不增發。首波發行 240 隻、20 支團隊保留（非親友）。想要獲得空投，得在直播節目中收集四個密碼。持有 FOMO DOG（追高狗）NFT，可以加入專屬 Discord，進行高質量的學習交流，主張優勢人生。
Azuki	5.3K	此項目分 3 波賣 10,000 個 NFT ，但販售時每人限 5 個。第一波荷拍 1~0.15 ETH；第二波白名單價格以荷拍收盤價對半；最後一波 0.15 ETH。持有者可以成為 The Garden 的會員，參與街頭服飾合作、NFT 發售、現場活動等，後續還會有線上商城。用 ERC721A 這項技術，為用戶降低鑄造多個 NFT 的成本，旨在解決 Gas War。它們主打：新的 NFT 鑄造標準、新的鑄造白名單篩選機制、新的 NFT 出售方式、以及 NFT 碎片化等，預計未來還預計要發幣。
PhantaBear	5.3K	這個項目由 PHANTACi 和 Ezek 聯合發起。起初透過周杰倫龐大得聲量行銷（雖本人一度切割，但還是有站台），然後透過 AI 生成發行 10,000 個，可作 Ezek 會員卡。每個 NFT 都有獨特的訪問權限和特權，如：全球商店 10% 折扣、後續白名單、特殊空投、虛擬演唱會參與等。其中編號 #9999 賣出了最高價。

項目	持有者	做法 & 賦能簡述
Genesis Curry Flow	2.2K	這個項目的 NFT 有 5 個獨特的版本，都分配了稀有等級，總共 2974 個。主要是為了慶祝 NBA 球星 Curry 打破 3 分世界紀錄。每個 NFT 都帶有一個儲物櫃，可進入 Decentraland、Sandbox 和 Gala Games 以 及 Rumble Kong League 等應用使用。
IreneDAO	500	發行者是一名網紅，她將自己的照片加上迷因梗，並直接在 OpenSea 上發行 1107 個。旨在顛覆創作者經濟的全球草根運動，而且打著為人民服務的口號。她的核心價值觀是：簡單、正直、意義和目的，但賦能就幾乎沒有。
Ghozali Everyday	504	由一位大學生所發行，當初他只是為了交學校作業，所以將自己從 18 到 22 歲（2017~2021 年）的自拍照上傳到 OpenSea。

（資料來源：截至 2022/01/23，並從 OpenSea、各大項目官網、DappRader等平台取得）

上方取了幾個台灣在 2022 年初討論度較高的項目及當時的狀況，其數據再度證明總交易量與流通量、交易者數量並無直接的關係，例如：Alpha Shark 當前流通量僅有 450，卻可創造 1.2K ETH 的總交易量，FOMO DOG 777 的流通量也能創造 1.5K 的總交易量。兩者都高於 10 K 項目 Demi-Human 的 639 ETH，連 YOLO Cat 268 的流通量，總交易量都較高，證明 NFT 交易者的質比量重要。換句話說就如同獨角獸企業一般，每層資本的大小將決定估值堆疊的高度。當然也不排除是項目持有者的動機不同，不一定以交易為優先。但仍指出要有好的交易者便需要好的項目，好的項目便需要好的「訊號」，如 K 棒形態一般。

◎ 知名 NFT 藝術家的作品

表 5-4　知名 NFT 藝術家作品數量與作品售出總值

排名	藝術家	售出作品總值 / 鎂	售出作品數量
1	Pak	$462,541,393.68	66,320
2	Beeple	$176,976,405.16	1,351
3	Tyler Hobbs	$131,457,036.86	1,009
4	Dmitri Cherniak	$110,451,489.83	873
5	XCOPY	$ 96,610,173.47	9,543
6	Matt DesLauriers	$ 62,522,142.63	2,070
7	Hackatao	$ 44,843,878.93	9,184
8	Snowfro	$ 41,728,541.44	3,015
9	Richard Lord	$ 34,619,246.38	1,423
10	Monica Rizzolli	$ 34,063,968.29	1,026

（資料來源：preface 網站，截至 2022/3/30）

≫ 1. Pak

Pak 是一位匿名的藝術家，他在數位藝術領域有 25 年以上的經驗，且每天會用 AI 創作 144 個數位藝術作品。他的作品大多都以黑白色為主，風格偏概念藝術和極簡主義，包含了光影互動的 3D 動態雕塑。他的作品提供強烈的視覺感知，並將哲學觀、社會觀、技術認知和宇宙觀寄予作品之中，賦予每個系列不同的特色和符號意義。

圖 5-2　匿名藝術家 Pak 的白球作品

（圖片來源：Pak Twitter）

表 5-5　匿名藝術家 Pak 的售出作品詳情

售出作品數量	售出作品總值	最高價格作品
66,320	4 億 6 千萬 美元	9,120 萬 美元

（資料來源：取自 Business Next、Gotham、CryptoArt）

≫ 2. Beeple

根據 The Verge 報導，他最有名的作品「Everydays: The First 5000 Days」，曾經以 6,900 萬美元於佳士得拍出，而且後來創作的作品價格也越來越高。他喜歡將政治領袖和當前事件作為題材，創作反烏托邦和後世界元素的創作。所以其實在他成名前就已經有不少數位藝術粉絲了，因為很多未來主義、賽博龐克、反烏托邦風格的作品都只出現在遊戲，很少能從其他渠道看到這些瘋狂、複雜、優秀的作品。

圖 5-3　Beeple 以名人馬斯克作為創作題材

（圖片來源：Beeple Twitter）

表 5-6　數位藝術家 Beeple 售出作品詳情

售出作品數量	售出作品總值	最高價格作品
1351	1 億 7 千萬美元	6,934 萬美元

（資料來源：取自 CryptoArt、TIME、Hypebeast）

≫ 3. Dmitri Cherniak

雖然 NFT 圈子更認識他 Ringers 系列的創作，但他的 Self Portrait #1.2020 也在蘇富比元宇宙拍出了 268.2 萬美元。他的作品也是走生成藝術的路線，共 1,000 幅作品，以線條和圓圈組合成不同的色塊和形狀，尺寸、佈局，甚至纏繞方向都不一樣。各系列也有著不同的特徵，藉此分辨稀有度。他最常用的幾個基本色是黑、白、黃，但也有少部分的作品會加上紅或藍色，其中「牛眼」出現的機率更只有 8%。

圖 5-4　Dmitri Cherniak 常以線條和圓圈作為生成藝術的主要元素

（圖片來源：Pinterest）

表 5-7　Dmitri Cherniak 售出作品詳情

售出作品數量	售出作品總值	最高價格作品
873	1 億 1 千萬美元	300 萬美元

（資料來源：CryptoArt、TIME、Hypebeast）

≫ 4. Tyler Hobbs

Tyler Hobbs 的作品也是以生成藝術為主。Fidenza 具有豐富的色彩和區塊，共鑄 999 個，每個價格為 0.17 以太幣（當時約 400 美元）。現在它們在 OpenSea 的總交易量高達 42.4K ETH。

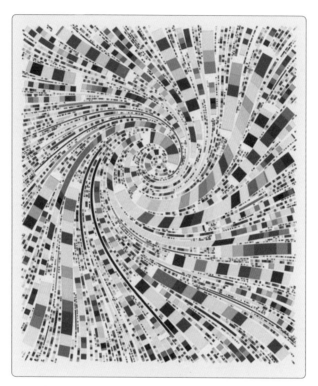

圖 5-5　Tyler Hobbs 生成藝術多以豐富色塊組成

（圖片來源：Pinterest）

表 5-8　Tyler Hobbs 售出作品詳情

售出作品數量	售出作品總值	最高價格作品
1009	1 億 3 千萬美元	26 萬美元

（資料來源：取自 CryptoArt、tylerxhobbs.com）

≫ 5. Matt DesLauriers

Matt DesLauriers 的作品銷量在 2021 年 12 月擠進了 NFT 藝術家的前五名。
除了在 Art Blocks、Matt DesLauriers 平台上露出作品外，他還將作品放到其
他不同的平台上，算是比較少見的做法。《Meridian by Matt DesLauriers》在
Art Blocks 曾拍出 4.7 萬美元的佳績。而他的風格主要以風水油畫為主，但也
會加入小細節的筆觸。每個標記的散列也描述了多維空間內的不同坐標，形成
了獨特組合。

圖 5-6　Matt DesLauriers 以風水油畫著名

（圖片來源：Pinterest）

表 5-9　Matt DesLauriers 售出作品詳情

售出作品數量	售出作品總值	最高價格作品
2070	6,249 萬美元	47 萬美元

（資料來源：取自 CryptoArt）

≫ 6. XCOPY

XCOPY 是加密藝術的領導者之一。在加密藝術崛起前,他前衛的藝術作品也受到社群高度認同,其創作風格多以探索死亡或反烏托邦的角度切入。

圖 5-7　XCOPY 的作品多以反烏托邦或探索死亡為主

(圖片來源:XCOPY Twitter)

表 5-10　XCOPY 售出作品詳情

售出作品數量	售出作品總值	最高價格作品
9543	9,615 萬美元	554 萬

(資料來源:取自 Gotham、CryptoArt)

≫ 7. Hackatao

Hackatao 是 2007 年的組合，由 Sergio Scalet 和 Nadia Squarci 組成，多以戰後及當代藝術為主題。「Hack」代表著透進身體裡的愉悅、向內探索；「Tao」代表著陰和陽，兩個字加起來則代表著發掘社會、環境、人性等議題。同時他們的作品也會以藝術歷史作為參考，當中帶有不少象徵意義和哲學色彩。

Hackatao 的作品起源是一隻由二人協同創造的「生物」— Podmork。它是一隻陶瓷製的娃娃，配上手繪圖騰，成為了 Hackatao 標誌性的藝術品。

圖 5-8　Hackatao 作品風格多以戰後及當代藝術為主題

（圖片來源：Hackatao Twitter）

表 5-11　Hackatao 售出作品詳情

售出作品數量	售出作品總值	最高價格作品
4582	4,004 萬美元	93 萬美元

（資料來源：取自 Gotham、CryptoArt、Hackatao）

≫ 8. FEWOCIOUS

FEWOCIOUS 本名為 Victor Langlois 是 NFT 世界中最年輕的藝術家之一，其作品豐富而多彩，作品中多帶著極致的表現主義，透過高強度的符號感及濃厚的個人色彩，創作超現實主義和波普藝術風格的作品，使他收穫許多關注和喜愛。

7 月 1 日，APENFT 基金會發布推文，孫宇晨以近 44 萬美元的價格，從佳士得成功拍得 Fewocious 在 15 歲所創作，並獲得對應的實物。這個系列的作品通過藝術講述 Fewocious 在 14 至 18 歲之間作為跨性別者的成年故事。常常能在他的作品中看見，看似情侶在打架的畫面，但其實是他內心的 Victor 與 Victoria 在互相傷害。

圖 5-9　FEWOCIOUS 作品風格以豐富色彩與超現實主義聞名

（圖片來源：Pinterest）

表 5-12　FEWOCIOUS 售出作品詳情

售出作品數量	售出作品總值	最高價格作品
3189	2,706 萬美元	283 萬美元

（資料來源：取自 Art Rights、Sotheby's、CryptoArt）

≫ 9. José Delbo

José Delbo 本身就是一位阿根廷的漫畫插圖畫家,是 DC 和 Marvel 的老員工了。他的作品包括《神力女超人》、《變形金剛》等經典漫畫。

他透過自身在業界的名氣轉戰 NFT 市場。87 歲的他於 2020 下旬創造漫畫作品「DEATH」,並正式將其經典漫畫風格帶進加密藝術世界。同年 1 月,MEME NFT 平台即將上線時合作英雄 MEME 俠。

圖 5-10 José Delbo 將經典漫畫帶入加密藝術世界

(圖片來源:delbocomics)

表 5-13 José Delbo 售出作品詳情

售出作品數量	售出作品總值	最高價格作品
5,333	1,572 萬美元	115 萬美元

(資料來源:取自 Medium、CryptoArt、Josedelbo.org)

≫ 10. Andreas Ivan

Andreas Ivan 的「Smoochies」系列的作品曾被新加坡《商業時報》選為 5 位亞洲的千禧世代 NFT 藝術家新星。他推出了 36 件以動漫角色和現實名人為主題的「Smoochies」原創作品後就立馬銷售一空。該系列外觀都是嘟著嘴、瞇著眼的可愛小孩。當時發行時 Andreas 承諾他就只會推出著 100 個，不會再多了。

Smooch 的意思是溫馨地親吻和擁抱，因為在他小時候一遇到困難，媽媽就會 Smooch 他、安慰他，進而造就今日獨當一面的他，因此創作出這個系列。

圖 5-11　Andreas Ivan 的 Smoochies 系列作品

（圖片來源取自 Andreas（˚8˚）Twitter）

表 5-14　Andreas Ivan 售出作品詳情

售出作品數量	售出作品總值	最高價格作品
103	1 萬 3 千美元	6,470 美元

（資料來源：取自 Gotham、CryptoArt、Block Tempo）

11. 手塚治虫

日本「漫畫之神」手塚治虫是日本最具代表性漫畫家之一，筆下知名作品包括《原子小金剛》、《怪醫黑傑克》。12 月 15 日發行《原子小金剛》，也是《來自手塚治虫的碎片》NFT 項目第一個作品。此次是由官方授權創作由數位馬賽克所排列而成的作品，其中共多達 4 萬篇黑白與彩色原版動畫手稿，每張手稿都代表了手塚治虫老師的單件作品或人物。

12. 村上隆

村上隆作為超扁平藝術的先驅，現代潮流藝術的代表之一，他將自己最著名的經典作品「微笑小花」製成了 NFT 收藏品。他過往也會跟許多時尚品牌跨界合作，如：Louis Vuitton、Kanye West、Kid Cudi、Billie Eilish 等，其 NFT 的合作作品中最知名的就是 Clone X [6] 了。

村上隆表示，他的 NFT 作品除了是為了喚起大眾對復刻紅白機的懷念，其發行量共 108，也是對佛教有著致敬的意義。

紅極一時的老婆款 NFT

在 2022 年初一度有一個系列的 NFT 也引起話題性，那就是「老婆款」NFT 系列，當時的知名項目就有 UWU、KGF、LAG、Asuna 等。此系列 NFT 的出發點就是要讓購買該 NFT 的藏家們，無論有無賦能，至少在感受上會宛如擁有老婆一般。照理來說應該是有不小的目標客群才是，至少與御宅族的市場是有所重疊的。

6　Clone X 是 3D Avatar 角色的 NFT 項目，共發行 20,000 個數量，其項目故事背景是以外星人來到地球後，將靈魂重新注入到個別數位替身中，以數位的身體繼續探索世界。

圖 5-12　UWU NFT

（圖片來源：Uwucrew Twitter）

圖 5-13　KGF NFT

（圖片來源：KILLER GF Twitter）

圖 5-14　LAG NFT

（圖片來源：Love Addicted Girls with BIGLOVE Twitter）

圖 5-15　Asuna NFT

（圖片來源：Lives of Asuna Twitter）

雖然説老婆款的社群討論度及社群人數都頗高，但從價格的表現上來看卻意外的不是這麼理想。在這四種款式中，解盲後下跌最大的是 Asuna，盲盒最高價格大約是在 2.8 ETH，但開圖後馬上就跌到了 0.6 ETH 左右，根據群裡的討論來看，Asuna 的缺點可能是圖片變化不夠多，差異不夠大，而且團隊本身自己有保留特卡，在這樣的情況下就不禁讓人懷疑團隊有可能會炒作。雖然很多團隊都會保留份額，而且 Asuna 也是先前就有確認的，但團隊好像不夠透明，導致很多人不知道。當然也有人開始攻擊角色的配件搭配與穿搭，像是有些角色可能長了一雙惡魔翅膀，衣服也很時尚，但臉上卻是帶著海賊眼罩之類的。也不知道是社群對其風格無法接受，還是起初就沒有共識出價值。

那 KGF 又是什麼呢？KGF 是一款走精緻、性感的女殺手畫風的 NFT，其核心目的則是以推廣女權主義為理念。KGF 的發行方式十分特別，它在公開發售階段時，會通過一個 5 分鐘長的「波段」系統進行交易。在這個系統中，每波段只允許進行一次交易，每次可購買的門票數量將增加，官方希望能藉此設計，讓大家以更公平的方式取得 NFT，同時也能降低發生瓦斯戰的情況。然而，雖然 KGF 種種措施都特別照顧支持者們，希望能讓真正支持者們收藏到 KGF，但奇怪的是，KGF 仍然大跌許多。

但也有人説是因為項目方不夠積極，解盲後 3 天都沒有任何公告，後來地板價就從 2.8 ETH 變成 1.5 ETH 了，而之後也就只有越來越低了。所以是因為項目方沒有做好宣傳嗎？宣傳也是建立其價值的原因之一嗎？還是說路線圖不夠好呢？畢竟以 NFT 的市場來説，路線圖看起來是很重要的一環，它進一步地代表了一個 NFT 項目是否有未來可言。路線圖不一定是要打造一個 Metaverse 樂園，更多是要回歸 IP 本身的價值地位，傳統的 IP 很多也是靠內容或事件來創造價值，雖然很多項目也只是唬爛而已。

那也有一説是，當時市場因為有一款非常火爆的 NFT 項目 Azuki，而 Azuki 的價格明顯高於 KGF，不過風格有一點相像。但也因為 Azuki 相對昂貴，KGF 又剛好在相近時間發行，所以很有可能使宅男們轉念改鑄造 KGF。當然又沒 Mint 到就會到二級市場收，因此 KGF 當時的二級的交易有部分可能是來自 Azuki 的影響，其實不是真的這麼熱門。

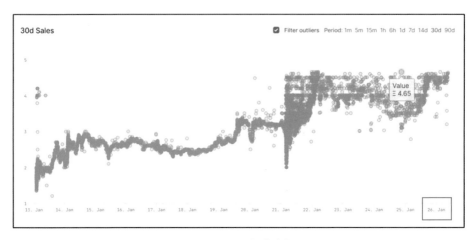

圖 5-16　Azuki 二級成交價變化

（資料來源：compass）

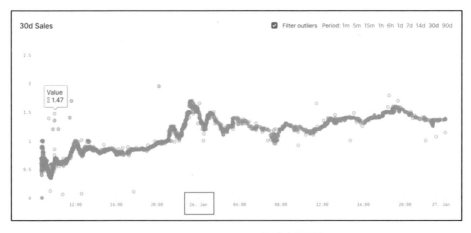

圖 5-17　KILLER GF 二級成交價變化

（資料來源：compass）

而 UWU 的熱度也是有跡可循的。無論是 UWU、KGF、LAG、Asuna 哪一款，他們的目標客群都有很大的交集，只是畫風有所不同。所以當時新星 Asuna 在還未公告時，透過一些操作，進一步影響了另一個類似的舊項目 uwucrew。

Asuna 在 2021/12/20 於社群內發布了白名單規則,其中一條指出,只要持有 uwucrew 這個類似於 Asuna 的 NFT,就可以獲得白名單。雖然當時想鑄造 Asuna 的人,是否是因 KGF 昂貴的價格轉而鑄造 Asuna 還不得而知,但 uwucrew 的價格確實在 20 號後(圖 5-18)因為 Asuna 有了驚人成長。也確實有人同時持有 KGF 與 uwucrew,因此可以合理推測其關聯性。

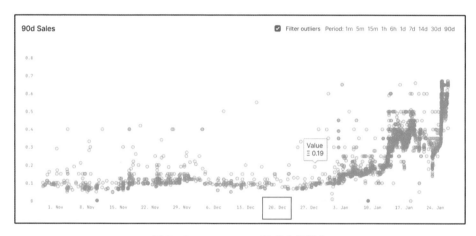

圖 5-18　uwucrew 二級成交價變化

(資料來源:compass)

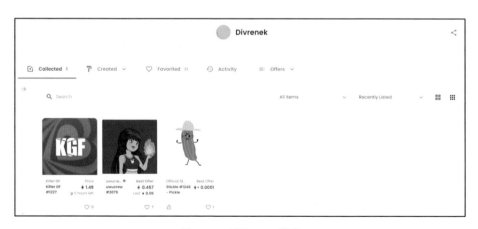

圖 5-19　某位 NFT 藏家

(資料來源:OpenSea)

◉ NFT 藍籌項目

此小節我們將從曾經發生過的狀況來進行解析，由於 NFT 市場變動快速，因此藍籌項目也可能隨著時間推移有所改變及淘汰。前部分提到的 Azuki 也曾是藍籌項目的一員，受到非常多人關注。而如今藍籌股的地位越來越高，與其餘 NFT 有著明顯差距，整體二級市場的交易量也都是由藍籌股撐起。而 Azuki 在市場活躍時僅用四天時間，地板價就從 3.8 ETH 漲到約 7.2 ETH，其中的原因是什麼呢，為何可以如此快速成為藍籌股？除了其願景、賦能與新玩法，還可能是什麼原因呢？

若對標曾經同樣暴漲的 Clone X。Clone X 盲盒曾一度飆漲至 10 ETH，二級市場地板價翻漲至 5 ETH，後來才傳出是被 Nike 收購。所以除了其價值之外，也或許 Azuki 後面有秘密的大企業支撐，藉此墊高了其價值。但上述也純屬猜測，還需要繼續觀察，但要成為藍籌股至少要能達成 8:2 法則。意思是購買 NFT 的比例得是 8 成鑽石手，2 成紙手，但以目前市場來看多數是相反，因此藍籌確實只為少數。不過這並不代表做到 8:2 的便能成為藍籌，這僅是一個概念，此比例最重要的目的是護盤，能護盤便能護值。

而我們也無法否認，目前要成為藍籌 NFT 的門檻確實愈來愈高了，比如說 Clone X 和 Azuki 的背後團隊都是很強的，反之像 BAYC、CryptoPunks 等原先沒背景的團隊要成為藍籌 NFT，在現在幾乎是不可能的。雖然不知道 Azuki 後面是否有大集團，但至少其創辦團隊每個人都各自是在自己領域知名的人，不管是藝術或技術上本來就是該領域的佼佼者，有 YC 團隊 [7] 的、有很多矽谷的關係可以散佈，基本上本身就是紮實的創業團隊。

RTFKT（Clone X）團隊也是，總共有三位共同創辦人：Benoit Pagotto、Steven（Zaptio）Vasilev 與 Chris（ClegFX）Le。團隊一開始就在英國做公司註冊，半年內就拿到 Galaxy Digital 的一百五十萬美元投資，之後又拿到 a16z

---

7　YC：Y Combinator，是全球頂尖的新創公司加速器之一。

的投資，也在美國設立了公司，最後被 Nike 收購。由此可見，他們從一開始就註冊了實體公司，也拿資金，表示他們根本不是想要誆錢就跑或隨便玩玩而已。

解盲對 NFT 價值的影響

大部分的 PFP NFT 項目都有設立盲盒的機制，藉此來增加遊戲感及期待感，如果今天一個項目中有些是大家比較不能接受的，甚至是比較不好看的，就會讓人不想當作大頭貼使用，覺得放上來沒加分、炫耀的幫助。加上如果有些項目其實具備藍籌的潛力，那大部分人又都只能負擔一兩個 NFT，自然而然都想選比較好看的。那整體項目的地板就會受到影響，又或是完全沒有流動性。反之如果是盲抽，還有機會促進解盲後的再交易。而當時 Azuki 的設計方式就有解決這個問題，Azuki 的地板角色雖然平淡，但圖是好看的。高級角色也會透過黃金、雷電元素、動物系列等配件來增加豐富度，差異度是足夠的。Killer GF 也是每張都挺好看的，有高級的也有比較特別，所以解盲後也是漲的。

但單看差異性，Clone X 就比 Azuki 多樣，整個系列的差異和變化度大，所以說兩者在後期的價值維持確實是 Clone X 略勝一籌，因為大部分的人同系列的 NFT 都只持有一個，會希望好看且能代表自己的另一個身分。所以說盲盒確實對於其項目的價值會起到初步的影響，但這個影響就不只是解盲，解盲後是否能滿足期待感更顯重要，當大家會特別避免某些角色時，對長期的再交易流通就會產生負面影響，自然價值就會下降。

還有一個好玩的現象是，在解盲前，很多人也會把 NFT 當成一般加密貨幣去玩，甚至炒作。所以在這種情況下，光是還沒解盲前，價格就能一直漲了，因為很多人會一直往上買。但一旦解盲後盲盒後就會有人拋售，因為他們抽到難看的圖，這就又反映我們前面提到的狀況。那如果是這種模式，對於未來價值的成長可能也同樣不是這麼健康，因為早期價值過度膨漲。

小結

從前面各面向的 NFT 市場中我們多少可以了解，為何 NFT 項目很難收尾，因為其價值來源非常複雜並含蓋各面向，真的要實現路線圖其實也很花時間及成本。相對於 NFT 的發行，發行完後要如何創造長尾效應才是最困難的，但若沒有接續發展，價值就很難繼續向上。所以發行 NFT 可以是沒有賦能，像是有些 NFT 直接說自己就只是蒐藏品，不會有任何功能。有些藝術家就會表明他的作品只是 JPG，或許也沒想到後面可以做什麼。但既然官方都說清楚了，基本上也不會有什麼人抗議，而且通常也還是會被買單並售完。這也是最乾淨的做法，買賣後權利義務就結束了，沒有後續收尾的問題，這種在早期的 NFT 項目比較多，現在大多有強調賦能和社群。

那如果是要走到藍籌項目的程度，就得具備可以長期經營的商業模式。目前主流的項目都強調永續經營社群，主要是因為藍籌項目的 NFT 價格其實不低，如果只有純圖片，在市場上競爭力會不夠強，所以會強調社群和賦能。但如果承諾永續經營就代表沒有截止日，NFT 就從賣藝術品變成無止境的創業道路了。但如果要走得久，項目方就得找出持續產生收益的模式，否則後續賦能持續燒錢，又沒有收益，最後就是只能把自己也燒了。所以幾乎很難想像這些打著永續經營口號的 NFT，實際又能夠為其帶來多大的價值。

所以目前看來，有期限的賦能是比較好界定其價值的方式。例如一個項目方，找了幾位藝術家分別依序發行 NFT，那前一位的賦能是可以拿到下一波或其他 NFT 的白名單，然後發完最後一波，該做的宣傳；實體活動等也都做完，旅程就算結束了。那價值可能就能奠定在整個宣傳及活動的過程中，它一樣可以是個 Roadmap，但是有限的、有結束日的。

當然也不排除，一個 NFT 的價值首先還是得看你對它的第一印象好不好、喜不喜歡、吸不吸引人，然後再看背後的團隊和 Roadmap，最後回到社群面看社群是否活絡、有信仰等。畢竟這個社群裡面的人就是你之後的共同持有者，他們是怎麼樣的一群人也是很重要的。那如果真得要標準化，從上方 NFT 的各種做法與賦能來看，還是能整理出一些訊號，且筆者將這些「訊號」分為 5

大類，分別是「信仰、社群、應用、稀有、賦能」。當然我們無法忽略許多的 NFT 已成為一種社交的資本，這會是消費者持有 NFT 的重要原因之一，但哪怕消費者心理是為了跟風又或是炫耀，仍會符合這些訊號，進而形成不同的社交型態，同時這些類別也多少有所重疊，所以其重要性還是會因項目而異。

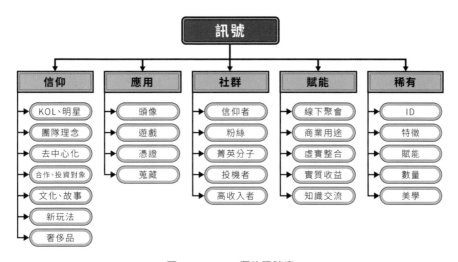

圖 5-20　NFT 價值訊號表

從上圖我們可以看出，其實一檔 NFT 的價值創造，並非全部來自賦能，以實務來說更重要的其實是信仰或社群。哪怕這個 NFT 能夠打著未來元宇宙世界中的應用場景，當下強大的粉絲經濟或共識價值遠比未來重要。

以社群來說，就可大致分為信仰者、粉絲菁英份子、投機者、高收入者等等。一個社群中可能因為具備上述條件，進而帶動整個 NFT 項目的價值，以台灣為例，Demi-Human 就是一個信仰非常強大的社群，它起初不具備傳統產業中的頂流人物站台，卻能夠創造出如此大的社群，而且是非常出圈的，證明在整體的社群中已經形成了一種信仰。但此種信仰又與粉絲經濟不同，不像是 PhantaBear 打著周杰倫的名號，又或是由陳零九發行的 YOLO-Cat 這樣以粉絲本身作為社群基底。而投機者多對項目的長期來看確實不是健康的，但對於早期起飛以及社群活絡卻有著顯著的效益。若是能被投機者看好，無論是因為炒作、宣傳、直銷等等行為，都會因為他們想要快速回收獲利，進而使項目能被他們快速大量的推廣。

而精英份子或是高收入者聚集的社群則是像 Alpha Shark（雖然後來一度有項目方跑路的爭議）、FOMO DOG 等 Alpha 型的社群，本身多採封閉式高質量社群，使許多知識分子為了證明自我或是成為這個社群的一份子，進而購買他們的 NFT，因此該 NFT 將成為「社交資本」的一種。但這些都是比較少數，多數的 NFT 社群中還是以投機份子居多，那這就非常吃運氣或吃資本了，要能像 BAYC、Cool Cats 這樣，從投機居多一直成長到持有者也有點像是高品質社群這樣，也算是萬中選一。

至於賦能的部分，目前市場上的 NFT 幾乎是大同小異，但這也是大部分項目維持價值的基本模式，畢竟整體 NFT 市場仍然算是小眾，大部分的人還是得要有摸得到、看得著的實體事物，才有辦法進一步評估該 NFT 是否具備合理的價值，進而出現購買行為。所以說一個 NFT 項目具備哪些賦能是非常關鍵的，這將間接影響它的價值是否維持甚至上漲。但同樣非常吃資本量，光實體活動的規模就會有很大的差異。

稀缺性在 NFT 的價值訂定上也非常重要的一環，畢竟 NFT 本身就具備不可分割、獨一無二的特性，如果發出來的 NFT 本身是到處都有的，說實在也沒有作為 NFT 的必要性了，除非單純將 NFT 作為交易載體，那就另當別論。但我們明顯可以看出，至少在目前的市場上，具備稀缺性的 NFT，都是會相對昂貴。即便是同款 NFT，Token ID 的獨一無二也可擁有不同的價值，就好比 PhantaBear 的 #9999 號以高於其他同款 NFT 的價格售出一樣。但稀缺不僅可以反映在 Token ID 上，更多的是在角色特徵、數量、賦能及美學，這就像是 Beeple 之所以能夠收穫大批粉絲、售出高價 NFT 作品，是因為反烏托邦風格的作品在市面上是少見的，YOLO-Cat 也只有個數款式可以獲得兌換飲料、服飾等的賦能，甚至只有一個能夠獲得陳零九一年收入的分潤。固定數量的 BAYC 則進一步造就了水漲船高的地板價，因為市面上買不到更多了，想持有的人只能用更高的價格來進行收購，如果再搭配盲盒，也可能因為沒抽到自己想要的，乾脆以高價收購喜歡的。除了以上做法，市場甚至借鏡了加密貨幣的燃燒做法，來銷毀 NFT 創造稀缺性，也有像是 A+B=C 的玩法出現，有些項目會保留 A 跟 B，有些則不會，若不保留也同樣可為市場創造稀缺性。

應用部分則是目前比較容易被忽略，實則非常重要的一個訊號。如果説賦能是維持 NFT 的基本價值，那應用就是持續循環 NFT 的價值。因為唯有應用產生，NFT 才可能持續有活水，才能持續有流動性與新的參與者，又或是舊的支持者持續復投，此概念與加密貨幣其實是相同的。當然如果是蒐藏可能就不會流動，但也就能減少砸盤的狀況產生，價值才得以維護。

最後非常重要的，且與每個部分都相關聯的就是信仰。起初效益較顯著的其實還是有 KOL 或明星站台，但顯然 NFT 市場並無法因此滿足，這就進而衍生了一個問題，那就是 NFT 到底應該發展全新的品牌價值，還是能夠為舊有品牌做價值轉型？但如果是要走新的品牌，那團隊理念、合作對象就會更為重要，這就像前面説的，會變成像是創業的過程。但如果能創造出有如奢侈品的信仰價值，那便會有更大的宣傳效益，同時會有更多 KOL、明星投入，其中最典型的不外乎還是 BAYC，同時 BAYC 作為炫耀品後又再增加應用層面的發展，發了 APE Coin，發幣時的地板價已經高達 100 ETH，但未來是否會繼續下去，就讓我們大家來一同觀察。

表 5-15　經濟模式比較表

粉絲經濟	品牌經濟
有既有大量粉絲	無既有大量粉絲
經營舊有的 IP	創造新 IP

當然以上只是目前對於市場價值的觀察，並不能保證 NFT 只要具備這些訊號就一定會有價值。以上也絕對不構成用戶購買 NFT 的指標，頂多是參考依據。但至少我們能夠知道過往市場會因為上述的訊號，而對某些 NFT 特別看好，也就使該 NFT 有所價值。那如果是這樣，是否可能透過這些訊號來創造價值呢？

5.4 創造市場及價值

首先，我們要知道，每個市場都有其創造價值的必要，以股票及加密貨幣來說就會需要市值管理的過程，通常稱作做市。由於加密貨幣屬流動性資產，流動性是交易決策的關鍵因素之一，以便以市場價格最小的延遲和損失購買或出售，也才會從中產生利潤或虧損，這也正是做市商存在的必要。

而做市商或流動性提供者可以是一家公司（銀行、經紀公司）或個人，他們透過金融標的（股票、期貨、加密貨幣等）「報價」和「買賣差價」獲取利潤。根據美國證券交易委員會的規定，做市商須隨時準備公開報價和持續買賣金融標的，而做市策略正是在探討如何從購買或出售的差價中獲利。

常見的做市（又稱市值管理、造市）

在交易中，做市商會不斷向接受者提供流動性，接受者包括交易者及其他流動性提供者。無論哪種金融標的，做市策略基本上是一樣的。做市商提供了高流動性水平、點差小、高訂單量的效益，但也是一個對賭的過程，特別是與散戶對賭，散戶賭你漲，你賭散戶不買。

而加密貨幣市場，做市的作用更為重要，畢竟市場分散，標的質量參差不齊，許多代幣缺乏流動性，因此交易量很小。在這種情況下，交易者可以很容易地通過拉高和拋售來操縱他們的價格。此外，許多投資者無法在沒有任何損失或延誤的情況下在某些資產上開立大筆頭寸，這會影響整個市場並導致整體市場效率低下。同時做市可以間接影響交易所的交易量及深度，畢竟訂單簿中的交易量越大交易者就越活躍，若沒深度也會造成插針、掏空的問題。

所以加密貨幣市值管理分為兩種，一種自己操盤，那交易所就只收交易手續費。一種是沒有操盤團隊，由交易所提供，並會取決於資金規模大小收取部分「管理費」（這是不含在上幣費中的）。通常 50 萬美元以下的造市，一個月管

理成本約 3000 ~ 5000 美元，500 萬美元大約一個月就燒 50000 美元，約是 1%，依此類推。

小補充

這邊也做個額外補充，通常在一級市場操作股權的創投，其獲利模式是來自「基金管理費」、「附帶獎金」。負責管理錢的 GP（普通合夥人）會向負責出錢的 LP（有限合夥人）收取管理費。費率會看基金規模，通常為 2%，會在投資前就先從基金扣除。獎金則會收取基金投資淨收益的 20%。會在償還 LP 本金跟優先報酬後做分潤。由此可知 1~2% 的管理費是合理的。

做市策略簡述

做市是一種投資組合和風險管理，做市商需要管理大量資金，通常會使用自動化和高頻交易策略。所以需要一些程式基礎來達成量化交易。以筆者的經驗，許多做市商的自動化機器人都堪稱一流。不僅掛單、吃單、抽單等速度極快，策略還要能根據市場價格不斷修正，且不能延遲。但策略終究需要人去下達指令，因此需要具有長期市場及交易經驗的分析師、交易者來擬定策略。並且需要透過敏銳的市場洞察，配合未來市場可能的走向與消息，給予市場合理的交代。幸運的是，流動性資產的「訊號」有非常多可以依循的指標，光從技術分析就可找出大量合理的依據。因此對於造市商來說，事先擬定盤市的走向也是策略的一環，如：一小時、四小時、周線、日線等等。又或是之後要走下降三角、三角收斂、W 底、頭肩頂等等的型態，講白了就是要先預想好接下來要畫的圖案。但若是要對 NFT 市場進行同樣的操作，看起來是無法完全效法的。

散戶行為及消息面解析

不管是要與大盤的連動，還是獨立行情，散戶總會向市場尋求原因。連 2021 年 10 月柴犬這種冷門幣暴漲，都有大量資訊在討論其原因。但其實同年 4 月

就已經可以從主力劇本中判斷出來，因為型態就在那邊，所以就看主力要透過什麼消息讓他的圖形被實現。無論是 312 或 519 事件，「消息面永遠有辦法『事後』補齊，所以追問原因其實對其價值的探討意義不大，雖然對市場研究還是有幫助。只不過消息對市場看似非常重要的，其實有時也只是造市商或項目方的劇本。」當我們認真去看，哪一個項目方沒在做事？但為何有做事的沒漲，沒做事的漲飛？這最終還是要回歸到資本市場的遊戲規則。一個項目做得再好，沒有資金去做市值管理，拉盤、護盤，散戶就覺得是沒用的幣。一個迷因項目沒有基本面，但價格暴漲，消息瘋傳，小白就會瘋狂吹捧。所以才會流傳「幣圈拉一根就是最好的行銷」一說。

小補充

主力思維：

無論是傳統金融或加密貨幣市場，都會需要做市（或稱造市）。簡單來說就是市場會有特定對象，可能是機構、大戶等市場主力，來對市場持續提供流動性。同時他們也會從這個過程中套利，所以也不是單純丟錢出來方便你買賣，更多的是在市場跟散戶對賭。

但他們通常都超有錢，籌碼多到可以決定市場要漲要跌，所以更多的其實是散戶單方面在賭，賭主力接下來會想怎麼做，當然整體過程中也具備散戶做對手，主力也會參考散戶的狀況來擬策略。但假設你正在追高，此時你買到的幣大部分可能是主力的拋貨而非其他散戶。而主力既然想從市場中套利，就必須讓散戶們有跡可循，這樣才能養你、套你再殺你。

如果你認真研究也會發現，線圖總能走在消息前面，所以其實一個好的項目發幣前，做市商或項目方通常會先規劃好幾種上幣後盤市的劇本，再慢慢根據市場調整劇本，時常也會抄抄考古題或大盤，所以歷史即便不會重複也總會驚人的相似，技術分析也才有可循之處，如果主力不想照著圖案走，那技術分析自然也就沒什麼用了。但也表示當你成為厲害的交易員時，概念上並不是你能掌控市場，而是你能猜對主力要做的事，或是很幸運地有主力看到你、配合你。

傳統藝術品價值創造

既然提供流動性的造市方式不完全適用屬於非流動性資產的 NFT，但市場又如此看重消息面，那不如嘗試探討與其同樣相近的傳統藝術品市場。

那我們該如何評量一件藝術品的價格？這個問題不僅困擾著一般人也困擾著經濟學家和從業者。不僅市場資訊十分不透明，美學價值的判斷又非常主觀，因時、地、人而異，時間短的當代藝術品更難拿捏，就好比 NFT。過世的藝術家創作也都有其獨特性，很難將價格量化。雖然現在有梅摩指數（Mei Moses All Art Index）和 Art Market Research 等指標，還有 Artnet 與 artprice 也透過拍賣成交紀錄來分析藝術市場的價值。

雖然大家都在努力尋找藝術品的公平交易價，但公平交易價其實不存在，只是個概念。有經驗的買家在購買作品時，還是會以「創作年代」、「風格」、「主題」、「媒材」等因素將作品與類似作品做比較，然後擬定相對合理價格。這就像是 NFT 的價值訊號一般，所以其價格不是固定的，而是以區間來判斷市場接受的範圍。畫廊在為新興藝術家定價時也是以類似的作法。（資料來源：ART 夢空間）

≫ 1. 分類

一般而言，藝術品的價格會分為在世藝術家跟已逝藝術家的作品價格，此兩類因為取得渠道不同，所以可以創造的價格也不同。也因此在傳統藝術品市場中也存在一二級市場的概念，其概念與金融體系是相同的。而過世的藝術家因為很難有一級市場的獨家代理，所以主要會在二級市場取得。有些畫廊會先進入二級市場收購已逝藝術家的作品，加價後再售，有點像是抬高地板價的動作，所以主要會是一級市場在抬價。

如果是在世藝術家，主要會透過「一級市場」的畫廊代理，慢慢培養粉絲及藏家，到達一定的基礎後才會上拍拓展二級市場，引領更多買家、穩定作品在二級市場的流通性，因此公開的拍賣成交價才會提高價格。此做法與目前 NFT 鑄造及上二級市場的做法其實有些不同，但仍然可以借鏡。

已逝藝術家的作品價格	作品價格	在世藝術家的作品價格
畫商價（一級） 拍賣市場價 公平交易價 保險價 融資貸款價	高 ↑ ↓ 低	拍賣市場價（二級） 畫商價（零售價） 公平交易價 保險價 融資貸款價

圖 5-21　已逝及在世藝術家的價格分布圖

（參考資料取自 ART 夢空間）

傳統藝術品的訂價主要會概分為絕對性定價（absolute price）、相對性定價（relative price）與策略性定價（strategic price）等三種方式。

絕對性訂價（absolute price）

這種定價通常會用於較稀缺的已逝藝術家的代表作品，或者是知名品牌畫廊對新興藝術家的定價。由於沒有太多可以參考，所以畫廊有很好的發展空間。就已逝藝術家的代表作而言，一級與二級的經典作品多數都會進入永久典藏或是私人收藏中，很難再次進到市場。因此，一旦有代表作流入市場，其價格往往不是第一考慮，能否取得該作品才是第一考慮，所以往往都是一口價，只能一個願打，一個願挨。在此也就證明了稀缺性的重要性。

相對性訂價（relative price）

相對性定價顧名思義是通過比較來決定價格。就已逝藝術家的作品而言，其定價必須掌握兩個要領，一是與該藝術家同時期、同媒材、類似主題、風格與尺寸相近的作品價格作比較；二是與該藝術家的作品同時期、同樣媒材、相似創作主題、風格、尺寸相近的其他藝術家的作品價格作比較。當然，最好對於該作品過去的拍賣紀錄也進行對照評估，以便排除人為炒作的因素。

然就經營新興藝術家作品的畫廊而言，由於沒有二級市場的拍賣價作為參考值，因此在運用相對性定價策略時畫廊多半將作品與該藝術家同一時期的、相同區域市場的、相同媒材、類似主題、風格的作品的價格作比較，以此來判斷

市場買家的期待值，然後定出具有競爭力的價格。但從 NFT 市場來看，多數仿盤的價值並不會如正牌來的好，NFT 市場更期望看到全新的風格或題材，但至少相同類型的還是可以在其價值上有所借鏡也可以互相關聯，就像是老婆款。

策略性訂價（strategic price）

此方式主要是操作購買者心理，經常將高價作品定低以吸引買家或將低價作品定高以製造話題。在買方市場普遍低迷之時，拍賣公司往往採取「兩頭大、中間小」的策略，將作品分散至高價區與低價區，減少中價位作品的數量，集中火力將作品推介給金字塔頂端的客戶和想趁勢撿便宜的買家，這樣往往造成幾件高單價作品的成交總額占了整場拍賣成交總額的一半以上。

而經營新興藝術家作品，常以市場操盤手法。運作前期故意壓低價格來打壓同區域類似創作題材、風格的藝術家的作品，以薄利多銷快速拓展自家藝術家。當擊垮對手後再拉抬自己旗下藝術家的行情。此作法於 NFT 市場中，可能就比較偏向轉移公鏈的作法。透過鏈的遷移降低瓦斯費，並且降低發行成本及鑄造成本，由此就能降低售價吸引更多的用戶。這個做法目前僅在 Solana 比較有被實現，但大部分用戶還是習慣於以太坊上操作。

≫ 2. 藝術品價格的操作機制

畫廊會管控數量，不銷售作品給新買家，逼迫新買家從二級取得作品。此時，畫廊再回頭說服前期以較低價格購入作品的藏家拋售較看不上眼的作品，不但可讓基礎藏家獲利，也可吸引新買家進場，當買家和賣家都進場，畫廊就無需再護盤或做過多的運作。

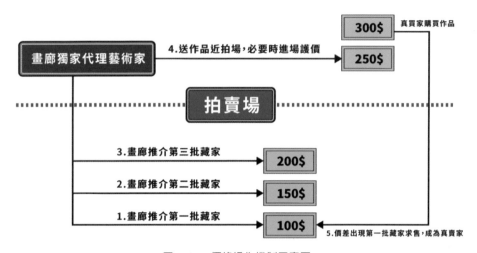

圖 5-22　價格操作機制示意圖

（參考資料：ART 夢空間）

在藝術家作品初次上拍時，市場對新人、新作品較為陌生，購買意願也一定較弱，為求順利拍出作品並製造成交紀錄，畫廊需做好護盤的準備。護盤的重點並不在於炒作，而在於穩定基礎藏家的信心且有效地增加藝術家作品在市場上的能見度。

≫ 3. 市場炒作洞察

當一位新藝術家，因作品質量好被畫廊推入市場，作品的美學價值絕對遠超過它的市場價格，也正因為作品好且價格尚低才能吸引藏家進場。當藝術家的作品逐漸受到市場關注之後價格逐漸攀升，此時作品的美學含量與其市場價格如能等量齊觀則後市發展當被看好。當藝術家過世，作品數量無法增加，在市場的地位也大致奠定。藏家的必買決心與稀缺效應有時也會讓作品的價格超出其美學價值。

反觀，如果藝術家剛被推出，在其作品的美學價值未被肯定，但市場價格就已經飆高，除了炒作別無理由。為了加速作品的能見度與價格的可信度，炒家會將作品快速送到拍場上作價，取得公開成交數據。不知情的買家看到作品價格不斷暴漲會 FOMO 進場，造成一窩蜂搶購的熱潮。但炒家在獲利之後、脫手

後就不會再護盤或炒作，價格就會開始下跌、泡沫破滅。大部分的進場者就只能是接盤俠了，這也是目前市場大部分 NFT 項目的的結果。

正常現象		
初期	**成名**	**過世**
美學價值＞市場價格	美學價值＝市場價格	美學價值≦市場價格
炒作現象		
初期	**成名**	**過世**
美學價值＜市場價格	美學價值＝市場價格	美學價值＞市場價格

圖 5-23　正常或炒作的市場價格觀察圖

（參考資料：ART 夢空間）

5.5 NFT 造市的可能作法

前面我們提到做市也是一個對賭的過程，可以是散戶彼此對賭，也可以是莊家與散戶賭，當然同樣的行為也會發生在 NFT 的市場中。因此市場也有人用「賽局理論」的角度來探討 NFT 的價值建立。相信許多 NFT 項目的持有者都會好奇，明明 NFT 的價格是大家一同共識的，那只要大家都不變賣，或是都賣更高價，不就可以讓 NFT 只漲不跌？但為何還一直有想賣呢？如果從賽局的角度來看，其實發行數量＆持有者越少的 NFT，這個賽局就會越明顯，如果是上漲就還好，但一旦開始下跌，這個賽局就會開始了。所有持有者就會直接進入「賣」或「不賣」的艱難選擇中，尤其是 NFT 的發行量少、流動性差，大家都不賣就不會跌，但有人賣，價格就可能嚴重下跌。

這時候社群的共識及交流就很重要，哪怕有人開始在恐慌，只要凝聚力夠強的還可以由大部分人一起掛出高價，抬高地板價創造進入門檻。但最常發生的問題就在於，一旦有人想要開始往下掛賣，就會因為恐慌導致更多人越掛越低，希望可以快點出掉，然後也就開始在社群中造成恐慌。這其實就是典型的「囚徒困境」，所以在這個賽局裡 A 被套牢會是比 B 賣飛（持有者賣了之後又漲了）的機率還要高。雖然大家都不賣，會是對大家最好的結果，但是在決策上很容易就變成有不少比例的人選擇了賣出。因為在散戶心理，「在跌成壁紙前變現」通常會優於「讓自己被套牢」，而這也正是為什麼持有者是鑽石手 8 對項目如此重要。如果真的出現這個狀況，項目方就必須要盡快去維護市場，並且在社群內去穩定情緒，放出利好消息主張價值。

	我不賣	我賣
你不賣	地板穩定	你被套 or 我賣飛
你賣	我被套 or 你賣飛	暴跌

圖 5-24　NFT 囚徒困境示意圖

（參考資料：取自 Trader_Joe_Lee）

所以實際在 NFT 市場及社群中能看到許多大佬不只是會吞貨，還會制定規則。他們會像佈道者一樣每天在群內鋪陳他的判斷方式，像是為何選擇這個項目、如何判斷價值等，藉此制定自己明確的估價方式，創造 NFT 的價值。

他們會按照所說規則親自去吃貨，通常會先吃指標性最頂級的幾個 NFT，並設立高價的指標、定錨。這時驚人的價格就能創造大量的免費宣傳，然後他們一個一個的收，雖然消息都是他說的，但就能不斷的傳出去。項目甚至不一定要靠稀有度去判斷，而是以這些大佬立下的判斷文化。而這個做法就與前文的

8　鑽石手指的是持倉項目不管跌到多少錢都不賣出，除非價格漲到自己設定的目標價格。
　　簡單來說就是死不賣。

造市做法近乎相同，並且證實了「訊號訂定」及「消息傳遞」對 NFT 市場的影響。所以也難說 BAYC 早期的發展不是透過造市做起來的，但至少後續有納入更多的價值去奠定。目前 NFT 市場上的大多數項目是不具備長尾效應的，畢竟社群成本高，無法持續運營。所以時間成本得抓好，並設置停損點，且造市過程至少須具備以下幾個步驟。

❶ 共識市場：釋出 RoadMap、活絡社群。

❷ 市場鑑價：訊號訂定、創造話題。

❸ 擬定策略：第一階段籌資及分配。

❹ 進入造市階段：目標訂定、釋放消息、引導討論。

❺ 維護市場行情：回收或釋放籌碼、創造稀缺性。

因為市場造市也須配合市場消息，就如前文所提，所以媒體的宣發也是非常重要的一環。但無論真正賺錢的階段是在一級市場或二級市場，要有人願意入場才是重點，同時也得讓市場具備一定的稀缺性，並且在行情差的時候需要預留一定的資金去穩定市場行情，降低市場胡亂砸盤的風險。但還是要再次強調，稀缺的原理跟加密貨幣模型一樣，並非數量固定甚至通縮就一定能增長其價值，除了要有人要相信它有價值外，產生對未來價值增長的信念始終是一個重要的考慮因素。若只是隨便在一或二級發行，放個煙火，那也不過是浪費金錢，並無法創造多大的效益，更別說是價值。最後還是要聲明，這是一個價值建立及教育的過程，與虛擬交易、洗盤交易（Wash Trading）、對衝交易（Cross Trading）是不同的，筆者並不支持交易者與莊家之間串通的交易或是如左手換右手，僅有表面上的交易活動，但實際上並未發生真正交易的這種單純煽動市場情緒、誘導市場跟風的違法行為。像是在知名的 NFT 平台 LooksRare 和 X2Y2 上，無論是為了在 NFT 合法國家避稅又或是項目想要自行拉盤 FOMO 市場等，都可以明顯看出洗盤交易的跡象。根據 Footprint Analytics 截至 2022 年 12 月 28 日的數據來看，篩選掉價格過高的 NFT 交易、同一買家在短時間內購買的 NFT 等條件後，還是有 80% 以上的交易量是洗盤交易，這時一般藏家或投資者就要嘗試識別這些交易，才不會白白淪為被割的韭菜。

Marketplace Slug	Actual Volume	Sum of Value	Wash Trading Volume	Wash Trading %
looksrare	1,409,186,329.31	27,452,036,827.75	26,042,850,498.44	95%
x2y2	724,218,921.17	3,984,270,290.86	3,260,051,369.69	82%
opensea	35,265,208,927.89	36,754,988,778.89	1,489,779,851	4.1%
superrare	165,935,448.48	240,804,556.96	74,869,108.48	31%
rarible	285,355,078.06	315,033,060.24	29,677,982.19	9.4%
foundation	175,555,521.74	202,460,144.11	26,904,622.37	13%
decentraland	102,502,998.54	124,339,458.08	21,836,459.55	18%
element	44,863,352.35	64,958,205.53	20,094,853.17	31%
cryptopunks	2,916,628,516.62	2,933,319,942.86	16,691,426.25	0.57%
aavegotchi	78,442,694.71	86,679,217.89	8,236,523.18	9.5%
magic-eden	2,277,193,117.65	2,283,874,971.17	6,681,853.51	0.29%
the-sandbox	9,088,148.31	10,192,003.8	1,103,855.48	11%
era7-game-of-truth	12,349,366.26	13,249,780.52	900,414.26	6.8%

圖 5-25　主流 NFT 市場的洗盤交易數據

（參考資料：2022 年 12 月 28 日 Footprint Analytics）

當然以上兩個平台會有洗盤交易的一大部分原因也是因為他們都有交易挖礦的
機制，簡單來說就是交易越多 NFT，就能賺越多加密貨幣。雖然這並不是我
們樂見的，但因為在 NFT 市場中左手換右手其實也沒有違法不違法的問題，
想避免就更難了，所以在幾個主流市場的交易量中，有 41.2% 是洗盤交易量
也不難想像。

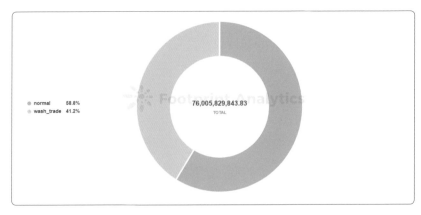

圖 5-26　主流 NFT 市場的洗盤交易量（額）

（參考資料：2022 年 12 月 28 日 Footprint Analytics）

不過即便像 LooksRare 和 X2Y2 這樣的平台用假交易量支撐了市場,市場也還是存在很多真實買家的。因為我們如果使用「交易數量」來衡量市場,仍是有超過 98% 的總交易單是真實的交易,因此價值教育才會是共識市場價值更健康的方式。

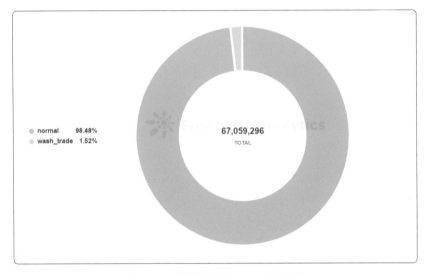

圖 5-27　主流市場的 NFT 交易個數

(參考資料:2022 年 12 月 28 日 Footprint Analytics)

📀 參考資料

- KILLER GF

  https://killergf.com/

- Trader_Joe_Lee,NFT 世界的賽局理論

  https://tw.tradingview.com/chart/LOOKSUSDT/S2LwPFI7/

NOTE

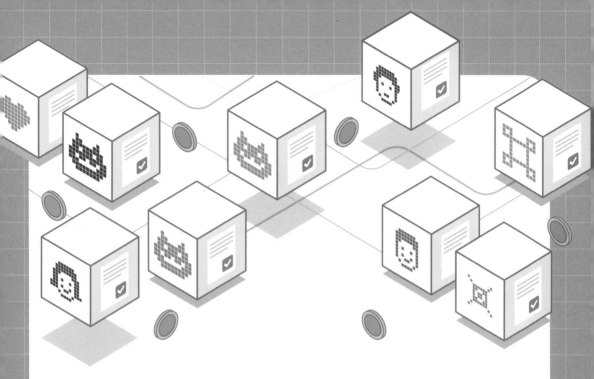

06

NFT 社群 / 數位行銷

6.1 NFT 各行銷面向

接續前一章節所提，一檔 NFT 項目無論真正賺錢的階段是在一級市場或二級市場，要有人願意入場才是重點，那 NFT 的行銷就非常重要。根據市場比較常見的做法，大約可以分為五個面向來進行，分別是「認同、收藏、效益、投資、社群」。

從價值訊號出發，我們可以知道發行一款 NFT 得先讓市場對其產生認同，無論是要認同哪種價值，至少此款 NFT 要是自己想要支持的理念、美學、人、創作者、團隊、IP 等等，發自於內心情感面上的支持。因此在行銷上，得創造這樣的認同感，讓用戶想一同成就自己支持的人或物，同時也可以是支持自己喜歡的意見領袖，或想跟著某個團隊實踐有善社會的價值或公益等等。

目前整體 NFT 市場有近五成的 NFT 是屬於收藏性質，而收藏也是穩定價值很重要的訊號之一，透過收藏可降低市場砸盤的可能性。因此該 NFT 就需要具備某種意義，並且這份意義需要透過行銷傳達給支持者。藏家可能是因為稀缺性或歷史性而蒐藏，作為蒐藏型 NFT 最經典之一的可能就是 NBA Top Shot 了，不僅有讓人懷念的回憶也具備紀念價值。當然作為全球第一個發行該產業 NFT 的作法也是常見的，無論是第一個發行電影 NFT、影劇 NFT、環保 NFT、食品 NFT 等等的都能創造部分的蒐藏價值，同時也具有新聞性。但也因此，許多傳統產業其實在現階段是反過來將 NFT 作為行銷工具，而非對發行的 NFT 進行行銷，至於效益如何還有待觀察。

對外行銷時，也需要特別強調效益層面，譬如購買此 NFT 是否具備物超所值的感受跟體驗？尤其是 NFT 持有者專屬的，如同購買茶金《回甘》NFT，可以獲得與演員共進專屬下午茶的機會，當然還是有一些滿足條件，但該場下午茶是其他粉絲也沒有的機會，甚至當天前往的演員就有連俞涵、郭子乾、溫昇豪、許安植等演員出席。其實講白了就是要把賦能大力地宣傳出去，但具備特

殊功效或功能。如果是在遊戲中，就得是一些特殊裝備，對打怪升級是有特殊加乘效果之類的。當然也可做虛實整合，在擁有該 NFT 後，可能會有一些用戶回饋，就好像拿到 VIP 卡一樣。譬如：Paper Plane、WindoWine 等 NFT，取得該卡就可兌換調酒之類的作法。也可透過與品牌的各種互動模式，累積積分或通過特定條件取得。所以，透過虛實應用，也能讓 NFT 擁有物超所值外，還更融入現場互動與遊戲性。

以目前市場來看，大多的 NFT 購買者還是會期待自己手上的 NFT 不是只有收藏，而是能夠具備成長的價值。畢竟一購買 NFT 就得先承擔三種損失，第一是流動性損失，NFT 本身是非動性資產，不一定賣得掉，所以才說賣得掉叫 NFT，賣不掉叫 JPG；第二是交易費損失，大部分的 NFT 都會設定二手交易費，常見的是 5% 的創作者費 + 2.5% 的手續費。如果你用相同價格買入，立刻又用相同價格賣出，馬上就會損失共 7.5% 的交易費，目前為止在 OpenSea 上最高會是 12.5%；最後則是瓦斯費損失，買入 NFT 可能會花費 0.02 ETH 以上的瓦斯費，如果買低價的 NFT，那瓦斯費其實佔成本很大比例，那如果又下跌，或是沒漲，其實就會損失瓦斯費。

既然大家勢必得承擔損失成本，也希望 NFT 不是只有好看而已。那一檔 NFT 是否具有未來漲幅的可能也是行銷的關鍵之一。或許是因為有藝人站台，讓該 NFT 有可觀的粉絲基底，並透過粉絲的關注與搶購，使其有了漲幅空間。又或者是某產業成為邁向元宇宙的第一個 NFT，也會讓人直接想像未來的漲幅空間，霹靂布袋戲的 NFT 就是非常好的案例。那如果是藝術的角度出發，那概念就會像是傳統藝術品的出發點，或許在某位創作者剛起步的時候投入支持，等該創作者紅了之後，該 NFT 就有機會一飛衝天。

最後，社群是所有面向中最重要的部分，在社群的面向上，是否具有營造共識的力量？在行銷宣傳上一定要讓市場清楚，加入該社群的好處與未來是什麼？是否只適合特定人士，還是也適合一般大眾？是否能讓一個不熟悉 NFT 的小白也可以感受到加入的價值以及容易性等。同時在 NFT 發行之前，可以先回歸到目前應該加強新客群的曝光，如果可以，最好更要辨別出高度活躍、高單

價、高回購率的「鐵粉」，消費者心理特質是什麼，是否平時有在接觸或購買加密貨幣的習慣，以及在過往參與其他 NFT 時，較容易受到哪些心理誘因驅使？而以上的種種都需要有一個基本的社群用戶才有辦法得知，因此是否建立互動率良好的討論社群，將是未來能否完善發行規劃，進行更細緻的分眾行銷的關鍵。

那如果於已經累積了一定的社群活躍度，並能夠區分鐵粉與一般粉絲，在社群行銷上就能夠進一步採分眾行銷。透過不同頻道或群組分流，透過公開或私域群組相互導流。群組內定期提供有價值的內容，透過限定回饋、里程碑解鎖，營造出 VIP 限定的社群榮譽感，鞏固鐵粉對於自家品牌的好感度，尤其是早期支持者一定要好好維護。但群組要持續活躍的關鍵，除了是讓參與者持續感受到項目及團隊的生機，更關鍵的在於，得讓使用者能夠明確知道，透過自己的參與可以造就項目什麼改變，進而提升認同。

6.2 NFT 行銷工具

但比較弔詭的是，現階段主流 NFT 的社群工具多是透過 Twitter 與 Discord 進行，有些還會加上 Telegram，因為 Telegram 也是加密貨幣圈子常用的工具。但後面兩種（DC、TG）不僅都是主打減少廣告、弱化演算法與多層頻道的新興社群媒體，同時因為是新興媒體，因此使用者的摩擦力會較其他社群軟體高。但注重使用者體驗與高度分眾化的特色卻也是這兩者的優勢，相比 LINE、FB 更為淡化商業色彩，這也使它們與以往強調以標籤制定個人化訊息的行銷手段有所區隔。尤其是 Discord 能創造更多的社群互動以及遊戲可能，甚至能直接關聯加密錢包中的 NFT 來進行互動或識別。

而 Discord 期望的，正是用戶將其視為一張空白畫布，在上面投射出自己想像的任何數位空間，聽起來是不是很去中心化？而且不管哪個行業，都適合在上

面這麼做，Web 3.0 產業也不例外。那既然 NFT 項目看似都不會排除 Discord 社群經營，那如何經營 Discord 也將部份決定其項目的成敗，畢竟大多項目會具備去中心化的信仰。但這邊也得提醒讀者，這點反過來看也顯示了大部分的項目其實都還不夠出圈。所以筆者斗膽定論，目前還並無真正成功地經營模式，都仍在嘗試階段，不過仍然可以從一些相對活躍的社群中去歸納出一些重點，至於社群的轉換率仍舊有待觀察。並且也不是一定要用 NFT 市場主流的工具，老實說行銷的本質與方式並無改變，只是核心價值更朝社群及共享、共利、共創等角度出發，如果你能用其他行銷工具做到，筆者認為效益並不一定會差到哪去，或許這也是一堆人能夠打著 Web 3.0 的名義在做傳統行銷的原因吧！

6.3 Discord 經營探討

與一般社群不同之處，Discord 除了內容的帶入，制度的設計也非常重要。需要讓社群成員願意主動參與，將大幅凝聚社群意識，進而創造認同感、歸屬感和信任感。「身分別」也是 Discord 運營的重點，不同的身分別在社群中代表著不同身分，也會帶來對應的榮譽感和責任感。因此好的項目社群都會進行 NFT 持有者驗證，製造出持有者和非持有者間的差距，也分配同等的權利和義務給持有者。通常 NFT 持有者會有專屬頻道，而且能針對項目決策進行投票，像是決定實體活動要何時舉辦、下一波 NFT 發行的命名、社群規則還可以如何優化等。此過程不但提供了 NFT 持有者表達意見和選擇的權利，也創造項目方的民主、去中心化的形象，進一步了解社群想法與互動。

所以接著就帶大家來探討一下常見的一些社群經營手段，當然也都只是示意，實際如何規劃還是要依據各項目的核心價值與實際狀況而定。

目的

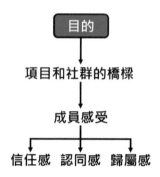

圖 6-1　Discord 社群營運架構：根據組織目的發展項目與社群橋梁

在創建社群時我們得先釐清一個群組創建的目的。基本得具備的目的當然就是要成為 NFT 項目和社群的橋樑，因此就需要進一步釐清成員在群組中期望獲得的感受，無論是信任感、認同感、歸屬感都需要考量進去。例如語言就是初步需要考量的感受，大型項目社群內至少都會有中、英文兩種頻道，有些項目涉及較多國家，甚至會針對不同國家目標客群都設置專門語言頻道，光語言就可以先初步建立信任跟歸屬。

認識

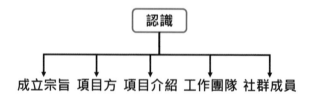

圖 6-2　Discord 社群營運架構：從會員凝聚力發展項目宗旨與團隊

那如果我們希望社群成員能夠對項目產生信任感，項目就得讓成員有充分的認識，因此社群中一定得具備項目成立的宗旨、項目方、項目介紹、工作團隊、社群成員等介紹內容，而且要能讓新進成員方便尋找、快速閱覽。當然這些內容不一定得全部放在社群中，畢竟目前 Discord 還是只能以文字呈現為主，為

了避免太過冗長，可以透過清楚的標題搭配外部連結，導引至外部更清楚的網站或介面。

◎ 制度與內容

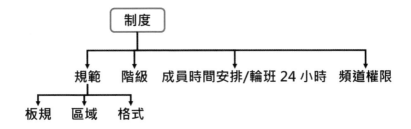

圖 6-3　Discord 社群營運架構：根據社群制度規範完整版規

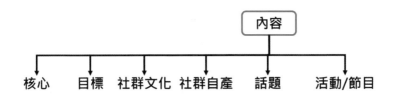

圖 6-4　Discord 社群營運架構：社群內容將影響項目本身的發展

接著要讓社群產生認同感，社群內就有清楚的制度及充足的內容，若有人違反，也得採取應對的措施。規範上要清楚明訂版規有哪些，譬如：在社群發文多是公開，所以要斟酌用字遣詞、互相尊重，如果故意違規，可能就會踢除；不得討論政治、宗教等容易引起爭執之議題；嚴禁推銷、發送垃圾郵件或冒名頂替；PO文內容需和頻道本身相關；注意潛在的詐騙或垃圾郵件帳戶等，其中還有一個一定要提醒社群的，就是團隊成員一定不會主動聯繫用戶詢問個人信息。

如果違反上述規範則可以設定警告次數並且禁言等，也要規劃這些規範要釋出在哪些區域以及要用哪些格式，使大家一眼就能清楚判斷該段文字為板規。再來是群組內的身分階級以及項目成員的營運時長、頻道權限等都是需要先規劃的。但在 NFT 最火熱的期間，社群運營幾乎都是 24 小時經營，因為支持者為了肝白單，也幾乎都不睡覺。

內容部分則是需要持續且定期的更新，不僅是對於 NFT 項目本身，也需要整體市場以及教育相關的內容。同時可以開放部分內容是由社群成員產出，營造共同運營，民主去中心化的環境。話題則是絕對不能少的，得要創作或引導持續性的話題，藉此創造群組討論、甚至活絡 FOMO[1] 的情緒。最後各社群中也會有許多線上活動或節目，有些頻道會設置歌唱或談心解惑等節目，但最必要的還是定期 AMA[2]，不管是項目方或 KOL 進行，至少社群可以有機會與高層進行交流對話。目前大多數的項目除了會透過 Discord 來進行 AMA，也會透過 Twitter Spaces 來進行。這是很重要功能之一，因為這種語音聊天室、語音空間是讓項目方能夠在同一個空間內更進一步與社群互動的方式。

◎ 角色

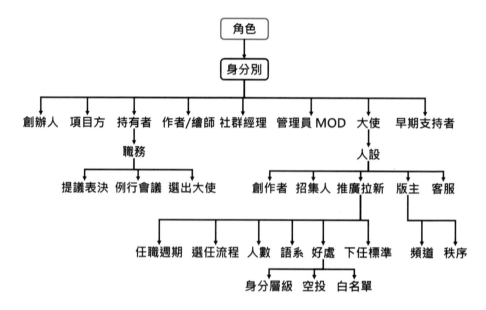

圖 6-5　Discord 社群營運架構：社群制定角色身分將以助於凝聚社群向心力

1　FOMO（Fear Of Missing Out）：意即錯失恐懼症，是幣圈新興名詞，用於表達人們害怕錯過賺錢機會而出現的一種焦慮現象。套用在幣圈市場中，因為市場漲跌劇烈，許多人因為擔心錯過可以一夜致富的賺錢機會，因此出現一種「錯失恐懼症」。

2　AMA（ask me anything）即「可以問我任何問題」，是幣圈常見的互動問答活動，主要目的是解答用戶的疑惑，或作為與用戶互動交流的其中一種管道。

接著要讓社群產生歸屬感，NFT 持有者在社群中的角色就非常重要，並且我們要根據不同角色的身分別制定不同的人設及職務等。每個人物的設定需要具備那些職務？這些職務有什麼需要、任職多久、如何任選、要選多少人、要是什麼語系、好處有什麼等等。那如果像是版主，也得確定他要管理哪些頻道，管理的秩序為何等。

其中大使或是 OG[3]（泛指元老級的人物）是常見且重要的身分別，由於社群運營需要大量人力，通常會招募對於項目十分有熱情的人來協助，藉此來創造信仰。同時也可通過「經驗值和等級」來界定層級或是徵選大使，所以等級制度的設計也會非常重要，有不少作法是使用「高等級」加上「高邀請人數」作為白名單資格，藉此創造社群活躍。但若升級沒有對應的任務，只能靠純聊天來達成，就會變成一群肝弟在瞎聊。如果考量到社群成員中沒有 KOL 或者象徵性大佬，而是一群小資 NFT 愛好者，很難持續創造話題，可以創造空間舉辦活動，讓社群成員有機會且願意放心做分享，同時也要有對應的獎勵，像是增加經驗值。

至於選任大使流程則可以參考以下作法：

❶ 社群運營方要先明訂大使的職務與各職務需求及數量（需經管理者或現任大使覆議）。

❷ 清楚公告大使職務、需求、報名及任職期限，社群所有成員都可報名參加大使選拔。

❸ 由 NFT 持有者投票表決最後大使人選。

❹ 針對大使的專屬獎勵：同期項目空投、白名單等。

但除了大使，OG 也是項目成功的重要元素，因為早期的 NFT 價值正是他們一同共識、奠定的，甚至有些 OG 本身就是關鍵意見領袖（KOL），概念上他們也就成了 NFT 的關鍵意見消費者（KOC），會帶著社群一同為 NFT 鑑價、消

3　OG（Original gangster）原意是真正的黑幫，在幣圈 OG 的概念被延伸為「元老級人物」。

費，所以與 OG 的關係一定要透過各種互動或特權持續維護。畢竟 OG 就是那些最早支持你項目的人，有些甚至是無條件支持，不論是最早期的 NFT 購買者（包含投資人）或是早期協助推廣或使用的參與者。通常隨著項目發展，項目方會持續提供更多福利給這些 OG，要讓他們感受到自己與項目是共同體。不僅項目資訊的掌握程度要更快速也要更深入，福利也絕不會只是一次性的，這能讓 OG 持續願意為項目提供服務，並且願意與項目有更深的連結。

雖然這確實是相對花時間跟成本的地方，但這就是 Web 2.0 與 Web 3.0 社群最大的差異，過去我們使用 Facebook 其實也算是他們的早期使用者及內容貢獻者，但在該平台上我們並沒有得到更多或更不同的回饋。而 Web 3.0 特別的地方就是要使項目方跟參與者成為利益共同體，一起來發展、一起行銷，因為 Web 2.0 比較屬於 Attention Economy（注意力經濟），但進到 Web 3.0 後會轉變為 Stakeholder Economy（利害關係人經濟），支持者要得到的不是只有：你們好棒、感謝你們的支持等口頭讚賞，而是可以共享項目的實質收益。當項目持續成長，他們也能跟著成長，進而形成一個正向循環，當 OG 向外推廣時也能更具熱情，更能感受項目的成長是跟自己的努力及信仰有關。對於願意與 OG 共利的項目方而言，OG 的概念也能讓項目方降低文化建立、項目優化的成本，畢竟他們就是潛在消費者，不僅可以督促項目方去發現更有潛力的服務，也能直接讓 OG 試用各種服務加快優化，可說是互利共生的好夥伴。

而以上種種得要在早期就先由社群管理員（MOD）與項目方共同規劃，但社群管理員可以是項目方的人，也可以是社群的活躍成員（例如：OG）。而社群管理員更多的是管理而非經營，當然也會需要擬定經營策略，但更多的是管理社群制度及治安。如果能與社群共生，實際的作業人員如：小編、內容產出者、活動策劃者都能在社群中尋找，除非社群狀況差，才有可能是社群管理員一手包辦。

頻道

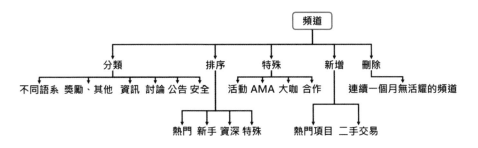

圖 6-6　Discord 社群營運架構：Discord 頻道的設立可為社群創造活絡感

頻道則與所有部分都息息相關，因為要前幾點確定下來，才能進一步判斷需要開設哪些頻道。但分類部分要特別留意，因為 Discord 介面本身就不是親民的。若是分類太過混亂，會大大流失陌生用戶。排序也得針對用戶體驗進行調整，如果是比較吸引人並引起話題的頻道，或是能讓新用戶能快速認識項目的頻道，還是要往前放。但若是創建一個月以上，但該頻道仍是死氣沉沉沒有多少人進去，那建議就要關閉。一方面減少混亂，一方面避免死群效應，讓社群中的頻道持續保持活絡感，新人進來也才會有參與意願。但因為群友的身分別還是有所差異，因此有些頻道可能是私域社群，像 Collab.Land 這個機器人，它就是專門允許獨特的代幣或 NFT 的持有者訪問的私人渠道，讓持有 NFT 的人才能進入，有些頻道則是公開給所有人的，通常就會規劃為方便新人交流認識的呈現形式。

如果要避免 Discord 淪為死氣沉沉，讓別人進到群組內會感受到親民，頻道指引就格外重要，讓他們一進群就知道下一步要做什麼事情，也要讓他們快速簡單地知道項目想傳遞的價值，也可以創建「群友自我介紹版面」讓群友彼此認識，像是留言：暱稱、職業、投資年資、幣圈年資、投資經驗、為何加入 NFT 社群等，藉此認識更多專業領域人才，促進社群內交流的機會，或是定期舉辦 AMA 直接向社群闡述理念並互動。同時在社群中因為需要持續產出內容，因此也得有內容收斂的版面，例如：精華資訊、作品分享、新手教學等，讓新進成員不會一進群就被大量資訊轟炸，然後不知道該從何著手。雖說會有精簡及完整內容之分，但所有的內容都還是建議從懶人經濟的方向出發，讓更多使用者容易上手，才有可能增加他們與社群的互動。

再來我們也知道很多項目都有名人做站台，如果有這樣的機會，那也可以開一個頻道是專門公告名人資訊的，甚至名人會直接在頻道中與大家互動開 AMA 等，這也正是 Web 3.0 樂見的作法，讓粉絲能跟自己支持的對象能有更零距離、更有溫度的互動，這樣粉絲也會更有動力持續關注社群中的種種內容、消息並與社群交流。

◎ 建置

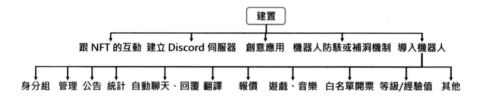

圖 6-7　Discord 社群營運架構：建置 Discord 社群與持有者之間的互動、安全等機制

頻道整體架構的規劃大致確定後就是要開始建置了，其中絕對必要的就是整個 Discord 社群該如何與持有者的 NFT 互動，基本得對持有者做驗證並分配身分組。如果 NFT 本身跟頻道沒有關聯，那就失去其意義了。同時社群中要有足夠的創意應用，不管是遊戲方式或是互動方式，整體設計必須貼合 NFT 的核心以及主題。像八仙這個項目走的是神仙、宗教等面向，因此社群中從身份組、頻道、遊戲、大使等命名都圍繞著宗教，而發起人陳奕仁導演也被稱為廟公，社群內也有各式廟會、擲杯、香爐等元素存在。

再來畢竟要跟 NFT 做連動，所以社群的安全機制也很重要，以確保用戶的資料受到良好的保護。前陣子常見的驗證型機器人之一 Invite-tracker[4] 就傳出有被駭的狀況，一時間幾乎大部分的 NFT 群組都趕緊發出公告，並且教學用戶如何移除該機器人對用戶帳號的查驗。而這邊也建議一些常見的社群機器人，譬如統計機器人，以便社群或項目方後台查看社群人數，像總人數／上線人數

4　Invite-tracker 即邀請追蹤器，是加密社群 Discord 其中一項機器人，用於邀請或追蹤特定參與者的使用狀況，並可依照消息發送數量，建立排行榜。

等。這對雙方都會起到一定的幫助，通常可以用 Mee6[5] 或其他服務器統計機器人設定。但這也只是基本，因為當市場要判斷一個項目的活躍度時，還是會從成員的發言數、黏著度及質量等層面去評估，不會僅看成員人數。而發言數可能會從時間取區間發言數量的變化；黏著度可能就會看單一成員的活躍程度及發言頻率；質量則須更進一步去觀察成員互動的內容、文字、回覆次數等。畢竟很多社群都是只有在肝白名單的時候大量胡亂聊天，反正有打字，不是用機器人就算數，等大部分人拿到白單後整個社群幾乎就剩幾個人在聊天。

然後建議一定要有進群的「驗證機器人」，基本按表情符號的也可以用 Mee6，但要高級的驗證方式就得再找過。總之這些機器人都各有好壞，如何應用於社群中就得看發行方的功力了，至於可以用哪些，網路上都有很多文章教學，可以自行研究看看，這邊就不再贅述。

◎ 公關及推廣

公關也是得先規劃的，譬如未來 KOL 的宣傳該如何與社群做結合，更重要的是該如何導流，特別是在 Discord 的使用是相對有摩擦力的情況下。但這部分其實可以跟 NFT 發行時的公關設計一併考量，社群只是未來公關的其中一個曝光及匯集管道。但可以先思考好危機處理的部分，其中嘟嘟房的長期合作夥伴「iParking」，在今年 2 月推出的 Car Man Metaverse NFT [6] 就是危機處理較反面的教材，不管是「社群公告修改被抓包」或「社群管理員（MOD）隨意踢人、語言恐嚇社群成員」都是因為事前沒有做好規劃，導致後續沒有應變機制。其實社群的負面聲音也是很重要的，有時候嫌貨人反而才是買貨人，正因為他們有想要但沒被滿足，或是有在關注才可能不認同。所以他們所見所聞會更真實、更值得項目方參考，但如何在不與之敵對的情下又要能獲得回饋，這就得先設計好的公關的危機處理環節，或許還能讓原本的黑粉對項目方刮目相看，藉此從負轉正。

5　Mee6 是 Discord 最受歡迎的其中一項機器人，主要用於歡迎系統或角色管理。

6　Car Man Metaverse NFT 是全台最大間連鎖停車場嘟嘟房推出的免費停車 NFT，該款NFT 共設置四種不同賦能，其中一款數字俠 NFT 能享有終生免費停車的賦能。

再來，社群的發言也是公關上需要注意的一環，畢竟大型 NFT 的社群多數都是全球性的，社交禮儀要盡可能涵蓋到不同國家的文化及習慣。英文通常是基本需求，稱呼英語系群友常見的開頭有 sir、fren、brother、bro 等。但像美國人就不喜歡別人叫他 bud 或 buddy，因為在美國稱呼別人 bud 或 buddy 時，會給人一種當他是小弟、上對下的感覺。但這對英國人或加拿大人就比較沒差，所以在面對 NFT 商務合作或是社群公告、回覆等需要對外溝通的情況時，都一定要特別注意面對的對象及用詞，避免造成無法挽回的誤會。

在推廣層面則可以分成短、中、長期去做規劃，配合 Roadmap 讓項目聲量持續發酵，同時最好設計成能讓持有者一同推廣的機制，能創造更大的信仰及社群共識。但因為 Discord 還是偏向私域社群且摩擦力較高，所以比起不斷從傳統社群進行導流，與其他 NFT 項目的 Discord 社群形成公關合作互相導流會是較常見的作法，此舉更能精準地打到潛在消費者。除了與其他項目談優惠或賦能合作外，也可至其他社群進行 AMA 互惠分享，進而為自己的項目做宣傳，像八仙 NFT 在 2022 年 7 月左右就開始巡迴繞境，短短 11 天內就前往超過 20 個項目進行合作 AMA。但這種做法多數是開放型的社群，前面也有提到，畢竟有些頻道會設置為私域頻道，基本上僅針對私域頻道的 AMA 就不適用於導流，比較適用於 OG 或持有者的關係維護，譬如在專屬 AMA 中公布還未公開的內容之類的。

6.4 導流、轉換仍是關鍵

前面雖然介紹了一些不同於傳統 Web 2.0 的行銷方式，NFT 的行銷核心也得圍繞在「人」，但無論 NFT 要做為一個品牌又或是一檔產品，仍然離不開「找到對的人」，這點就沒有區分是新型態的行銷又或是舊的行銷方式，而是回歸消費者。雖然如今 NFT 項目的社群人數相較於過去，已經不是市場是否購買一檔項目主要的參考依據，畢竟太多社群人數是假的，如果是真的，仍可反

映一檔 NFT 的可曝光程度。但如何將這些社群關注者成功地導流並使其成為消費者，至今仍是一大挑戰，因為中間伴隨著太大的教育成本以及新社群工具的摩擦，這也是為何當今的 NFT 項目仍需經營 Twitter，因為這才是海內外大家普遍還習慣使用的社群（以台灣來說還是不能忽略 Facebook、Line 等工具），甚至後來有些項目乾脆先經營 Twitter 為自己建立專業形象，等有做起來，其他的管道後續再說。

目前 NFT 項目在 Twitter 較常見的方式還是聯合發文去做導流，以交換雙方的利益。但有一種也不錯的 Twitter 導流手法是類似「飢餓行銷」的概念，我們在前面的章節有簡單提到，有些 NFT 項目特別是像 FOMO DOG 這種 Alpha 性質的菁英社群多是走封閉式的私域社群。但全封閉式的社群可能對於 NFT 的價值建立會較有幫助，以推廣、導流為出發點來說，陸續開放的封閉社群較有機會達到飢餓行銷的效果，就看項目的策略為何。

常見的操作就是先以發布消息經營 Twitter 或一些比較親民的社交平台，偶爾會發布一些限時活動或贈送活動，等 Twitter 社群數量達到一定數量後，他們會開始把 Discord 等私域社群埋在 Twitter 的發文中，譬如「限時開放 100 個入群名額」等，時間到就會刪文或關閉入群邀請之類的，這樣便能促使大家花更多時間關注該項目的社群，以避免錯過，反之，這也是篩選真的有在關注社群的用戶進入私域社群。這麼做還有另一個好處，因為早期項目很愛用衝 Discord 人數來營造該檔 NFT 很活絡的感覺，但後來大家發現裡面很多都是假帳號、水軍跟機器人，漸漸的 Discord 人數就變得越來越沒辦法判斷這個項目的好壞。反而這種一開始不開放 Discord 社群讓人進去，先讓自己的 Twitter 有比較多人追蹤，再讓一群人瘋搶進群的作法，還可以營造一種進群很搶手的形象。再嚴格一點的，甚至會因為你進到社群中沒持續互動或產出而把你踢除，這樣被留下的就是具有生命力並會自我警惕的人。那像 Chiko&Roko（杜拜世博 NFT）這個項目也是類似的操作，但他們並不是透過限時進群的方式導流大家進群，而是透過「中心化免費領取」的方式讓喜歡的朋友可以每天上去網站透過簡單的操作搶購超稀有的 NFT（雖然還沒有上鏈）。除了每天的固定時段搶購外，也會時不時在 Twitter 或 Telegram 中限時放入更稀有的 NFT 搶

購連結，這樣大家就會想要一直上去關注社群，直到有一定的人數後，他們開始會將這些超稀有搶購連結，放到 Discord 或 TikTok 的社群內容或影片中，藉此創造出非常好的導流效果，因為大家已經習慣不定期到社群中去搶購超稀有款，也看到確實很多人搶到很好看的稀有 NFT，因此為了得到超稀有款，大家都很願意從 Twitter 轉移到 Discord 中。但是有利也有弊，後來有些項目方反而利用這種方法來營造出自己項目很熱門的樣子，有可能根本沒人被導流進群，但也說名額已被搶光，又或是告訴大家社群沒什麼人加入是因為他們走封閉式社群，所以用戶自己還是要有判斷能力。

而導流還有幾個不錯的辦法可以把握，最常見的當然就是透過 KOL 甚至 KOC 來進行，但由於 KOL 與 KOC 會有不同的性質，因此可以搭配不同策略來促進導流及轉換。

表 6-1　KOL、KOC 比較表

	KOL	KOC
受眾群	大	小
是否為消費者	不一定	是
粉絲數量	1000 位以上	1000 位以下
粉絲黏著度	較低	較高（與粉絲像朋友）
導購貼文轉換率	較低	較高
粉絲真實性	粉絲量較多	粉絲真實性較高
社群經營內容	經營垂直領域為主	主題比較分散但生活化

（資料來源：iKala 網紅與社群促購洞察報告書）

以曝光來說，上述表格的內容為 KOL 能夠接觸到的用戶層面更廣，但 KOC 會更精確，所以可以先尋找區塊鏈領域、NFT 領域或其他領域有一定粉絲量也願意參與 NFT 項目相關活動的 KOL 來進行曝光（後續我們會再提到他們的參與動機），但無論是哪種 KOL，建議都要對 NFT 領域有所涉略，如此效益會更佳，也有可能進一步成為的 KOC，好比藝人任容萱、陳零九、余文樂等。

那這時我們就可以運用 KOL 及 KOC 的行銷漏斗放大促購效益。那前面所述的 KOL 多數是邀請來的，而 KOC 更像是培養出來的，也因此 KOC 不一定要是 KOL 本身，也可以是來自社群內原先的支持者、OG 等，這也會更符合 Web 3.0 的行銷性質。那如果是 KOL 帶貨建議可以從直播促購下手，直播中進行販售能夠大大增加與使用者的互動，還可以教學、搭配 AMA 等。在 iKala 的報告中也提到，超過七成網友曾觀看商品直播、近五成的用戶會因為直播考慮購買新產品。所以像前面分享到的 FOMO DOG 正是在直播中去進行搶購的，只要將直播從頭看到尾就有機會搶到。

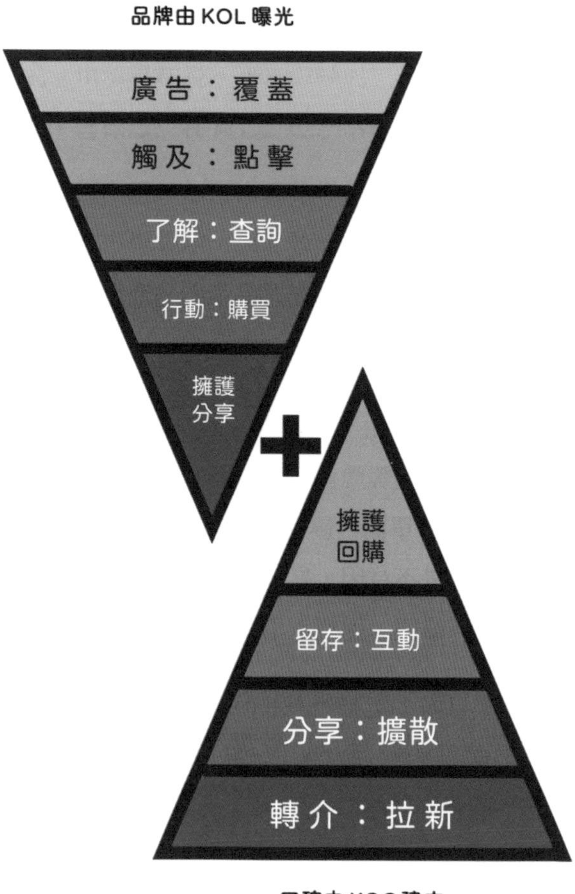

圖 6-8　KOL、KOC 關係圖

（資料來源：iKala 網紅與社群促購洞察報告書）

6.5 總結

此章節最後要再提醒大家，不論是一般的購買者、大使、甚至 OG，當你成功轉換之後，項目對於追隨者一定要負起責任。當有人願意投入你的 NFT 項目，相信你們所講述的理念或未來發展，這時候就不能只以生產者跟消費者去定義彼此的關係，反而是要非常謹慎的將項目發展下去，說過的要做到。

前面介紹過公關也是 NFT 社群中需要謹慎規劃的一環，甚至很多公關危機反而是從項目本身的追隨者來的。水能載舟，亦能覆舟，所以對於這些鐵粉，反而得更加小心並用心地經營。不要忘記 Web 3.0 更著重的是利害關係人經濟，NFT 社群行銷要更圍繞在人，所以項目方要盡可能秉持著「利他」的核心價值走下去。

參考資料

- 江仕超，NFT 行銷的價值探討！為什麼你的 NFT 動不了？
  https://medium.com/ 品牌電商 -ustarhub/nft 發行前的價值探討 - 為什麼你的 nft 動不了 -b2234c1d6aae

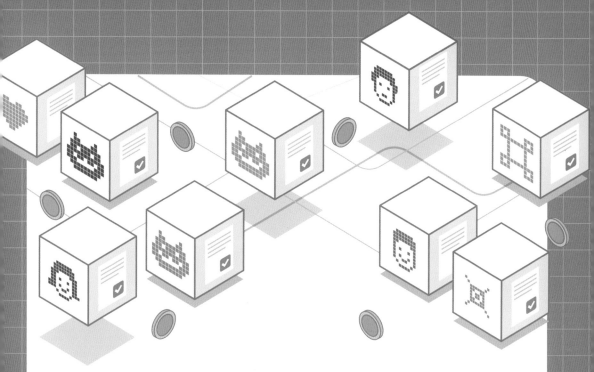

07

如何維持 NFT
的市場熱度

本書中，多次有強調 NFT 的市場狀況，因為不僅是 NFT，整個加密貨幣市場的變動與起伏都是非常大且快速的。唯有充分理解市場，才有機會進一步探討過去、現在及未來的可能，畢竟歷史總是最好的老師，即便不會重複，也會驚人地相似。所以此章節仍會從不同面向帶領讀者重新檢視一次 NFT 市場的走向及狀況，進而探討 NFT 的熱度該如何維持。

7.1 市場回顧

牛到熊的市場回顧

首先我們要先回過頭去看 NFT 在歷史中最火熱的時期，其發展到什麼程度，以及此階段大部分的應用都圍繞在哪些層面。前面分享過，根據分析平台 NFTGo（圖 7-1）及 CoinMarketCap（圖 7-2）資料，大約在 2019～2022 年 7 月間，整體加密貨幣市場的總市值曾高達 2.9 兆美元，其中 NFT 市值也曾超過 300 億美元，如同前一章節提到，即便 NFT 非常火熱，市值也還僅占整體加密市場的 1%，尚處非常早期的階段。

圖 7-1　年度 NFT 交易量

（圖片來源：NFTGo 官網）

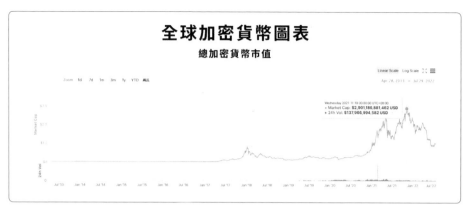

圖 7-2　年度整體加密貨幣市場總市值

（圖片來源：CoinMarketCap 官網）

牛市中發行或被討論的 NFT 形式多數圍繞在頭像型（PFP）、角色型（遊戲資產）、會員型（應用資產）、土地型、社交型（入場券）、音樂型等。截至 2022 年 8 月，NFT 主流還是以 PFP 頭像類的 NFT 佔比最大（圖 7-3），市值高達 140 億美元。遊戲、藝術和收藏品類 NFT 市值則在 19 至 34 億美元之間，它們也是大部分消費者特別關注的領域。

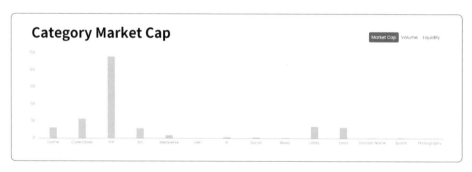

圖 7-3　NFT 各類型總市值

（圖片來源：NFTGo 官網）

然而這只是模糊的歸類方式，若非遊戲或應用型的 NFT，其餘 NFT 類型其實要全部歸類為蒐藏品也不是不行，畢竟 Roadmap 寫得再宏偉，賦能寫得再美好，在項目方沒有達成甚至沒有動作之前，支持者手上所持有的 NFT 也真的

只能是蒐藏品而已，這也是為何前面的章節會將頭像型 NFT 也歸類為蒐藏類型之一的原因，同時這也正是 NFT 金融化令人期待的地方。

但在市場越來越成熟的情況下，我們發現蒐藏類型的 NFT 在逐漸式微，當熱度大幅度下降時，大家會開始思考自己手中的 NFT 到底具備什麼持有的意義。那顯然它的價值在持有者心中正逐漸在下降，此時唯有實用性的 NFT 能夠維持它一定的價值性。就如前面章節所提，因為它會在虛實整合的情況下擁有實體世界中的擔保為其奠定價值。也因此在牛市時許多大企業、大 IP 進到該市場，不僅是為了嘗試轉型，也是藉此機會透過粉絲經濟創造 NFT 的價值。同樣根據 NFTGo 的數據，截至 2022 年 5 月 NFT 的市場總交易額已突破 550 億美元，而頭像、藝術和蒐藏品類 NFT 佔據交易量大頭，雖然市場熱度在消退，但以整體市場來看仍有機會持續繁榮。

而改變是必然的，畢竟從根本上看目前的 NFT 多是靜態的，這意味著它們除了代表相應資產的所有權和社群訪問權外，大部分都沒辦法提供實用的價值。儘管靜態 NFT 目前的價格也十分昂貴，但是隨著市場逐漸追求更優質的體驗，人們對非靜態 NFT 的需求將會不斷攀升，這也更印證了 NFT 會朝向遊戲、應用等層面發展的說法。同時 NFT 也可能進一步成為代幣模型挖提賣的解方之一，因為以目前區塊鏈遊戲資產的交易金額佔比來看是低於其市值佔比的，這意味著許多遊戲型的 NFT 可能尚未、也不會這麼快被交易，此細節我們會在後續談到。我們只需要先知道，遊戲類 NFT 交易金額的成長可能代表著遊戲行業的進一步復甦，同時也表示區塊鏈遊戲對遊戲產業的成長是有幫助的，那如果鏈遊中的同質化代幣也成長，便能成為助長遊戲類 NFT 的催化劑，因此同質化與非同質化代幣的關聯將會對未來 NFT 的成長起到很關鍵的作用。

但確實在這個 NFT 的牛市當中，市場熱度與其價值是不對等的，甚至也可能被普遍高估了。儘管連續好幾個月加密貨幣市場走的是下行趨勢，NFT 市場仍有一段時間屢創新高，但如果是泡沫就很可能會破掉，如果只是過熱也勢必會回調，因此 NFT 也一定會有迎來熊市的時候。右圖是全球最大的 NFT 交易

平台 OpenSea 截至 2022 年 7 月的月交易量（圖 7-4），明顯可見六月前與六月後的交易量有著極大的差距。隨著各市場都進入熊市，NFT 也算是正式迎來了所有招式都會失效的寒冬。

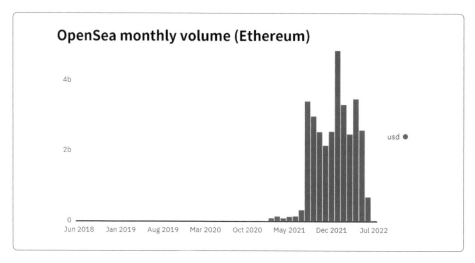

圖 7-4　OpenSea 月交易量

（圖片來源：Dune 數據網站）

NFT 經過 2021 年爆發式增長後，2022 第一季度的表現確實有明顯衰弱，無論是交易量、買賣人數等都出現了大幅度的下滑。根據國外知名數據網站 NonFungible 的報告顯示，2022 年第一季度全球 NFT 市場較 2021 年四季度整體偏弱，其中交易量環比下降約 4%，銷售數量環比下降約 47%，買家數量、賣家數量分別環比下降約 31% 和 16%，而這還只是第一季度而已。

在熊市開始後，幾乎所有的 NFT 項目，不論是要開始鑄造、解盲盒又或者什麼都不做，基本上都面臨著同樣的挑戰，因為大多數的項目明顯都只有在下跌，甚至破發 [1]。也有許多聲望不小的項目乾脆直接延後或更改發行日，大多項目方都不希望跟這艱難的時刻硬碰硬。包括工具、應用類的項目都暫停發布

---

[1]　破發：市場可入手價格已經低於發行價格，則為「破發」。

更新消息，畢竟這段時間發什麼消息都沒用，把進度消息保留到市場回溫再發布還比較有幫助。但反倒 Clone X 依然積極發佈了一大堆進度、空投等消息，雖然很多 Clone X 持有者都很興奮，也再次證明其強大的財力，但其實市場並沒有買單，因為 Clone X 的地板價 [2] 還是往下掉了，這時候的 Azuki 反而選擇不說話，好像只想靜靜的熬過去。

雖然說 NFT 市場的各面向都指出了市場的萎靡，但這並非是壞事，就如同筆者在成功或世新等大學演講時提出的觀點。當一個市場過度繁榮時，往往「會」且「需要」進入一個「冷靜期」，因為在這期間市場格局會發生一些變化，投資者或參與者也會更理性來看待這件事情，並且在這階段認真地去探討其能夠落地的價值。而經過這個「冷靜期」後，整體 NFT 市場上的質量將會顯著的提高，這對於行業的長期發展絕對不是壞事。

而我們也知道 NFT 為非流動性資產，原本流動性就差，但在熊市當中也還是有一些 NFT 項目的流動性是增長的。據 NFTGo 資料顯示，在第一季度時 Moonbirds 的流動性在 30 天內至少超過 88.15%，明顯活躍於二級市場，其次的是 Otherdeed，流動性為 35.32%。但原先的老大哥們如：CryptoPunks、Sandbox 和 Decentraland 的流動性反而較為不足，土地類 NFT Sandbox 和 Decentraland 流動性則不足 1%。其中日本街頭文化動漫風格的 Azuki 流動性下降最多，但歐美可愛風格的 Doodles 流動性卻成長將近五成。

但在此筆者還是會針對 Moonbirds 及 Otherdeed 的快速成長抱有疑慮，根據實際情況，確實很難完全排除人為操作及過度炒作的可能。但總之我們可以發現，在熊市當中並無特別表現突出的 NFT 類別，而是呈現一面倒的狀況，真的要說也只剩頭部的這些藍籌項目有些許交易量，但也並非全部。同時也不是原先被大家吹捧的這些頭像型 NFT 就有比較好的表現，因此未來頭像 NFT 是否還能夠是主流將成為值得觀察的重點之一，但這並不代表 NFT 就全然成為泡沫，市場中還存在很多的可能性等待我們一一探討。

2　地板價：表示目前在市場上能買入的「最低」價格，並非市場均價。

粉絲經濟 NFT 的走向

接著我們要來看看由粉絲經濟所出發的這些 NFT 項目是否得以在熊市中藉著強大的粉絲力脫穎而出？雖說在牛市時，NFT 透過粉絲經濟為其創造了可觀的價值，甚至使 NFT 得以出圈。但 NFT 的應用性、發展性仍是根本，因此我們可以在熊市時明顯看見過往藉著名人效益而發行的 NFT，如今的狀況都如何？如果連周杰倫、余文樂這樣頂流藝人所站台的 NFT 都已經下跌或破發，那這些公眾人物所發行的 NFT 是否會因此出現天花板？畢竟連地板價曾經高達 7.8 ETH 的杰倫熊或曾超過 2 ETH 的 Zombie 這般具備如此大粉絲流量的項目都沒辦法繼續突破，未來其他藝人、網紅 NFT 的效益該如何維持甚至突破也是值得大家思考的議題。

從下表 7-1 也可以看出，藉由台灣藝人、網紅聲望出發的 NFT 在熊市中也都幾乎破發了，就算是由謝和弦發起的路吸派如今還有近 20 倍獲利空間，但它歷史最高價其實是有超過 0.9 ETH 的，所以相比現在的 0.08 ETH，仍是遠遠不及牛市時的風光。所以說粉絲經濟對於 NFT 初期的宣傳效益及社群建立或許有著顯著的效益，但若沒有進一步往品牌經濟發展，持續優化並執行路線圖，基本上離大型的 NFT 項目還是有著絕對性的差距，更何況大部分的藝人、網紅 NFT 其實都沒有長遠的路線圖與品牌規劃，其中甜園狗也因此被冠上割韭菜的不良名聲，也正是在這個時候，聖結石才跳出來澄清自己只是受田園狗邀請的 KOL，並非項目方本身。而另一個被網友質疑割韭菜的則是羅志祥發行的 Lion Heart，不少網友懷疑該項目也只是想要「相互競爭」而已，並無後續長遠的規劃，雖然官方也出面承諾如一年內價格跌至 0.1 ETH，他們將會全部買回，但看起來市場對此解方並沒有非常買單。

表 7-1　截至 2022/7/19，取自各項目官網、OpenSea 的數據統整

藝人、網紅	項目	發行價	地板價	漲跌幅	破發
聖結石（站台）	甜園狗	0.05 ETH	0.02 ETH	-60%	●
陳零九	YOLO Cat	0.9 ETH	0.5 ETH	-44.44%	●
周杰倫（站台）	Phanta Bear	0.26 ETH	0.49 ETH	+88.46%	
連千毅	連千毅 NFT	1000 USD	已下架	-100%	●
羅志祥	Lion Heart	0.3 ETH	0.12 ETH	-60%	●
謝和弦	路吸派	0.0042 ETH	0.08 ETH	+1804.76%	
艾瑞絲（反骨）	Aries Hot	0.3 ETH	0.02 ETH	-93.33%	●
洋蔥	OnionMeta	0.33 ETH	0.08 ETH	-75.75%	●
畢書盡	雙面寄生	59.2 USD	49 USD	-17.22%	●
峮峮	峮峮說早安	66.6 USD	70 USD	+5.1%	
潘裕文	雙子	100 U	80 USD	-20%	●

2022 年 6 月 23 日晚間九點，周杰倫又與巴黎聖日耳曼足球俱樂部聯名推出 Tiger Champs 的 NFT 項目，發售總量為 1 萬個，但根據金色財經的資料，至隔日晚間七點仍剩餘 9338 個，該項目還在 Discord 發布，NFT 銷售時間將延長 48 小時，甚至釋出「在第一個 24 小時購買的用戶將會獲得 2 個 NFT 空投，之後 24 小時購買的用戶將會獲得 1 個 NFT 空投」的活動，藉此來刺激買氣，但顯然市場並無因為周杰倫這次比杰倫熊的站台表態更明確（還拍了廣告）就買單。且即便是周董站台，根據 Crypto.com 截至 2022 年 7 月 22 日資料顯示，不到一個月的時間其地板價就已經從售價 500 美元破發至 100 美元，完全無法與當時的杰倫熊相比，可見熊市中即便是頂流藝人的流量也無法有效轉換至 NFT 市場中。

但若將藝人、網紅的層面擴大到其他領域名人，那知名藝術家、時尚家等所參與的 NFT 反而有不一樣的表現。Nina Chanel Abney 及 KAWS、Pharrell Williams 等知名人士所帶出的效益就是熊市中的例外，而他們正是 The GODA Mint Pass 這個項目的參與者及顧問。雖說是熊市，The GODA Mint Pass 還是完售，而且地板價一度噴到高過 10 ETH，截至 2022 年 7 月 19 日都還有

6.2 ETH（尚未破發），所以即使在市場恐慌下，頂級藝術家們還是可以聚集強大的買氣。

所以說因為熊市市場崩塌嚴重，很多人開始會說市場涼掉了、泡沫了，甚至說可能要全部歸零了。難道 NFT 真的是曇花一現？當然不是！即便藝人透過粉絲經濟進到這個這個市場的效益有限，但也因為愈來愈多知名人士、企業持續進入這個領域，包含 Facebook 的虛擬服飾、Nike、Adidas、Disney（聽說正在成立專門部門），頂級知名藝術家也持續踏入，這些對於 NFT 的推廣及信用都會是大大的加分，這也證實了 KOL 及明星確實是 NFT 價值訂定的重要訊號，也是 NFT 行銷重要的管道來源，如我們在前面章節敘述的。

雖然說將 KOL 從宣傳目的晉升為發行方之一，這樣的效益就像是很多 Crypto 的創投，其實比較多是公關加成，不像是傳統創投這樣有影響力，能為品牌提高足夠的名聲就是了。但相信未來還是會有越來越多名人、藝人、KOL 投入 NFT 市場，因為對於 KOL 來說發行 NFT 也已經是「網紅變現的新興模式」之一了，這同樣是 iKala 有在「網紅與社群促購洞察報告書」中提到的。透過 NFT 發行甚至結合元宇宙，可以將 KOL 自身的發展想像無限放大，彷彿能夠創造無限可能，給予粉絲意想不到的回饋，這也是其中一個 NFT 項目仍然適合尋找 KOL 來進行行銷，KOL 也會願意協助他們行銷的原因之一，因為這對雙方都可以起到很好的互利。

◎ 熊市時的資本觀點

從 2022 年美國升息、美股下跌、加密貨幣崩跌等，資本市場確定是進入了寒冬，無論是次級市場或是一級的早期投資市場，資金都只會不斷地緊縮。當然 NFT 的市場也正式迎來了熊市，但在資本寒冬中仍有五個領域在 2022 前五個月美國種子輪投資中成績非常亮眼，其中兩項正是元宇宙（Metaverse）及非同質化代幣（NFT），這就值得我們思考，為何這兩個領域會特別受到投資人青睞？為何市場已經進入下行趨勢且寒冬訊號明確，資本仍不願意錯過熱潮上桌豪賭？其觀點或許也是維持 NFT 熱度的關鍵點，畢竟 NFT 的崛起與熱錢的轉移也脫離不了關係，這部份我們會再後續提及。

≫ 元宇宙（Metaverse）

「元宇宙」（Metaverse）無疑是 2021、2022 年最夯、最熱門的話題與創業題目，臉書、NVIDIA、微軟等巨頭企業都紛紛砸入重金發展，台灣的宏達電、華碩、宏碁也都紛紛搶攻這塊市場，宏碁甚至與台灣知名 NFT 平台 Jcard 達成策略合作，領頭打造元宇宙的入口。這些專門投資未來願景的資本家們，似乎認為消費者將在虛擬世界中花費更多的時間和金錢，甚至都直接押大注在專注於元宇宙發展的公司身上。也因此許多公司為吸引投資人注意，無論開發什麼產品或服務都會加上「Metaverse」的字眼，這邊挑了 4 間來自美國並且為少數獲得千萬投資的新創公司來做舉例。

根據 FINDIT 資料表示，2022 年美國前五個月種子輪最大的一筆融資是 Web 3.0 平台 Proof of Learn，在 1 月 13 日宣布完成 1,500 萬美元種子輪募資，投資方還有 Animoca Brands、GoldenTree、Infinity Ventures Crypto 等知名創投參投。Proof of Learn 是一個「Learn to Earn」平台，用戶可以在平台上學習就業技能，獲得專業的鏈上證書，並透過職業市場尋找雇主，而 NFT 在該平台的作用與該平台發行的加密貨幣一樣，將作為學習和貢獻社群時的獎勵。

自從「無聊猿」開放 NFT 的商業授權後，此作法對 NFT 的創意發展增加了不少可延展性，而 Tally Labs[3] 的「Jenkins the Valet」就是典型的粉絲衍生創意項目。他們就是透過開放 IP 授權，並用 NFT 說故事的新玩法引起投資人的注意，於是在 5 月 18 日 Tally Labs 就順利獲得來自 a16z Crypto 領投的 1,200 萬美元種子輪投資。為了實現「共同創作」，Tally Labs 還推出了虛擬世界「作家的房間」（The Writer's Room），消費者需要購買船票、鑰匙、遊艇等 NFT 才能進入「作家的房間」網站，並對小說故事的走向進行投票，Writer's Room NFT 也會依照等級決定消費者在故事中的參與程度。而這些 NFT 發表後也在 6 分鐘內就賣完了，Tally Labs 也直接賺了超過 150 萬美元。他們後

3　Tally Labs 是一間 Web 3.0 的媒體公司，曾發布 Jenkins The Valet、Good boy、Azurbala 等多個知名項目。

續還計畫出版實體書籍，The Writer's Room 社區也將拿出所寫小說淨利潤的 50% 和免費的 NFT 書獎勵支持者。

第三個是 Inworld AI 是 AI 驅動虛擬角色軟體開發的平台，讓用戶得以沉浸在虛擬實境當中，包括虛擬世界、VR/AR、遊戲等。在 2022 年 3 月 3 日宣布完成 1,000 萬美元種子輪募資，天使投資人包括 Twitch 共同創辦人 Kevin Lin、Animoca Brands 共同創辦人 Yat Siu 等。他們的創作者平台也將提供遊戲引擎和元宇宙應用程式的整合支援服務。

最後，完成 1,000 萬美元的種子輪募資的元宇宙時尚品牌 Space Runners[4] 在 2021 年底與 NBA 球員 Kyle Kuzma 和 Nick Young 合作，在 Solana 區塊鏈上發行了穿戴式的「NBA 冠軍」數位運動鞋系列 NFT，據說在 9 分鐘內也賣出了 1 萬個。重點是他們透過獨特、具備功能性和 3D 的數位運動鞋將數位時尚的視野帶入元宇宙、社交媒體和遊戲中。

≫ 非同質化代幣（**NFT**）

相比元宇宙的題目，純 NFT 的題目看起來好像較為侷限，但儘管 NFT 市場的熱潮已退燒，也沒有澆熄資本市場對 NFT 的熱情，因為 NFT 仍是 2022 年種子輪獲投新創公司中超熱門的關鍵字之一。同樣根據台灣知名新創募資平台 FINDIT 的研究資料顯示，2022 年前五個月全球因「NFT」題目獲天使輪 / 種子輪投資的公司就有 192 筆，拿到上千萬美元的公司還比做元宇宙題目的公司多，其中也包括前面提過的 Proof of Learn 與 Space Runners。另外，還包括開發 NFT 和數位收藏品的區塊鏈技術公司 Yuga Labs、遊戲內資產和虛擬世界 NFT 交易市場 Fractal 等。

其中最大筆的是 3 月無聊猿母公司 Yuga Labs 完成的 4.5 億美元募資，而且是由幣圈頂級創投 a16z 領投，這筆金額已經遠遠超過了一般種子輪的規模，但

4　Space Runners 是一間基於 Solana 生態，以推行可穿戴式 NFT 運動鞋為主的 NFT 初創公司。

Yuga 卻只是一家 2021 年才剛成立的年輕公司。當然這算是特例，畢竟 Yuga Labs 的名氣是建立在知名 NFT 項目 BAYC 上，但 BAYC NFT 的地板價也很順利地透過 Yuga Labs 後續發行的 Otherdeed 再創巔峰，一度超過 100 ETH。

Fractal 是一個遊戲內資產和虛擬世界交易市場，遊戲玩家可以在交易平台上尋找、購買和出售遊戲 NFT，後來也發布了 Fractal Launchpad，這是一款幫助遊戲公司向公眾販售原創 NFT 收藏品的服務。接著就宣布拿到了 3,500 萬美元的種子輪募資。

Co:Create 則是一家建立基礎設施協議以幫助 NFT 項目推出代幣和管理 DAO 的加密貨幣新創公司，在 2022 年 5 月也獲得了由 a16z 領投的種子輪 2,500 萬美元。Co:Create 預計在今年秋天提供一個智能合約平台，項目用戶可以用它來鑄造 NFT。

Web 3.0 粉絲社群和 NFT 平台 Highlight 也同樣募了 1,100 萬美元。這間選擇從音樂產業投入的 Web 3.0 新創公司，協助用戶透過向支持者提供「Web 3.0 社群成員資格和獎勵」，讓客戶能跟其粉絲群建立更強力的連結，而 NFT 就是「獎勵」的一環。透過 Highlight，任何人都能鑄造 NFT，藉以識別或獎勵他們的頂級粉絲。最後以太坊 NFT 徽章 App POAP 在 1 月 18 日也完成 1,000 萬美元種子輪募資。POAP（Proof of Attendance Protocol，又稱「出席證明協議」），是一個基於以太坊虛擬機（EVM）相容的 xDai 區塊鏈上的應用程式，活動組織者可以用它來發放 NFT 形式的出席徽章。

◎ 小結

所以上述幾章節，我們可以看出過往的 NFT 發展程度及面向還不足以支撐 NFT 的價值及熱度。哪怕 NFT 交易量已大幅擴張至數十億，各知名藝人、企業紛紛投入、站台也無濟於事，該跌的地板價還是會跌。除了價值訊號的市場教育不足以及基礎設施未能跟上外，或許也是目前的 NFT 市場大多仍是面對幣圈消費者，出圈的程度仍然不夠，並且也還無法同時滿足散戶投資者及專業交易者的需求。

但前面章節我們也提過，NFT 的價值創造及維護實際上需要不小的成本，因此資本也會是維持熱度的一大問題，而我們可以從熊市中資本的走向看到，大多會被投資的元宇宙或 NFT 項目都不僅僅是單純的 NFT 發行，更多的是從基礎建設及應用出發，藉此來創造更多 NFT 應用場景。

我們也可以再次看出一檔 NFT 有名人作為出發點對於項目的曝光是有不錯的加成，但普遍的結果也已經很清楚了，就是單純的粉絲經濟並不是 NFT 發展的長久之計，終究得回到品牌本身，終究得回到發展面，但一個品牌若沒有持續的應用，沒有更出圈的體驗，該如何談發展？所以就目前的市場狀況來看可能可以朝幾個方向來看，如：體驗性、遊戲性、應用性等，其中筆者最看好的就是回到遊戲中，因為遊戲能夠為 NFT 帶來更出圈也更大的市場，同時 NFT 的價值維護可以更具故事性、更能被接受，NFT 的需求也能有較長的維持，並藉此有機會在熊市中持續維持其熱度。當然也不可能所有 NFT 的發展一定得跟遊戲掛勾，也還是會衍生一些新的玩法或應用，不管是金融化或是 ESG 都是筆者較看好的下一步，所以接著我們可以從幾種方式來討論 NFT 如何持續被運用，只要持續有需求，便有可能持續創造話題及熱度。

7.2 維持熱度的可能性

熊市中的主流玩法

基於熊市的慘況，想必大多數人很難有意願掏出口袋中的閒置資金來購買 NFT，但想要維持其話題與熱度，最好還是要讓市場持續持有 NFT，只要有人手上持續握有 NFT，NFT 就能持續被討論、被期待，因此就衍生出了一種新的玩法「免費鑄造」（Free Mint）。透過免費鑄造，支持者等同於領到加密貨幣空投一樣，作為早期支持者就類似於對該 NFT 項目進行插股，而且是免費

的。但也並不一定是所有的支持者都能夠免費鑄造，有些項目設有白名單機制，有些項目則是會限額。但筆者認為，在熊市中會衍生出免費鑄造的原因主要有三個。

❶ 免費鑄造對價關係較小：也就是說免費鑄造比較不會有「我付了多少錢，就一定得到多少回報」的感覺，就可以保留較多的彈性，項目方也不用刻意承諾一堆賦能，在發展上比較能因應市場變化做調整。

❷ 社群凝聚力較大：免費鑄造的作法更能建立社群凝聚力，維繫社群成員的共同信仰，畢竟鑄造是免費，地板價就沒有太多空間狂跌，社群內也就不會出現參與者或競爭對手刻意製造的負面觀點或聲音，只會有共識出的期待，而 NFT 的價值就會從共識出發更多，而非炒作。這就像是霹靂布袋戲的 NFT 一樣，雖然霹靂布袋戲並非免費鑄造，但也是以新台幣299 元的親民價出發，慢慢透過社群共識創造出了 888 美元的高價。像是Chikoroko 這個項目也是以免費領取的方式進行的，從它的社群中就可以看出大量支持者對它的期待，但因為是免費，所以也不會出現太多抱怨，頂多是每天早上四點得爬起床搶稀有款這點比較有人抱怨，但社群至今都還是蠻願意做的，因為它們的 NFT 美感也滿受到社群的一致認可。

❸ 品牌推廣：如果是為了作為行銷宣傳的 NFT，免費鑄造的效益肯定最好，永豐金的「零成本」NFT 就是很好的例子，畢竟「很多人持有」跟「很多人知道」也是很最重要的。而免費鑄造可以大幅降低持有門檻，不然太貴的售價也會降低購買需求。

但即便免費鑄造已經是熊市中普遍的 NFT 項目起步方式，但因為無法像牛市項目初期海撈一筆，所以為了節省成本，很多初期免費鑄造的 NFT 項目的用圖品質並不是很好，看起來就像是敷衍了事的項目，然後搞得參與者也只是想來賭個機會，反正免費看有沒有可能短暫起飛。不過市場還是很挑的，慢慢就無法接受隨便應付的項目，所以慢慢也開始有些項目會以正規的規格去開發的。但老實說現在項目爆多，市場又熊，如果不是在牛市就有打出知名度的項目或是有知名人士站台，在熊市中要以正規方式出發勝算實在不高，所以這還是各項目方需要考慮的問題。甚至有些項目是因為開發時間較長，可能在牛

市時就花了上百萬製作但來不及發行就進入熊市了，這就是非常難抉擇的時刻了，而「無名」這個 3D PFP 項目的選擇就是免費鑄造，雖然市場都非常驚訝，畢竟開發經費龐大，但也許就是項目方知道 NFT 在熊市中想維持熱度，免費鑄造或許是值得一試的辦法。當然他們也並非盲目執行，他們正是打算優先建立社區文化跟 IP 認同，後續的系列再依照市場反應和新玩法彈性調整。而且他們希望，自己的項目跟社會、市場站在同一條陣線，無論牛市或熊市。特別是現在熊市階段，他們更不希望賣一個 JPG 來募資或收益，而是希望每個人都能成為項目的支持者。

雖然並不是所有項目都需要免費鑄造，現階段也時常淪為投機項目方炒作的手法，像是一些項目方打著這個名號，實質上根本沒有，都是項目方自己鑄造走了，然後創造熱銷的狀況，FOMO 消費者去二級市場接盤等。加上免費鑄造並非新的做法，CryptoPunks 最初就可以免費獲得，但未來確實有可能一半以上都會回歸免費鑄造，至牛市回來前也很難不藉此來降低摩擦，而這種方式也還是能發展出專屬的商業模式，不怕未來無法獲利。雖然現在都還在嘗試階段，能否有效維持 NFT 的熱度也還是有待觀察，但起碼目前的效果都是不錯的。

如果 NFT 回到「區塊鏈遊戲」

如果 NFT 回到區塊鏈遊戲中，價值或熱度該如何持續？因書籍方向，這邊我們就不深入介紹區塊鏈遊戲的代幣經濟模型（加密貨幣經濟模型），而是盡量簡單敘述 NFT 及代幣模型可能的關係及影響。前面章節筆者有不斷提到，NFT 的價值建立及維護需要不小的成本，所以資本的觀點及流向格外重要，同時市場的熱錢走向也是關鍵。因此我們得先了解 2021 年到 2022 年去中心化金融（DeFi）市場的資金為何又轉移回到 NFT 上面，以及 NFT 跟加密貨幣模型性質的不同。同時也「簡單」比較一下 NFT 跟去中心化金融項目、區塊鏈遊戲的優缺點，為什麼 NFT 能夠吸引這麼多的資金，NFT 如何在區塊鏈遊戲中運用等。藉此來探討為何一堆人覺得它是泡沫，還是有人不斷瘋狂投入？熱度是否還能持續？

表 7-2　NFT 與加密貨幣特性比較表

	NFT	一般加密貨幣
發行量	相對少	相對多
特性	稀缺、獨一無二	沒差別，可分割
流動性	差	優質幣很好
類別	蒐藏相對多	投機相對多
性質	非流動性資產	流動性資產

首先，NFT 的發行量是相對少的，通常 10K（發行 10000 個）項目已經是極限了，但加密貨幣就不同，動輒上千萬、上億顆的。再來 NFT 是獨一無二的，而加密貨幣則是同質化代幣，所以每顆都一樣，不用去一個一個辨別它的稀缺。也因此價格是唯一的，頂多不同池子會有不些許的價差，但在套利來套利去的情況下也會趨近平衡。如果以類別來看，NFT 比較偏向收藏，雖然很多人想炒作，但因為流動性差也不一定能出掉。

那為什麼 NFT 會突然火爆起來呢？其實 NFT 也不是第一次成為話題了，只是以前沒有這麼出圈。我們先來看看 2019 年智能合約功能擴增和優化後的資金流向（見圖 7-5）。

圖 7-5　2019 年智能合約擴增與優化後的資金流向

大家要先理解市場資金是不會消失的，熱錢終究會往有錢賺的地方流，而智能合約要如何替各位賺錢呢？這時去中心化金融（DeFi）就起到很大的作用，再來又發展出了高 APY 的質押挖礦，當時 10000 ％ 的年化報酬都可能出現在去中心化金融（DeFi）市場中，雖然聽起來很像詐騙，但當時大家真的是這樣在賺的，而且還賺得不少。但不久之後高質押挖礦就消失了，市場反而傾向相較穩定的項目，例如 Curve。

而大部分的熱錢因為少了高 APY 的誘因，只好短暫的跑到了 NFT 去，所以 NFT 過去也有火爆過一下子，接著很多遊戲商發現 NFT 的買賣就好像遊戲虛寶交易，所以開始將遊戲與 NFT 做結合，所以這些資金就這樣又跑到了區塊鏈遊戲（GameFi）中，同時區塊鏈遊戲又納入了加密貨幣的代幣經濟，讓區塊鏈遊戲能夠邊玩邊賺錢（Play to Earn），因此區塊鏈遊戲直接成為了爆紅話題。但至今區塊鏈遊戲在體驗上幾乎還不能算是主流的遊戲，多半比較像是披著遊戲皮的去中心化金融產品，更麻煩的是其模型一直遇到很大的障礙，不管是早期的幣（加密貨幣）本位到後來的 U（美元）本位，至今都還無法有效解決挖、提、賣的問題。

到此，我們可以看出資金的轉移並非偶然，其實就是早期的去中心化金融（DeFi）的模型跟區塊鏈遊戲（GameFi）的模型全都崩塌了，所以資金自然地往相對安全、穩定的地方跑，現在看起來反而純 NFT 項目就是那個地方，很難想像對吧？為什麼這個看似充滿泡沫的地方，會相對安全呢？這就得把各模型做一下比較（表 7-3）。

表 7-3　高 APY 質押挖礦（或幣本位）對比 U 本位 GameFi

高 APY 質押挖礦 或 幣本位 GameFi		U 本位 GameFi
極高 APY 頭礦		極高 APY 頭礦
質押量增加，收益降低	改善	即使質押量（幣換 NFT）增加，收益不變
後金減少，幣價下跌	改善	後金減少，玩家穩定賺錢，復投，幣價上升
無新進資金，崩盤		鯨魚進場
		鯨魚砸盤，共識瓦解，死亡螺旋，崩盤

首先高 APY 質押挖礦或是幣本位區塊鏈遊戲（GameFi）的模型很簡單，就是有一個極高收益的礦池，投資者只要質押代幣，就會自動產生出一些其他或同樣的代幣並可以容易地賣掉。但當大家的質押量都增加時，收益就會降低（因為權重可能不斷降低），所以認真來說其實也是 APR 而非 APY，而且拿到收益後唯一的用法就是變賣，所以拿到的幣值只會不斷貶值，收益自然是不斷減少。然後因為收益極低，沒有新資金進來就直接走向歸零，所以其實只有頭礦能賺到錢，而項目方在早期大家去買幣時就有賺，以上聽起來風險很大，但當時大家還是會為了賺到 10000% 前仆後繼。

但後來發現解決不了挖、提、賣的問題，所以就有人就改良出 U 本位的區塊鏈遊戲（GameFi），「飛船」這個遊戲就是很好的例子，它確保了每位玩家在任何時間進場成本都相同，而且在任何時候的獎勵都能換算一樣的東西。而換飛船的動作其實也等同於質押，即使質押量增加收益還是不變，因為不會影響池子的權重。因為跟池子沒關，而是買越多 NFT 角色就能賺到越多的概念，所以玩家就會願意復投，因為投越多可以賺越多，這就能改善後金減少、幣價下跌的問題。

聽起來這件事可以永遠的循環下去，但可惜的是不管是什麼幣，只要扛不住賣壓，死亡螺旋是注定的，如果這個遊戲大家都是資金量不大的散戶，當然就不會有賣壓的問題，至少不會出現直線破底，因為大家都是一點一點買，一點一點賣。但這時如果鯨魚一次進場大量掃貨，隨便砸一點就是一大根，加上散戶又容易恐慌，這時就無法避免死亡螺旋的發生。並且 U 本位會更慘，因為 U 本位獲利不變，就會想趕快變現，但幣本位因為收益大幅減少，到最後跌到不能再跌時反而會想囤幣賭賭看。

表 7-4　高 APY 質押挖礦（或幣本位）對比 U 本位 GameFi

高 APY 質押挖礦 或 幣本位 GameFi	U 本位 GameFi
鯨魚進場，籌碼大量外流。接著就是大量砸盤，回本期無限延伸	鯨魚大量炒作、套利。一樣在砸盤後共識崩塌，進入死亡螺旋
須解決	
1. 幣價不能再依賴新進資金 2. 最重要還是得防止鯨魚	

所以無論是哪種模型，如果不能做到不依賴新進資金就很危險，偏偏目前現有市場幾乎沒有可以不仰賴大量資金也能成功的項目，明明只要商模能使參與者不斷復投，自然能解決挖、提、賣。不過更重要的還是要解決鯨魚的問題，在還沒有解方的狀況下，大部分模型只要鯨魚進場，直接能把幣值搞爆。這就可以思考為何 NFT 會起來了，或許就跟鯨魚相對難以炒作有關係。

表 7-5　NFT 與 U 本位 GameFi 比較圖

NFT	U 本位 GameFi
早期鑄造	極高 APY 頭礦
有共識，地板價漲	即使質押量（拿幣買成 NFT）增加，收益不變
共識消失，地板價跌	後金減少，但玩家穩定賺錢，復投，幣價穩住或上升
賦能、創造話題、名人帶貨	鯨魚進場
有共識，地板價漲	鯨魚砸盤，共識瓦解，死亡螺旋，崩盤

相比之下 NFT 的模式簡單又暴力，鑄造（Mint）就好像首次代幣發行（ICO）或是前期的投放，越早進入就越有優勢，然後接下來就是靠共識支撐，有共識地板價就會漲，共識消失地板價就會跌。但共識是有機會靠賦能或名人帶貨拉起來的，這樣下跌的地板價又能起死回生，相比加密貨幣模型，NFT 比較沒有一個生命周期，加密貨幣容易被亂挖，流動性也容易被抽乾，但 NFT 即使泡沫了，它的圖片大概率還在（除非檔案放在中心化雲端被惡意操作），當有人回來教育市場，甚至講難聽一點，有人炒作的時候都還是有可能起死回生，而且因為數量稀少相對好掌握。

表 7-6　NFT 特性總表

NFT	特性	好處
發行量	相對少	鯨魚只能分批出，破壞減少
特性	稀缺、獨一無二	可以個別創造不同價值
流動性	差	鯨魚不一定出得掉
類別	蒐藏相對多	蒐藏品價值能重新建立
性質	非流動性資產	無法立即脫手

所以 NFT 最大的優勢反而是因為發行量少，流動性差，鯨魚只能分批進出，也就很難造成大量的破壞，且發行少的情況下，價值是相對容易重新建立的。只需要建立共識就能夠穩住了，無論是 NFT 或加密貨幣，在共識非常強大的情況下自然能創造它強大的價值，持有者也自然會成為鑽石手，如同比特幣。這樣看起來 BAYC 就是很好的資金避風港，而且它沒有生命周期。所以真的要說 NFT 比加密貨幣更穩的話，現階段還不能完全否認。

從此角度來看 NFT 的優勢跟風險有哪些？其熱度還能持續多久？第一個優點就是它能夠對抗鯨魚，光這一點在加密貨幣模型崩盤的情況下，資金就一定會進入 NFT 的市場，再來就是沒有生命周期，只要作為收藏就可以等待機會。當然 NFT 的價值訂定還有很多因素，如同我們在第五章〈NFT 共識價值探討〉提過的。而風險就是大家一直在說的泡沫，不能否認現在超多 NFT 只是

更簡單暴利的資金盤，超多項目只需要印一些圖片就可以吸引到大量的資金去鑄造，發完也賺完了。之後就拍拍屁股走人，根本也無心維護社區共識，自然就變成泡沫，所以其實這也是 NFT 變相的一種成本，比起加密貨幣需要龐大的資金投入護盤，NFT 更需要的是大量的時間跟人力投入，一步一步的去完成 Roadmap，才能持續創造價值。

但這都是為何我們會在此節討論 NFT 與區塊鏈遊戲的關係，因為這會關係到 NFT 的市場熱度還能持續多久，雖然這個答案現在可能還沒有標準，但至少在更好的代幣模型出來之前，NFT 還能在區塊鏈遊戲中起到關鍵作業，藉此熱絡下去。而且 NFT 在遊戲中也能有更合理的故事、應用及限制，這邊就適合分享一個熊市中也小有話題的 NFT 項目 WZRDS，雖然它不是區塊鏈遊戲，但它將整體的故事內容、網站架構都設計的很有遊戲性。這個項目不僅地板價也在短時間內上漲超過 10 倍，引人注目的還有「銷毀他人 NFT」的機制。

熊市期間 WZRDS 同樣也是免費鑄造，也沒有 Discord 僅有 Twitter，可能考慮走「類飢餓行銷」？這個項目發行的一萬個 NFT 角色都是失去魔力的頹廢、邋遢巫師，這就是這個項目吸引人的地方，不僅有明確的背景故事、美術風格還很獨特，這樣就特別能吸引一些願意長期持有的藏家。但即便是免費鑄造，還是有可能因為市場狀況不佳，導致整體價值甚至價格無法起來。所以他們厲害的地方就是透過合理的故事背景加上劇情發展，推出各種維護地板價的機制。

首先我們已經知道這些 NFT 巫師們已喪失魔力，那為了使他們居住的地方恢復生機，他們只能紛紛前往黑暗森林去採集魔法蘑菇來恢復。劇情到這裡 WZRDS 就已經可以啟動質押機制了，只要在官網中將巫師質押，就能獲得蘑菇幣，這同時也是故事中的功能代幣。那我們也能想像，只要質押量越多，越能保護二級市場的地板價，因為 NFT 流通數不僅減少了，還是被控制的。官方還特別耍了小心機，故意製造社群對立，將其他沒有前往黑暗森林（也就是沒有質押）的巫師們描述為佔便宜的小偷，並把他們稱作 Cowzrds（意指懦夫），還表示不會長期容忍此情形發生。更誇張的是，竟然還在官網進行投

票，決定是否要處決這些 Cowzrds，到這裡雖然覺得很扯但又很合理，畢竟是社群決定的。WZRDS 團隊在之後也發出警告：「不願付出的弱者的鮮血應該於真理的手中倒下，盡快離去弱者們，這將是最後通牒」，因此就發生了我的 NFT 不是我的 NFT 事件，因為他們推出了 NFT 專案中號稱有史以來第一次「銷毀他人 NFT」的功能，也就是任何一個人的巫師 NFT 於二級市場掛價低於 3.2 ETH，其他巫師持有者便有將其銷毀的資格。而且操作還很親民，只要到官網點擊 The Peddler 按鈕，便可以用 20,000 蘑菇幣幫他們告別巫師界。

此功能一推出，那些來不及取消掛單或甚至根本不知道此事的巫師們立即被大量殺害，死傷人數超過千人。這些被銷毀的 NFT 會從巫師變成半顆骷髏頭的圖案，而且會從將從原本的項目中剔除，改成得到一個 Half-Skull of WZRD NFT。不過據說這個骷髏頭還是有機會在某個祭壇上贖回之類的，或許未來還有用途。

這個故事講了這麼久當然不是要業配，而是要進一步探討這樣的做法是否會被接受，其實市場也有反應它們的地板價並不真實，雖然他們很好地將 WZRDS 的地板價維持在 3.2 ETH，但只要去查交易紀錄，還是能發現很多人是多透過「接受出價」的方式成交。也就是說即便無法掛低於 3.2 ETH 的價格，但有興趣的人還是可以用出價的方式，用較低的價格購買。因此 3.2 ETH 的地板價其實只是表面的價格，而且透過這種方式也會被詬病違背去中心化這點，雖然這個見仁見智（NFT 並非一定要完全去中心化才可以應用），但實際上官方也有給出說明，表示在 WZRDS 的智能合約中有一個特殊的函式，讓任何人都可以自由轉移 / 銷毀任何人的 NFT。不過這仍然是熊市中別出心裁的嘗試方式，而且沒有這樣的遊戲性、故事性還不好操作。過去其實也有一個叫 Kaiju Kongz 的項目更早提出了類似的燃燒概念，但這個項目的正規性就有待讀者自行研究了，我們只需要知道透過這種有趣的遊戲方式，便有機會創造更多的價值維繫方式，同時還能持續創造話題或讓玩家願意持續投入維持熱度。

且這樣的銷毀同時也可以合理的減少區塊鏈遊戲中的代幣，畢竟購買 NFT 類似於變相的質押，這時再搭配 NFT 銷毀，要恢復銷毀還得再消耗代幣，藉此就可能進入比較健康的循環，如果像 StepN 這款遊戲的作法，基本還是會遇

到運動鞋 NFT 過度繁殖的問題，這反而會降低 NFT 的價值。那區塊鏈遊戲的模型基本上也還是得要通縮，但這也是矛盾點，因為早期代幣獎勵釋出越來越少會減少玩家誘因。因此早期玩家的獲利至少得要均等釋出，而 StepN 在這點就做得不錯，但還得要建立機制減少挖、提、賣的可能，常見當然就是質押機制，但不宜強制鎖倉太久，因為玩家需要現金流。所以要讓玩家有辦法在遊戲中合理地鎖倉或者透過一些刺激的遊戲方式放大賭博效應，讓玩家可以大量的銷毀手裡的代幣，舉例：像是魷魚遊戲這種把所有錢投入獎池，最終贏家賺得全部。但這也會有產生大量拋壓的風險，只是可以往後移，就看要怎麼設計去避免，像是讓最終玩家分批提領之類的，又或是讓玩家對賭身家那樣，一方輸了可以全拿對方的下注金，但對方拿到的錢要幾天後才能解鎖之類的。總之就是要讓玩家早期看似能賺到很多的幣，但又無法隨意動用，這就只能透過合理的遊戲機制來設計，但 NFT 也會是避免早期拋壓很好的解方之一，同時也讓玩家可能透過購買 NFT 持續復投，因為投越多，帳面資產賺越多。

如果 NFT 前往「ESG」

當然就現階段來說，從品牌角度切入，將 NFT 及 ESG 結合的作法還是以「品牌形象優化」以及「參與者擴張」較多，像是台灣的綠色新品牌 FORESTABLE 所發行的碳中和系列 NFT 就是透過買 T-Shirt 送 NFT 的新興模式出發。但從長遠應用來說，像 ESG 的實踐核心可能在於遵守（Compliance）、證實（Validate）、信用（Credit）等等，那以後兩者來說，區塊鏈其實是很好的解方，而 NFT 就可能作為去中心化社區身分驗證、激勵等工具延伸下去，由 NFT 驅動集體創意、發展等。像日本跨國廣告集團電通（Dentsu），在 7 月 1 日時就宣布，將與幾間企業、NFT 服務公司及環境活動倡議的公司共同推動一項實驗性的激勵計劃，並用 NFT 與去中心化組織（DAO）的模式促進食物資源循環，大概的作法是每個自願者會在每天的活動參與中獲得代表 20 公斤的減量廚餘，類似拼圖的NFT，那如果要拼齊一個完整的 NFT，大概得湊滿 180 公斤的廢物減量，同時這個參與證明（NFT）也算是一種由社區居民共創的藝術品，所以這個藝術 NFT也可以拍賣，賣掉的收入就會根據參與者的貢獻分配。

透過這種模式也可以變相的使 NFT 達到普及、大眾化，同時還能促進跨組織的合作，因為上述這個應用正是期望日本川崎市居民、農場與企業能共同努力，利用堆肥生產食物，創造食物資源循環社會。在過去，這種永續、環保活動的志工、志願貢獻者們通常很難無法量化實體付出，付出的成果也很難實體化留存，更不要説有經濟回報。如今透過去中心化組織、NFT 的作法，不僅能凝聚社群還有機會為參與者帶來經濟回報，因此創造更大的永續社群。並且透過「NFT 驅動集體創意」的方式，不僅展示了所有人的努力，還可以將努力留存，同時在創作過程中還能增加成就感，促進社群共同解決問題的能力。當然現在也有許多企業開始探索類似計畫的商業性，NFT 在當中也能為解決環境問題的對象提供一種數位身分，創造社交資本，讓人們能更積極主動的參與社會，相信這也會是企業們所追求的社會樣貌。

雖然現階段都還是計畫性質，沒真的太多企業提出真正完善的應用場景，但或許下一個區塊鏈的重要應用真的就是 ESG，因為這也比較符合傳統投資者如：巴菲特、比爾蓋茲等所説的「創造價值」。如何透過此來形成共創，甚至改變消費者行為及習慣，NFT 在這個過程中所扮演的關鍵角色等都是值得探討的，畢竟環保總不能一直拿垃圾不落地來説嘴。

小補充

ESG 分別是：環境保護（Environmental）、社會責任（Social）、公司治理（Governance）的縮寫。

如果 NFT 回到「實體世界」

「虛實整合可以維繫價值，虛轉實可以再創造價值」雖然過去已經有不少人會將自己的 NFT 實體化，將 NFT 從虛擬又重新帶回現實世界，如 CryptoPunks 或是 BAYC 的台灣持有者可能會找像是蕭氏工藝為他們製作實體公仔（圖 7-6），又或是像有些項目方如勇者系列 RNFT 本身就有在賦能上做虛實整合，贈送實體公仔。

圖 7-6　實體無聊猿公仔圖

（圖片來源：蕭氏工藝臉書）

但在熊市期間，也開始有不少大企業開始跳下來做這件事，像是知名珠寶品牌 Tiffany 就在熊市中創造了不小的話題性，因為他們宣布與 CryptoPunks 推出了 NFT 珠寶作品「NFTiff」，客製一個就要價 30 ETH，換算台幣也要百來萬，並且每個限量 250 個。一開始很多人還覺得此舉過於瘋狂，畢竟熊市期間很難有人願意花這麼高額的費用來購買一檔 NFT，即便是知名珠寶品牌發行的。結果沒想到 Tiffany 搬出了超強賦能，也就是購買 NFT 就能同時獲得一條手工打造的 CryptoPunks 實體鑽石項鍊，而且會用你的 CryptoPunks 來客製，不僅限量還超稀有。根據官方消息，他們不僅僅將 CryptoPunks NFT 的 87 種屬性及 159 種顏色轉換為寶石、琺瑯的顏色，還確保每款珠寶都使用了 30 顆寶石或鑽石，最後搭配 18k 玫瑰金或黃金進行製作。不僅如此，Tiffany 還會將珠寶的 3D 設計圖也一併送給買家。聽到這一般人可能已經扛不住這般奢侈的操作了，但它仍然在幾十分鐘內就售罄了，地板價一度漲過 70 ETH，

雖然後面掉下來了，但截至 2022.08.07 都仍有 59 ETH。更重要的是此一操作又為 CryptoPunks 的交易量及地板價再助攻一波，根據 OpenSea 的數據，CryptoPunks NFT 在開售後的 24 小時內，交易量漲到近 160%、地板價也上漲了 10% 左右，為原本冷卻中的市場添了不少溫度。雖然在 Tiffany 官方公開宣布後，CryptoPunks 官方反而跳出來表示這與他們並無直接關係，但並未影響消費者的參與熱度，反倒是對 NFT 開放版權這一特色樹立了很好的典範，這點我們也會在後續來做探討。

圖 7-7　Tiffany NFTiff 正面圖
（圖片來源：Tiffany & Co. 官方 Twitter）

圖 7-8　NFTiff 背面圖
（圖片來源：Tiffany & Co. 官方 Twitter）

總之這一做法反而讓市場願意買單一個要價百萬台幣的 NFT，因為加上此賦能好像就又沒那麼貴了，畢竟那可是限量版的 Tiffany 珠寶飾品，真的已經算便宜了，但就是你也得是有錢人才行，因為你還得有 CryptoPunks 的 NFT，如果你不是持有者，他們還沒辦法賣給你。但這樣由虛擬回到實體的做法也並非是 Tiffany 獨創，因為虛實整合的 NFT 賦能是蠻常見的，數位結合實體甚至可能成為未來奢侈品的主流，像是 Nike 的就是將實體物品加上 NFC 晶片，未來每一個 Nike 的奢侈品都會是同時販賣實體和 NFT，並且用 NFC、NFT 來驗證真偽，同時還能讓 Nike 永久性的獲得二級市場的版稅分潤。像

是 Clone X 的公司 RTFKT 也在熊市中不斷挑戰、測試、創新,推出了所謂的「Phygital」(Physical + Digital)時裝系列。雖然這個做法是以實體數位化出發,但 RTFKT 的做法更像是由「實轉虛轉實」,此系列其中十雙是跟 Nike 做聯名,先以 Nike Air Force 1 的實體運動鞋為模板,推出可用 AR 進行數位穿戴的數位運動鞋,然後再用這個 NFT 鍛造成實體運動鞋。但實體物品的轉移仍會是一大爭議,因此虛實整合還有很大的優化空間,所以其實像 Tiffany 又或是台灣蕭氏工藝這種第三方將原先就有的 NFT 再轉為實體,對於維持市場熱度的幫助可能會大於以虛實整合發行 NFT 的做法。

圖 7-9　Clone X Phygital 時裝系列 NFT

(圖片來源:RTFKT Twitter)

不過你以為虛轉實只能透過公仔、飾品上嗎?Theirsverse 就用了另一種獨特的方式達到虛轉實的效益,在此我們並不探討此項目的好與壞,但這個項目在熊市期間聯合香奈兒紐約 Atelier Beauté CHANEL 店,舉辦了 Theirsverse NFT PFP 的線下仿妝活動,NFT 仿妝什麼意思呢?沒錯!就是將 NFT 頭像

的妝容直接畫在真人的臉上，整個活動還邀請了三位香奈兒的化妝師以及 Theirsverse 的藝術總監，同時也是知名女星伊能靜的小孩恩利，將 PFP 頭像的妝容復刻在國際名模的臉上。此舉不僅創造了不小的話題，也凝聚及投射了每一位 NFT 持有者所代表的特質與獨一無二的自己。

◎ 如果 NFT 能協助「傳統產業」

在探討此這個題目前，希望你可以先想想，過去、現在、未來 NFT 普及化的機率是高的嗎？沒普及的熱度是能持續的嗎？看起來以現在 NFT 市場的表現，有更多人認識 NFT 的必要性是高的，而非僅是資本市場的小遊戲。所幸以前面章節所提到的區塊鏈遊戲或虛擬轉實體來看，NFT 好似都有慢慢地在出圈，但要達到普及，現階段依筆者來看是還不及格的，這也是為何我們在更前面的章節會提到轉換才是關鍵。而要普及化最快的方式其實就是從已普及的事物出發，根據美國商標局商標註冊律師 Mike Kondoudis 在 Twitter 的發文，先前頂流時尚品牌 Louis Vuitton（LV）也為元宇宙及 NFT 申請了至少四個商標，這代表著傳統產業開始對虛擬的未來產生重視。許多全球、台灣知名 IP 的企業也都開始重視 NFT 的潛力，並且都在伺機而動，如：NBA、Nike、Meta、愛迪達、迪士尼和一大堆一線的奢侈、時尚、娛樂品牌，所以我們其實可以樂觀地判斷 NFT 未來的普及率其實是高的。甚至與時尚品牌合作已經是不少優秀 NFT 項目的必備玩法，剛好這些頂奢品牌們對 Web 3.0 市場也虎視眈眈。前一小節提到的 Theirsverse×香奈兒及 Tiffany×CryptoPunks 都是很好的例子。

不過普及化後的 NFT 文化及生態或許會跟現在有很大的差距，因為它將不再是一小群人玩的東西，文化、共識或模型都可能有所不同，新的小項目缺乏資源、缺乏知名度，想炒作會更為困難。所以或許會是雙面刃，現況是原本 Web 2.0 的知名品牌和 Web 3.0 的原創藍籌項目能相輔相成達到普及化，但後續大多數沒有爬到頂尖位置的 Web 3.0 的原創反而會面臨更高的門檻，因為沒有 Web 2.0 的知名度，但又會遇到大量更知名的新項目，導致進也不是退也不是。但回到現在來看至少是正向的，大型傳統企業進入除了能幫助

NFT 市場普及化，還能帶入大量資金跟資源對抗惡劣的市場環境，維持其熱度及話題性。像是熊市中還能逆市發售的 NFT UNDW3，由著名的時尚品牌 Lacoste（鱷魚）發行，它們選擇在熊市踏入元宇宙，不僅反應不錯，上萬個 0.08 ETH 的 NFT 最後也有完售。根據 OpenSea 的數據，鱷魚的地板價曾經一度漲超過三倍，以熊市來説算不錯的反應，況且熊市中的主流作法多是以免費鑄造為主，截至 2022 年 8 月 28 日地板價還有 0.12，其實是很好的。同時鱷魚 Twitter 公布的路線圖也有透露會在 Q4 進行虛擬＋實體的社區回饋及活動，看來他們也有意識到虛實整合的必要性，或許此舉就會對其價值及熱度的維持達到一定的幫助。

另一個在熊市中也有動作的則是 Puma，但這個例子並非是很正面的教材。因為先前 Puma 就已經有跟 Catblox 這個項目合作過，但後來的成績並不是很好，後來又經過了近四個月，Puma 再次以官方名義正式發行 Puma 首個 3D Avatar（頭像）項目。雖然價格有維持住，也有結合虛實整合贈送給持有者限量實物，但 Puma 仍是踏入 Web 3.0 的傳統產業中相對保守的品牌，這次發行聲勢依然不大，發行量也很少，感覺還是在測試市場。但這也是台灣許多大型企業的通病，這些大型品牌正在試圖踏進這個市場，但卻不願意突破傳統的框架，偏偏 NFT、元宇宙市場是一個可能性、彈性、創新都極高的地方，一面想要保護自己的孩子不要受傷（IP），一面又希望他爬得很高是不可能被接納的。同時也別忘記 Web 3.0 屬於利益關係人經濟，在這當中 Web 2.0 的大品牌如何實踐與其他品牌、參與者、創作者們形成「共創」至關重要，才可能在 Web 3.0 中將其價值倍數的放大。

除了大型品牌外，一般傳統產業的運用也是重要的，而且會更親民。就好比台灣的「培生教育」試圖推出教科書 NFT，因為學生手上的教科書常常會被轉賣來轉賣去，尤其是學長姊賣給學弟妹，但即便這本書在二手書市場不斷轉手，出版社依然沒有辦法收到半毛錢，因此他們就計畫把教科書轉成 NFT，當然這都還在實驗階段，如果成功，或許也能讓 NFT 變得很普及，就像是前面提過的 ESG 運用一樣。

如果 NFT 擁抱「CC0」

這裡稍微補充一下，CC0 的授權旨在符合法律規定的最大範圍內，透過拋棄其所擁有的著作權、鄰接權及該作品的相關權利，將作品貢獻至公眾領域。

目前完全 CC0 的 NFT 項目還占少數，即便是 BAYC 也只有開放商業使用權。但連知名加密貨幣創投 a16z 都曾提過 NFT 最適合走 CC0 的路線，創作者應該要走上「無版權」的道路。CC0 對於 NFT 維持熱度的好處在於以下幾點：

❶ 抓住品牌記憶點（Seizing the memes of production）

❷ 開源擁抱共同創作（Open source as co-creation）

❸ 授權創建（Licensed to create）

第一個很簡單的原因就是「為了文化」也是為了「抓住產品記憶點」，因為 CC0 能促進原生項目的發展，並且帶來一個更有參與感、更共享的社群，這也更符合去中心化的特性。接著，雖然 NFT 已經在所有權的證明上具備效益，但其餘使用權、許可、法律層面依然存在許多爭議，而 CC0 就可以通過賦予所有人暢通無阻的二創權利，延長原著的「記憶曲線」。當新的某個品牌、某個人物的衍生品、話題不斷出現甚至傳播，大眾的注意力會自然也會開始流向原作，持續增強其在市場的關注度與熱度，然後再激發更多的二創，而每一個衍生品還都能再放大原作的價值，進而產生飛輪效應。同時對於自身創作力、設計能力較低的項目，讓大家都可以參與創作，不僅能提升創作水平，還能增加更多推廣者，提升品牌能見度。

同時 CC0 也更會符合前面提到「共創」概念，所以第二個原因就是「開源擁抱共同創作」，CC0 是在原創作者能夠獲得保障甚至持續收益的情況下，又能使 NFT 愛好者獲得社群授權，從而隨心所欲地建立新的價值。舉例，HyperLoot 這個項目的遊戲概念就是來自 Loot 項目的衍生，Loot 也算是早期展示 NFT 共同創造的開創性項目之一。Loot 是以一系列 Loot NFT 出發，每個 NFT 只是一個黑底白字，八種「冒險物品」的清單。起初它以 NFT 的審美角度來說，明顯有瑕疵與不完整，但這也為整體的社群、開發者、投資者製造了更多空間。後來

各方的創作者又持續為「Lootverse」貢獻了不少衍生品，像是遊戲（Realms & The Crypt）；角色（Genesis Project、Hyperloot and Loot Explorers）等。

圖 7-10　從 Loot（左）到 HyperLoot 示意圖

（圖片來源：Loot Twitter）

看起來 CC0 能為 NFT 項目在開發和 IP 的建立上增添許多策略及創新，但更重要的是「現實」，但現階段還不是所有 IP 敢進行嘗試，因為許多成功的 CC0 項目都得要能做到在各種不同背景下靈活使用智慧財產權，這並不容易，所以大部分的項目都是採用 licenses 授權的方式，只允許個人或部分商用，而且權利大多只開放給 NFT 持有者，幾乎沒有能全權創作的，能做到第三個「授權創建」。畢竟這需要挑戰，因為大品牌出發很容易又想保護自己的 IP，或許 SBT[5] 會是解方，這我們後續會做介紹。目前較多還是會設置如：撤銷、專屬授權、放棄授權等條件，專屬授權也可能設置期限等，當然 CC0 理論上來說是得全部都不管的。不過反過來看 NFT 能二次銷售獲得持續版稅的

5　SBT：即靈魂綁定代幣，全名為 Soulbound tokens。是指代表個人或實體的特徵或聲譽的數碼身份代幣（Tokens）。

特性卻能使開放 CC0 增添非常大的誘因，因為 CC0 能夠大幅擴增二級市場的範圍，或許這將會是突破口之一。此外，「授權創建」反倒可以降低商業糾紛，IP 過度限制版權反而可能導致盜版品氾濫，但經過開放，這些盜版品反倒可以正當地生產，無須遮遮掩掩。甚至有野心的 NFT 項目還能創造更多創意或基礎建設，如樂高積木一般創造可組合性的成長。

而在熊市中也出現了一個具有話題性的 CC0 項目 Moonbirds，Moonbird 當然不是新的項目，起初也無開放授權，不過最早發行時在短短 5 天內就急速竄紅成為頂流，再加上後續有「價格操縱」的爭議，其一直具備不少話題性。接著，已成為藍籌 NFT 項目的 Moonbirds 又在熊市中宣布要將圖像著作權轉成 CC0，也就是項目方放棄了 Moonbirds 圖像著作權，讓所有人都可以使用，包含商業上。這次雖然又引起了不少持有者不滿，認為他們扼殺了買家權利，地板價格在 24 小時內也下降了約 16%。但後來也有部分人響應，開始運用 Moonbirds 的圖像發行其他項目，對此我們很難評斷他的做法是好是壞，但對於項目維持熱度來說應該算是有不錯的效果。

NFT 的創新玩法

創新可說是 NFT 項目發展不可或缺的一大指標，因為玩家的胃口一個比一個大，若市場上只有一個又一個的仿盤是很難持續維持熱度的。前一小節我們才提到 CC0，就有另一個項目 Not Ditto 在熊市中跳出來要挑戰這件事。它們用的是「右鍵儲存圖片」的新玩法，並結合寶可夢中「百變怪」這個角色的特性來做包裝，讓隨便一個 NFT 持有者也有機會擁有藍籌 NFT。

基本上只要進入 Not Ditto 的官網先連接好區塊鏈錢包，再填寫你要變身的 NFT 在哪個區塊鏈，輸入該 NFT 的 OpenSea 連結。神奇的事情就發生了，你將得到一個連社群網站（如：Twitter、instagram）認證功能都很難辨識，完全一模一樣的 NFT。假設你是克隆 CryptoPunks 那你的 Not Ditto 名稱跟長相就會變成 Not CryptoPunks，之後想再變身要等兩天。這就是一個非常好玩的新玩法，

但其實也只是想呼籲「右鍵複製，盜用他人NFT當作自己的Twitter頭貼」的亂象，這也呼應了CC0追求的授權，市場便可能降低盜用事件的發生。雖然整個項目在熊市中位玩家增添了不少樂趣，但官方還是有出面表示此專案純屬娛樂，不要花太多精力在上面，同時這樣的作法也並非完全不會侵權。

另外我們也知道NFT可能是未來重要的社交資本，在熊市期間以太坊的創辦人V神也提出了靈魂綁定代幣SBT（SoulBound Token），大概就像一份鏈上數位履歷的概念。這個新理念或許能為NFT帶來極大的應用創新，不過這個概念涵蓋地很廣，不僅能通過SBT完成簡單的會員機制，也可以將NFT的賦能、權益靈魂綁定，但這邊就只先針對跟NFT相關的部分做分享（網上可以查到很多資料）。先簡單讓大家知道，在V神提出的靈魂綁定概念中，被綁定的資料及東西就是無法轉移或改變的，所以透過靈魂綁定的NFT將會無法轉移，也就是說不會有二級市場的產生。不過NFT本身雖然能夠大大降低許多現實世界中物品轉移或紀錄的痛點並界定其所有權，例如藝術品、入場證等，但反過來看卻缺乏現實中的「非賣品」概念，例如：身分證、證照等。雖然說這些東西做成NFT也可以選擇不賣，但本質上跟非賣品是兩件事，這就像是有些證書的是為了證明個人能力，對其他人來說持有你那張沒意義，但有些證書卻是為了達檢驗標準，這種證明實際是有人進行轉賣或租借的（但可能違法），所以非賣品對個人來說可能是重要的，但不一定是別人的需求，而SBT是可以彌補這個缺陷的。同時還可以促進NFT社群的凝聚力，畢竟無法轉讓，持有者就只能共同努力維持好社群，看是否能夠一起創造讓整個社區都能獲益的未來，雖然這不一定能被目前的NFT社群接受就是了。總之NFT項目方或藝術家可以將SBT連結到NFT，確保持有者知道哪些是屬於官方發行的，換句話說SBT可以幫助項目方或藝術家保護自己的IP不被搞壞，畢竟像OpenSea上仿盤一堆，現階段只有藍勾勾機制或中心化NFT交易所能做到審核制，保護發行者。那有人可能會想說，這是不是與CC0的概念相違背？其實沒有，這反倒能與CC0相輔相成，一方面開放授權，一方面保護由官方授權衍生出的NFT。

講到創新就不能不提早期在 NFT 項目中特殊玩法的代表之一，同時也是知名
NFT 創作家 Pak 的實驗作品之一「Merge」。此作品不僅是當時少數動態互動
的 NFT，持有者的 NFT（球狀）還可以越滾越大，只要你手上有越多的物質
能夠聚合，而且還可以燒毀其 NFT 作品換加密貨幣。這樣的作法在早期要做
到去中心化又能直接與使用者互動，基本上不太常見，當時也可說是非常新
穎且有魅力的，所以在燒毀、A+B=C、直接與使用者互動等玩法上也才會陸
續被後續的 NFT 項目採納。那關於 Merge 我們還是先點到為止，重點是想表
達創新對整體市場的發展以及熱度維持是關鍵的，像一些新的 NFT 開始會結
合音樂或是結合算命，在 OpenSea 上面可以直接點擊 NFT 進行互動，又或是
能直接在 OpenSea 上讓角色提升等級的 NFT，例如：SELFER Card NFT。不
過有些是過去的創新，有些是新的創新；有些留了下來，有些則被淘汰，也
有很多是不知道效果怎麼樣的，但其實更重要的不是做了什麼，而是持續有在
做。雖然這些創新也大多是實驗型 NFT 為主，但如果能成功滿足市場用戶的
胃口，只要有一個項目找到成功的模式，其他的項目就能夠參考學習，對於大
眾與 NFT 的持續互動都會有所幫助，並且持續活絡這個市場。

7.3 總結

想必講到這邊，大家多少能夠簡單的理解，為什麼說 NFT 明明看似非常的泡
沫，卻仍然具備它的基礎價值性，仍然有機會維持市場一定的熱度，因為依然
有這麼多事情正在發生，可以發生，依然有這麼多人、企業正在努力。從【如
果 NFT 回到「區塊鏈遊戲」】那一小節（詳見 7-15 頁）我們也能稍微理解為
何 NFT 能成為資金暫時的避風港，因為在加密貨幣模型還未得到優化之前，
資金好像也只能在 NFT 了，加上 NFT 相對出圈，其價值看起來有更大的市場
去做維持，同時又不是量體大的資金掌握主要份額。所以 NFT 該如何維持它
的熱度，甚至使其不會泡沫，這個問題筆者反倒不想去否認 NFT 的泡沫，但

如果要從這個角度出發，那反倒可以說整個加密市場其實都是泡沫，因為無論是 NFT 或是一般的加密貨幣都有隨時煙消雲散的可能，甚至是無預警的，這並非完全不可能（雖然理想上區塊鏈是永恆的）。

但現階段大部分的 NFT 項目其實都還像是一位小孩，終究還只是活躍度幾十萬人的小圈圈，雖然已經有很多幫派出現、也有一些具有號召力的社群領袖，但就傳統金融或一般大眾的眼光來看，即便遍地黃金，他們也還是會擔心是糞金，甚至大部分人對 NFT 的認識只是泥沙。並且目前 NFT 發行量大多以 10K 為上限，但可以撐住的也不多，就算有一位有力的社群領袖，大概也就是支撐 1000 的發行量，所以或許維持熱度的辦法之一也是先從少數出發，等項目穩定後，再依這個社群為基礎推出發行量更多的項目，其實也就像是前期募資的感覺。等 NFT 玩家擴大後，整個項目文化就有可能被帶出來，甚至出現超大型項目也說不定。幸運的是在疫情加持下，元宇宙、Web 3.0 受到大眾的關注，NFT 才更加全面地滲透到各領域去，同時也得加緊基礎建設及應用的腳步，讓 NFT 的實用可以追上它的熱度，因為 NFT 絕對不是單純的 JPG 而已，而是透過 NFT 這項技術標準，使虛擬資產得以上鏈，永久保存，並賦予獨一無二的識別，所以只要是符合這些概念的應用都值得 NFT 市場實驗並落地。當然如果 NFT 能「增加流動性」也是再好不過，例如：NFT 借貸、NFT 碎片化、NFT 租借，雖然我們前面提過流動性的創造與價值建立並無直接相關，但實際上對於價值的「維持」還是有所幫助，雖然 NFT 本質上並非流動性資產，但若取得、轉移、交易更容易，它的普及性將會更高，普及後對 NFT 價值的共識也會更真實，上述的解方才得以解決流動性的問題，畢竟現階段還只有辦法透過人為估價、博弈估價、加權估價、算法估價等方式為 NFT 取得相對合理的價格。

接著回過頭來看，其實 NFT 走熊也並非是 NFT 本身退熱的原因，雖然這也是好事，能夠將市場過於虛幻的價值做清理，但根據牛市與熊市狀況來看其實受大環境影響還是比較多。若回到牛市，我們可以看到加密貨幣漲時，NFT 市場也有跟著瘋漲，可能市場覺得持有 NFT 的同時還能享受加密貨幣上漲的雙重紅利，反倒會讓他們更願意持有。而熊市爆跌時，加密貨幣下跌也帶動 NFT

市場下跌，並無因為進場成本降低而增加購買誘因，比較多是買家想換回法幣避險，所以產生拋貨，造成雙重下跌。但加密貨幣下跌到相對底部時 NFT 市場反而又小漲，可能是因為持有者要嘛想當鑽石手，要嘛賣掉不划算，所以沒太多賣壓，但最後 NFT 市場又在加密貨幣快反彈時下跌。這就能看出最終持有者還是想要避險，所以說在熊市中，NFT 更得要物超所值，又或是一開始就低價值（免費鑄造），才有機會維持價格、維持熱度，不然賣出手上的 NFT 只能是持有者優先的選擇。畢竟一般用戶不會因為市場不好，但 Gas 費超低這一優勢而進場遊玩、學習，通常都是正熱時才會擔憂自己錯過，因而追高進場。不然熊市期間才真的是入場 NFT 最佳時刻，同時也是基礎建設成本最低的時間點。如果不趁這時將應用層面做好，NFT 市場對 NFT 的要求又越來越高，就會變成連持有者都無法享受到 NFT 的體驗價值，更別說要讓它出圈、普及了。例如 3D NFT 已經是許多大型項目的標配，但光 3D 開發工具對大部分人來說就很有摩擦力了，所以要維持熱度並非一昧地做複雜元宇宙，而是得做更適合一般人無痛使用的元宇宙或 NFT 應用。

但筆者還是得說，NFT 的市場真的太新，現階段要維持 NFT 市場熱度仍然沒有標準解方，但非常多項目、企業都在努力嘗試。但也是想告訴你，若要維持熱度，就現階段來說其實是已經有不少作法是有效的了，其中經典專案 Pudgy Penguins 就是值得探討的案例之一。過去這個項目一度走向低谷，但沒想到他竟然在熊市中又東山再起。至於為什麼呢，如果你有去了解，會發現他們也為品牌增加了實體周邊市場及絨毛玩具，也空投了兩款靈魂綁定代幣給少數用戶等，這不都是我們前面提到的作法嗎？那結果如何呢？根據 NFTGo 的數據，截至 2022 年 8 月 31 日，Pudgy Penguins 的地板價在近三個月內又成長了約 3 倍，可見這些作為對於維持項目熱度及價值是有效的。

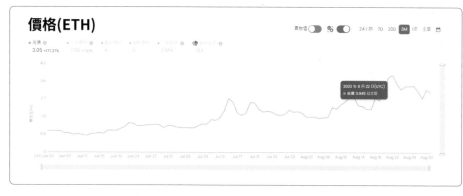

圖 7-11　Pudgy Penguins 近三個月地板價

（資料來源：2022 年 8 月 NFTGo 數據）

最後，筆者仍然認為 NFT 會持續擁有價值，但需要的是更實際的，而非單純炒作，並且它將會越來越普及。所以回到本章節的標題「如何維持 NFT 市場的熱度」，其實我們可以多思考「如何讓 NFT 具備熱度」，這樣的的價值才會更多是從 NFT 自身帶出來，而非外部的力量不斷在硬撐，但這就會需要更多的人擁有共識，進來這個市場一同努力了。而想要投入的人、企業、品牌也得認知 NFT 的前進已經無法完全從過往的思維去思考，因為現在許多年輕人，包含筆者自己身邊二、三十歲甚至大學生的朋友，除了炒作之外，其實很多人包括筆者自己，都很願意購買 NFT 純粹做收藏。這概念就像是 00 後的孩子一出生就有手機，就會經營 YouTube 頻道或拍 TikTok 一樣，這是十年、二十年前不可置信的。

NOTE

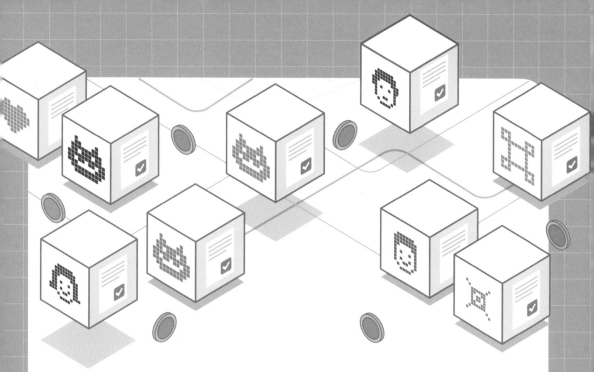

08

CHAPTER

元宇宙產業分析與
Web 3.0 誕生

8.1 元宇宙定義與類型

隨著社群龍頭臉書宣布改名為 Meta 後，元宇宙的概念開始被人們廣泛討論，但其實元宇宙並非是祖克柏提出的概念，「元宇宙」一詞最早可追溯至 1992 年尼爾 · 斯蒂芬森（Neal Stephenson）所撰寫的科幻小說《雪崩》（Snow Crash，中文亦有人翻為《潰雪》）。書中提到 Metaverse 是 meta 和 universe 的合體字，meta 在古希臘語中具有「超越」、「變化」的意思，中文則將其譯為「元」，合在一起即為「元宇宙」。Metaverse 在《雪崩》中描述的是一個虛擬現實世界，人們可以在這個世界中化身不同角色生活，有點像打破現實世界藩籬，在另外創造一個平行世界的概念，因此元宇宙具有「超越宇宙」的意涵。

說到這裡，你可能會發現無論是電玩遊戲或手遊，他們的概念都與《雪崩》中所描述元宇宙十分相似，人們依舊可以在遊戲世界中做到一些現實世界難以達成的事情，例如知名沙盒遊戲——Minecraft 能讓玩家在遊戲世界中打造懸浮在半空中的天空島，而這不等於達到「超越宇宙」，打破現實世界藩籬的概念嗎？

確實，《雪崩》中所描述元宇宙與遊戲中的世界十分相似，但人們對於元宇宙的想像與定義卻還在擴大中，《雪崩》只是元宇宙概念的起點而非終點，而且市場對於元宇宙定義還未被統一，因此概念上還有模糊空間。不過可以確定的是，相較於遊戲世界或《雪崩》中所描述元宇宙，人們對於元宇宙的想像將包含更廣的面向；我們一樣可以將遊戲視作為元宇宙的一環，但它只是元宇宙的其中一種表象，遊戲只是實現元宇宙的初階型態。

筆者認為從廣義元宇宙定義來看，核心概念是傳遞讓人們具有「重塑」世界的能力，無論你是在另一個世界中用分身進行打怪升級；又或是在另一個時空中創造完全獨立的經濟體，只要符合「重塑」世界的概念，確實可以被視為元宇

宙的一環。然而從狹義元宇宙定義來看，用區塊鏈架構所建構的去中心化世界，一個沒有過度集權的單位或組織可以控制的世界，且人們能做一切超脫本體以外的行為的世界，也是我們對元宇宙的想像；換句話說，元宇宙也可以被理解為人類在數位空間中所建立的完全民主化世界。

至於元宇宙類型，下面將依照開放性、真實性、內容產生機制，這三大面向來分類。

◎ 依照開放與否可分成開放或封閉平台

現階段的元宇宙存在相互競爭的狀況，各宇宙間是否能夠共存或者必須競爭仍尚未明朗。就市場觀察，目前至少存在有兩個版本的元宇宙：一個由 Facebook / Oculus 等大型科技公司主導的封閉平台，以及基於區塊鏈開放協議上的平台，像是去中心化虛擬土地 Decentraland 和 Sandbox。

元宇宙開放性程度的高低，不僅限於技術選擇以及程式碼資料開源的程度，更重要的是：是否在自己的專有遊戲內部擁有封閉經濟，或者是否允許價值在其生態系統之外的可轉移性，還有如何與法幣基礎的系統相互作用，以及在多大程度上控制與否基礎經濟本身的貨幣和財政政策。

◎ 依照擬真度虛擬與真實世界相似度

元宇宙的願景和現實之間還有另一個層面的區別：低還原度（Lo-Fi）與高還原度（Hi-Fi）。有些平台透過軟體以及昂貴的硬體需求（例如：Oculus）來挑戰沉浸體驗的極限，有些則是提供設備與頻寬門檻極低的平台，如區塊鏈遊戲 Crypto-voxels，而這個經濟系統具備沉浸感且可被廣泛推廣運用。

圖 8-1　元宇宙平台和虛擬世界的概略分類

如上圖 8-1 所示，我們可以把元宇宙平台和虛擬世界進行概略分類。橫軸與縱軸是最重要的考慮因素，因為當兩條軸結合起來時，可以代表進入經濟系統的成本，以及利用大量人口統計數據賺取的數據價值，來抵消該成本的能力。

依照用戶產生內容的機制方式區分

第三種分類方法為是否開放用戶產生內容的機制，但這種分類方式會隨著時間的推移而漸漸沒有必要。大多數平台在不同程度上會開放像 Roblox 或 Minecraft 這樣的使用者生成內容（UGC），並且通常是屬於開性質的虛擬世界。因此在展望元宇宙的未來時，單純以 UGC 作為區分其實是多餘的。

理論上，建立在共享開源協議、開放基礎設施和金融系統上的元宇宙，在先進的網路科技環境下，可能將取代封閉平台，但實際上的例子，以 Facebook 的 Libra 的來說，無論企業規模大小，任何私人企業都不會被允許創建一個獨立於法律和國家的元宇宙經濟。

然而也有成功的例子，比特幣的興起展示出如何將一些簡單的程式碼和優美的賽局理論植入網路，並由下而上地調動全球數兆美元的資本和實體分散式基礎設施，進而創建一個強盛的經濟系統。從比特幣的例子我們知道，如果本身就

擅長創造沉浸式體驗，只要再加把勁兒，將數位平台和虛擬世界連結到加密貨幣，並且建立在分散且開放的元宇宙經濟體系之下，就極有可能產生良好的商業結果。

構成元宇宙產業要素：身分系統與價值系統

要實現元宇宙筆者認為有三個重要元素，通常我們會認為提供沉浸式體驗的硬體設施是很重要的一部分，但筆者認為有比硬體設施更基礎的兩個元素，就是身分系統與價值系統。

身分系統，過去我們使用網際網路，我們在網路上會用一個暱稱或一個帳號來進行各種網路上的活動，這個網路身分跟我們現實生活中的身分密不可分，不管做任何事情，甚至是犯罪，現實中的你都必須負責。但對元宇宙來說，身分是完全虛擬、獨立的，不是把現實生活中的你映射進去元宇宙，不是說現實中的你有某種需求，例如購物、社交等等，為了這個需求去購物網站建立身分，而是完全基於這個元宇宙系統之下，所去建立的獨立身分。所以要讓元宇宙的身分真正發揮價值，恰恰是要讓它與真實的身分系統完全區隔開來，讓它作為一個獨立的個體存在元宇宙中，就像我們現在的現實身分一樣，不同的身分之間互動產生各種關係，這個元宇宙才能真正運作起來，這個就是元宇宙身分系統。

價值系統，簡單說就是一個元宇宙的經濟系統。你在裡面做什麼事可以創造價值，什麼東西是可以跟其他人交換、交易的，什麼是你的資產並且怎麼受到保護，什麼是你可以去消費的商品等等。

常常會有人把遊戲比喻成一種元宇宙，遊戲也有身分系統跟價值系統，有什麼不一樣？但一般遊戲最大的差別就是：中心化。

例如身分系統，在遊戲中看起來很多角色可以選擇，甚至現在系統還可以讓你客製化各種體型、髮型、衣服等等，但整個遊戲其實還是遊戲開發商一開始就

決定好的，髮型就只能選擇例如 10 種，這 10 種以外的不是玩家可以決定的。而且中心化就意味著存在「管理者權限」，你的一切帳號資料、行為數據等等都掌握在營運商手上，撇開法律責任等等，理論上營運商是可以隨時刪除你的任何資料的。所以本質上，你的遊戲身分是否真正存在，不是你可以決定的。

價值系統也相同，裡面所有東西，遊戲裡的道具、武器，這個武器要賣多少錢，都是遊戲營運商所決定的，玩家還是基於這個決定好的價值系統上去進行遊戲。

這個就是中心化，但元宇宙可以是「去中心化」的，沒有提前設定好的劇情，沒有可供選擇的角色，也沒有像遊戲那樣有完成全部任務的結局，從一開始的開疆拓土，到後期要怎麼進行，都是由所有參與者所策劃出來的，元宇宙必須給參與者充分的自由。

總歸一句話，去中心化的元宇宙世界中，身分系統是一個全新的社會關係，價值系統就是全新的一種生產關係。因此，若不建立起去中心化的身分系統與價值系統，元宇宙就無從談起，不管硬體設備做到多麼先進，提供多真實的沉浸式體驗，也不能稱之為元宇宙。

身分系統、價值系統，再加上沉浸式體驗，三者相加才是實現元宇宙真正的三大關鍵元素。由此可知，整個元宇宙產業勢必是圍繞著這三個元素在發展。

近年來，已經很多公司在積極布局元宇宙，例如 Facebook 已經宣布將在未來五年要成為一家元宇宙公司，甚至將公司名字都改成 Meta，也推出了用 VR 頭盔來實現虛擬會議情境。這些大公司會快速投入元宇宙，勢必是無利不起早。彭博社曾預測，元宇宙的市場規模到了 2030 年可能會達到 2.5 萬億美元，在這樣的規模下，元宇宙的產業範圍到底有哪些？元宇宙將會帶來哪些機會？一般人只能當元宇宙消費者？還是我們也能參與元宇宙的建設呢？

我們可以從元宇宙怎麼運作的來思考，從《一級玩家》中的場景可以想像一下，除了前面提的身分系統跟價值系統，元宇宙肯定還需要很多其他環節的支持，比如系統的建置，元宇宙系統可能需要龐大電力、運算能力、高速網路、新的網路協議等等；我們進入元宇宙是不是需要一些硬體設備？再來我們要

在元宇宙生活，裡面可能需要各式各樣的場景，可能還需要各種可以賺錢的工作，這代表元宇宙裡面也需要很多場景跟應用的開發商。所以代表元宇宙不是幾家公司就能完成，它是一個整合式的系統工程，如同當年智慧型手機誕生一樣，不是單靠當年 Apple 或是 HTC、三星幾家公司就讓智慧型手機發展起來，還要很多公司投入開發應用（APP）。所以元宇宙會涉及到哪些產業呢？

首先我們如果從時間的維度來看的話，元宇宙發展可以分為三個階段：

❶ 基礎建設期：這個時機主要是涉及元宇宙的基礎設施供應商，前面提到元宇宙會需要一些基礎設施，雲端運算、通訊網路、新的網路協議等等，理想中的元宇宙，要能容納百萬級以上的人同時在線上，這對運算與網路速度的要求將是指數型的成長。

❷ 系統建設期：這個時期主要是建立價值系統，因此主要涉及記帳系統（貨幣）與所有權交易系統（資產），這時期區塊鏈扮演最重要的角色，十幾年來已經驗證，記帳系統用加密貨幣來建置是最適合不過；所有權交易或是移轉，最適合的就是 NFT，擁有獨一無二的特性，得以確保數位資產的所有權是在誰的身上，而且無法偽造，保障元宇宙的資產安全。元宇宙的運作脫離不了這個底層邏輯，跟我們真實世界一樣，一切都必須基於貨幣與資產來運作。

❸ 應用開發期：這個階段就是硬體設備廠商與應用開發商的天下了，元宇宙需要硬體設備當作一個入口，現在可能簡單的電腦就可以進入，未來就會有像是 VR 頭盔、智慧眼鏡、電子皮膚、人機介面等等。應用開發商就像是智慧手機開發 APP 的公司，元宇宙會需要各種場景，例如社交、教育、工作、購物、娛樂等等，所以就需要有人去元宇宙裡面開店、開學校、開公司、表演等等。

從這三個時期我們就不難看出來，每個時期都需要非常多不同的公司投入，每個領域也有非常多公司正在參與其中，可以說產業範圍遍布所有科技相關產業，下圖 8-2 是 Newzoo 所整理出元宇宙相關的公司，各自在其專業的領域中發展，我們最後可以簡單地將元宇宙產業範圍區分為三大類：

❶ 區塊鏈產業：NFT、加密貨幣、加密貨幣錢包等等。

❷ 數位內容創意產業：數位藝術品、元宇宙房地產等等。

❸ 消費型硬體產業：VR 頭盔、電子皮膚等等。

觀察這三個主軸，將是我們分析元宇宙產業發展重要的主力。

圖 8-2　元宇宙生態全景圖

（圖片來源：Newzoo 官方）

Web 3.0 演進過程與變革

在進入 Web 3.0 的介紹前，我們應該要先理解 Web 是什麼，從最基礎的概念深入理解資訊流通帶來的社會與商務意義。

Web 的興起始於 20 世紀末網際網路（Internet）的崛起，自此將我們的生活帶入一個全新的境界。網際網路（Internet）被譽為人類歷史上最重大的發明之一，在當時大幅改變了人們生活模式與型態。過去本來就有小範圍的「網路系統」，將電腦與電腦間透過標準的網路協定相連，使資訊無距離的形成共享與發佈，而 www（World Wide Web）的出現，賦予本來四散的網路系統一個全球共通性且標準化的語言，更是帶起一波高潮。而大家口中所謂 Web 3.0 的 Web，其實也就是 www 的簡稱，泛指網路普及化之後的網路世界。

≫ Web 1.0

自 1980 年代開始網際網路竄紅，到 2003 年 Web 2.0 被提出之前，我們稱之為 Web 1.0 時代。Web 1.0 是全球資訊網發展的第一階段，它讓從前必須親眼所見，親耳所聽的資訊，透過網路傳送到全世界，不再受限於實際的地理位置。此時，很多公司行號以及數位內容提供者，在網站上多樣化地呈現想表達與傳輸的資訊，而使用者則透過閱讀吸取資訊。此時的傳播模式屬於單向發佈，使用者除了點擊與瀏覽，不具有其他互動模式，發佈者也以法人為大宗。

根據科莫德和克里希納穆綏的說法，「在 Web 1.0 中，內容創作者很少，絕大多數使用者只是內容的消費者。」由於 Web 1.0 的資訊多是單向傳播，人們只能被動地接收網上的內容，而無法發表評論，因此 Web 1.0 又稱為「靜態網路」。

後期的 Web 1.0 也開始出現串流各種資訊的入口網站，如 Yahoo、PChome、蕃薯藤等，這類型的網站風靡一時，成為每個使用者進入網路世界的第一個畫

面，也因此挾帶了龐大的廣告利益，然而，一代新人換舊人，這些優勢隨著進入 Web 2.0 逐漸式微，被新一代的平台取而代之。

≫ Web 2.0 社群網路

「Web 2.0」的概念是 2003 年在一場國際研討會中，由 O'Reilly 公司的副總經理 Dale Dougherty 提出的，一直到目前主流仍然是以 Web 2.0 為主。Web 2.0 與 Web 1.0 最大的改變在於資訊的流通與互動，將最知名的 Web 2.0 代表平台 Facebook、Twitter、微博、YouTube 作為舉例，即可輕鬆了解其與 Web 1.0 的差別。

所謂互動性發展初期，是現在幾乎已經消失匿跡的部落格（Blog），任何人都可以透過撰寫自己的專欄，使個人而非再只是法人成為網站的內容提供者，而觀看者透過留言或是按讚的機制與發表者互動，而這些互動的文字或圖片也成為了人們觀看的第二種內容，人們對於網路資訊從被動接收轉變為雙向輸出與輸入，用互動帶來流量，這是 Web 1.0 幾乎沒有的情況。

一直到 Facebook、Twitter、微博、YouTube 等專門的社群平台出現，透過平台，每個人都可以分享五花八門的個人資訊，並與他人共享、交流、以及互動。資訊的傳遞不再是以必要性知識為前提，轉而增加許多感性層面的需求，如生活、心情、甚至有趣的分享，許多以前只會流傳在朋友間的自創梗圖，或是幽默小語，透過平台的特性與演算法，讓小人物也可以被全世界看到。不僅如此，人們運用平台創造與分享內容的同時，也進一步開始消費內容，過去再多 Web 1.0 的華麗網站，現在可能都不如一則吸引人的 FB 影片來的轉換率高。

所以 Web 2.0 還有一項重要的因子，就是「數據」。因為容許用戶自由的在單一網站平台置放資訊，如何篩選與排序資訊的優先權成為不論是平台的擁有者或是使用者都密切關注的方向。如何將數據做有效率的梳理、分析、蒐集，甚至結合 AI 智能處理，在 Web 2.0 的世界裡，掌握數據就能成為最大的贏家。而當平台擁有者藉由數據精準投放，根據用戶的使用習慣分析提供他們想要的內容，這就是雙向 Web 最驚人的商業效益。

也因為如此，Web 2.0 最為人詬病的就是讓平台獨佔資源的問題，所有的個資、使用習慣，內容著作權等，大部分直接為平台方所掌控，也因而衍生出大者恆大、寡占利益，以及近年備受關注的隱私與安全問題，這也快速催生了 Web 3.0 的萌芽。

≫ Web 3.0

 小補充

是「Web 3.0」？還是「Web 3」？

在開始介紹 Web 3.0 是什麼之前，這裡先定義一下本文對於「Web 3.0」和「Web 3」這兩個寫法想法上的差異，Web 3.0 的概念比較像是新世代的去中心化網際網路，而 Web 3 則是強調要以區塊鏈技術實現開放、去中心化的網際網路。實現去中心化的方式有很多種，例如人工智慧、社群共識、區塊鏈等，因此 Web 3.0 這個寫法只是強調去中心化的新形態網路，而不一定要與區塊鏈有關聯。不過這裡要提醒大家，Web 3.0 現階段還在很早期，因此定義很可能會在這幾年有新變化，這裡只能提供現階段市場的最新想法。

Web 3.0 是什麼，目前並沒有一個普世且明確的定義，不過大部分 Web 3.0 描述的特性來自於前述所提大家對於 Web 2.0 壟斷行為的厭倦及改革，透過區塊鏈的技術達到理想性自我管理的新形態網路世界。

提到區塊鏈，最為人知的特性即為去中心化，在去中心化的世界裡，每個人都擁有對自己資料與軌跡的自主權，可以選擇公開或是不公開，然而，又因為區塊鏈擁有的共識語言，在資料的共享上可以在同一個標準協議上更為容易流通。

另一個重要的因子來自代幣經濟，加密貨幣在近十年來風風火火，前所未有大幅度的漲跌以及熱錢帶來的可觀利潤，造就了不少年少得志的年輕富翁，但同時，也讓加密貨幣成為詐騙的溫床，也讓社會的觀感始終無法朝正面邁進。這裡所謂的代幣，指的是發行在區塊鏈上的貨幣（Token），此類代幣保有區塊鏈的特性，毋須一個中央機構的驗證，即可在統一標準的格式下進行點對點的

傳輸，這樣的特性在 Web 的世界裡極為重要，因為當所有的掌控權回歸每個用戶本身，其中的經濟效益與生態必須來自於一個共識的貨幣，才會讓資訊流可以有「價值」，也唯有區塊鏈上的 Token 能在去中心化的網路裡運行無阻，不需額外的監管或控制，當然也不會有大者恆大，既得利益者的問題。

Web 3.0 將所有資訊分散式儲存於整個區塊鏈中，而不是由中心化的伺服器，相對讓資料擁有更安全的保障，大部分的動作透過智能合約、協議全自動化地進行，根本上沒有第三方或是中心化管理的機構存在。也因此使用者經歷 Web 1.0 的被動，到 Web 2.0 的互動，到了 Web 3.0，他們開始擁有自己行為的所有權，聽起來可能有點抽象，舉個最簡單的例子來說明，當使用 Web 2.0 的平台內販售東西，一般而言平台會抽取一定比率的佣金，最後才分潤到販售者自己，然而 Web 3.0 的點對點交易，所有的溢酬都會回歸到個體戶的身上，再舉一個例子來說，在 Web 2.0 的平台分享影音，雖然可能因為高點閱率而獲得廣告收益，然而，平台方卻擁有無條件下架任何平台上作品的權利，因為他是平台的擁有者，對平台掌握百分百的管理權，而 Web 3.0 平台因為將管理權分散，因此平台沒有絕對擁有者，Web 3.0 平台更多的是負責扮演媒介，串聯每個獨立的經濟個體的作用。

在 Web 3.0 的世界裡人人一切平等，沒有地位高低也沒有仲裁機構，遭遇需要團體的決策時，靠的是每個節點的共識，如同 Web 3.0 裡的新名詞 DAO（Decentralized Autonomous Organization），中文可翻作分散式自治組織。每個階段科技的進化，其實都是人性的再進化，甚至是再優化。而 Web 3.0 的出現，讓中心化的權力與功能日趨下降，主要是藉由科技把人性對彼此不信任所造成的社會傷害降到最低，然後藉由代幣將許多價值的流通性增加到最大。

雖然 Web 3.0 的定義尚未明確，很多生態系業尚未發展，但抱持及早布局已搶得先機的想法，這邊歸納了一些 Web 3.0 的商務優勢，提供給大家參考。

❶ 整體投資趨勢：探索 Web 2.0 和 Web 3.0 經濟模型的演變和融合後會發現，最大的增長機會不在 Web 2.0 現有企業，而在原生 Web 3.0 技術。

❷ 與 Web 2.0 不同：掌握科技者要能掌握共享的數據商務，否則創造出來的價值鏈會被競爭對手拿去利用並複製。

❸ 與 Web 2.0 相同：商務模式成功的關鍵在於資料與資訊蒐集的速度、B2B 商務開發的效率與產品的可生態圈化。

❹ Web 3.0 的資訊優勢：用戶體驗在資訊架構圖互動上的優化與吸收效率。

Web 3.0 的商務利基點：任何能加速人類理性決策行為的資訊科技，都會讓元宇宙項目成為突出的產品或服務。

8.4 Web 3.0 與元宇宙和 NFT 之間的關係

最近坊間提到 Web 3.0，總會與 NFT、元宇宙等話題伴隨著相互討論，三者的相關性為何，又有甚麼互相影響的地方呢？

首先三者最強大的連結，就是區塊鏈，三者皆以區塊鏈為基礎做發展，我們甚至可以說，沒有區塊鏈就沒有 Web 3.0、NFT 與元宇宙。先從最基本的 NFT 說起，NFT 目前被定義為在區塊鏈上擁有數位身分證的數位蒐藏品，大部分的應用也給予 NFT 很高的自帶價值，事實上，NFT 最大的功能，即為在元宇宙中的所有權證明。

試想，元宇宙的一切可能都是虛擬的，但虛擬的世界一旦要真實地運作大量的生態，那也必須存在物權、產權。因此，當未來人們習慣於以第二身分存在於另一個虛擬的世界時，NFT 就是必要性的存在，因為小至一件衣服、一只手錶，大至一塊土地、一棟房子，元宇宙裡所有存在的物件都是 NFT，可以說和加密貨幣（元宇宙貨幣）並列為元宇宙必要的基礎設施，這樣大家應該很清楚 NFT 與元宇宙的關係了。

那 Web 3.0 跟元宇宙又有什麼分別呢？

事實上兩者的境界十分相似，都是理想性的希望每個個體是去中心化的存在，自我掌管所有的權利義務，而不為某權威機構、組織而支配。不過兩者最大的不同在於，元宇宙很明確地定義為一個「宇宙」，簡單可理解為一個虛擬的世界，所以它的存在要件是具體的，包含軟體技術、AR/VR 等周邊配合硬體、遊戲開發商、3D 場景或 Avatar 人物建模等。但 Web 3.0 比較像是在描述一個新的使用習慣、新的網路模式，當然不可否認 Web 3.0 與元宇宙在很多層面是息息相關的。

因此接下來，我們就以前文所提的 Web 3.0 的概念與理想，來談談元宇宙的世界裡，有哪些值得注意的價值創造。

8.5 元宇宙價值創造

◎ 代幣經濟：去中心化價值傳遞

加密貨幣、非同質化代幣（NFT）和其他基於區塊鏈的數位貨幣、資產和交易所會支援跨元宇宙的價值交換功能。隨著政府、公司和新的純數位組織致力於建構可信的數位貨幣系統、提供新的數據貨幣化提議，並在虛擬世界中進行貸款、支付、房地產投資等服務；因此，代幣經濟的運作在元宇宙裡就會變的相形重要，當然，一旦所有的生態夠成熟，某些代幣經濟也許就會又轉向為我們現在所謂的貨幣經濟。

元宇宙雖是一個想像的虛擬世界，但它將不只限於遊戲，而是一個連接全球數十億用戶的線上市場。屆時數百甚至數千數萬種的加密貨幣如何快速、輕鬆、安全地交換，也會是除了代幣經濟之外，值得關注的技術問題。

互通性：絕佳的用戶體驗

一個真正的元宇宙需要用戶和平台之間的無縫互通性，基於 Web 3.0 和仍有待確定的標準。雖然這種互通性將為接觸和瞭解客戶提供新的可能性，但也將為收集和保護數據、以及網路安全和隱私帶來新的挑戰。它將打破過去將用戶及其數據保留在平台中的中心化業務管理策略，把競爭優勢轉移到為用戶提供（通過硬體或軟體）可信任之方式，來協助用戶進入元宇宙的服務，在區塊鏈目前使用的高門檻下，絕佳的用戶體驗來自於將互通性做到最好。

治理權：還權於民的社群自治

元宇宙將會發展出一套屬於用戶的新型經濟參與規則，規則本身和執行機制會隨著時間不斷地變化與修正，重點是這些修正的大部分來自於社群本身，可以說是回歸民主的真諦。先行者或許能夠幫助制定這些規則，但安全會是最重要的考量因素，因為一個新的、去中心化的數位世界可能會為惡意行為者提供一個新的攻擊入口點世界。資訊真實性以及更廣泛的信任會是首要面臨的課題，以減少經常困擾用戶的虛假網路訊息。

身份：用戶資訊服務

元宇宙有機會讓你社交網路上的朋友，在現實生活中也跟在網路上一樣逼真且有趣，從而發展出一個和現實社會也許無關的朋友圈，但衍生出的問題在於如何證明你的身份。元宇宙中的一切都是數位處理，與現實掛勾的程度可以很低，虛擬人分身變得相對容易地被模仿成指定的風格、數據、個性和整個身份，因此，身份驗證會需要更多更完善的驗證方法來達成，例如面部掃描、視網膜掃描、語音識別等等。

在目前的網際網路中，身份通常與平台相關聯。它可能是真實的、假名的或匿名的。去中心化和互連的元宇宙，將需要跨平台移植的受信任的數位身份，包括人員、資產和組織。現在活躍於數位身份的公司，既可以幫助設定元宇宙的

標準，也可以提供必要的服務。數位身份也可能是分散環境中允許的數據收集和數據治理的核心。

◎ 體驗 / 經驗：超越現實互動

目前，元宇宙高度依賴 VR（虛擬現實）、AR（增強現實）和 MR（混合現實）技術和設備。由於其中大多數都不是輕量級、便攜性或一般人負擔得起的，因此元宇宙尚無法廣泛採用。如果能跳脫硬體的絕對必要性，像是目前已經開始有針對視網膜顯示的裸視 3D 技術，和圖元密度高質量和高性能的模型，也會是一條實現逼真的虛擬沉浸感的解方。

一個共用的、持久的和身歷其境的 3D 數位世界，在元宇宙裡將提供每個人基於其自身美學的獨特體驗，以及一個人選擇中表達的信仰、理想和品味。在遊戲和 VR/AR 環境中，用戶體驗的一些趨勢已經變得清晰。創造值得信賴的虛擬世界體驗，並保護隱私權的公司，可能會贏得消費者的忠誠度，若能再精準地預測消費者的偏好和行為，提供超越現實的體驗與互動，將會是一條新興的藍海市場。

◎ 持久性：穿越時空限制

一個真正的元宇宙應該實際反映不同參與者在其中所做的變化，以不同的方式、在不同的地點、在不同的時間進入和離開。當你摘下元宇宙耳機時，元宇宙和其他參與者，將繼續他們的活動而不受干擾，智能合約的協議執行和資產的交易也不會間斷地持續運行。這種穿越時空限制的持久性在過去單一時間軸的世界毫無需求，但未來的元宇宙世界，將會需要這種新型的數位資產和時間軸的活動方法，包括可移植、動態、可配置和可擴展的服務和應用程式。

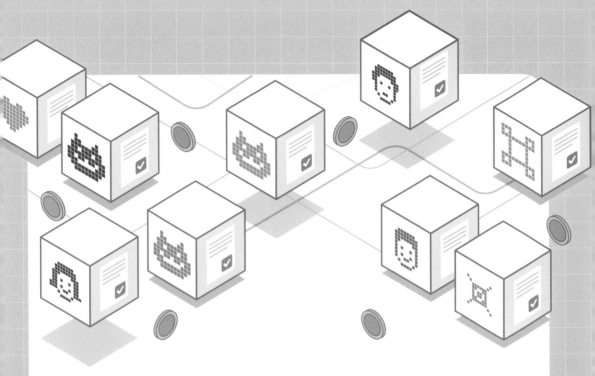

09

元宇宙×企業
數位轉型

本章將讓讀者瞭解到，企業在資源有限的情況下，作為一個新創公司或是新創事業部門，該如何去推動企業內部的數位轉型。元宇宙數位轉型，在業界通常會有幾個非常大的關卡：技術成本效益的增加與人力資源、企業文化的「思維轉變」。而近期的思維轉變之所以會加速，是因為看到傳統平台經濟的極限後，逐步從斷裂供應鏈轉換到全球品牌供應鏈的契機。但現階段企業的意識仍是被迫多餘主動，因此思維的轉變也是我們接觸這麼多企業後，發現企業內部在轉型路上最難突破的痛點。

而為了因應市場的變化與趨勢，元宇宙中將出現新的社會互動模式。雲端串流媒體和人工智慧的發展，將有效優化朋友之間互動的關係。例如，能夠進入一個永續運作的數位平行時空，並一起創造與挖掘新的人際體驗，而這轉變完全是在預料之外的。這代表了我們工作、社交和娛樂方式微妙但重要的轉變：從以活動為中心的有目的的互動，到以人為中心的自發性互動。也因此，企業在推動內部數位轉型之際，也要能照顧到以人為本的互動使用、隱私權保障等重要權益。

要理解元宇宙在數位轉型扮演的角色，我們需要先理解，元宇宙中沒有一個角色可以單獨運作在元宇宙之外，它需要是一個具備開放式、擴張性的合作生態圈，不然它只能是一座企業的孤島。

9.1 轉型願景與理念

首先企業得先確認自己如何轉型願景與理念，特別是要在一個傳統企業中設立一個相對新創的部門。那以下提供幾個思考方向：

❶ 企業希望透過元宇宙創造什麼樣的企業、用戶與社會價值？

❷ 轉型願景陳述是否是既有企業發展路線圖的一部分？還是這是額外的項目？

❸ 我們是否有開發、使用任何類似或等同於元宇宙入口服務的科技？

❹ 企業員工對於元宇宙的數位轉型的認知與理解程度？（沒概念、有概念、有興趣等等）

❺ 既有企業目前需要數位轉型嗎？轉型非用元宇宙相關科技不可嗎？

這幾個問題看似基礎，但是往往是無法讓人在短時間內就回答的縝密問題。然而，不經仔細審視，企業主可能無法讓自己的產品或服務成本效益達到預期。

案例分析：臉書改名 Meta

我們可以來看看臉書改名成為 Meta 之後的變化。首先，該公司對用戶的價值陳述，一直是其企業數位轉型策略轉變的動力來源，從 2009 年至 2014 年的「快速流通和打破常規事物」的時代開始，更新為「以更溫和且快速流通、穩定的基礎設施」。因為臉書已經發現：破壞既有的治理規則不一定是件好事，而且有可能讓它吃上更多的官司。

2017 年 Meta 再次更新了它的企業使命，「讓世界更開放、更緊密相連」，這並沒有完全滿足臉書的所有願望。因此，該企業在一年後再次更新為「賦予人們建立社群的力量，讓世界更緊密地聯繫在一起」。它通常被縮寫為「拉近世界」作為重點。

從上面重點可知：臉書數位轉型升級目標是從 Web 2.0 到 Web 3.0 的連結性，且這個連結性他們認為可以透過元宇宙來達成。由 Facebook 數位轉型帶來的價值包含以下：

❶ 從 Quest 耳機體驗，提升至 Oculus 沉浸式體驗，未來版本的 Horizon Home 將能邀請朋友一起休閒娛樂或一起看電影，一起躍入其他應用程式或遊戲。而 Horizon 是 Facebook 的社交平台，旨在幫助人們在其 Metaverse 中進行創作和互動。Horizon Home 是 Horizon 的新成員，加入了 Horizon Worlds（目前處於測試階段）、Horizon Workrooms 和 Horizon Venues。

❷ Facebook（現為 Meta）宣佈了提供創作者經濟的基金，以鼓勵更多的創作者和開發者來到 Horizon 中，為 Facebook 的 Metaverse 構建他們的夢想世界。Horizon Worlds 可讓你使用最先進的社交世界構建工具，在 VR 中創建你的夢想世界，而 Horizon Venues 可以說是「聚會所在」的地方。

❸ Horizon Venues 體現了娛樂性，讓用戶可以在舒適的客廳中享受團體活動的活力、現場體育賽事的快感以及音樂會的活力。Meta 還將推出一個 Horizon Marketplace，創作者將能夠在此銷售和共用 3D 數位商品，以發展公司的元宇宙經濟。

9.2 元宇宙企業數位轉型

若要理解企業可行的各種元宇宙數位轉型方案，可參考以下的元宇宙元素，並且開始找尋可切入的點與方案做選擇。其中包含了：數位型態的貨幣、基礎設施、工作場域、社交媒體、虛擬遊戲等。

而最近企業也有許多案例和產品，都建構了自己的元宇宙版本。跨多個行業的商業機會包括：

- 高等教育、醫療、軍事和其他類型的行業，這些行業可以提供更加身臨其境的學習體驗。他們不需要創建自己的基礎設施，因為元宇宙將提供服務模組。

- 虛擬活動在過去兩年中廣受歡迎，現在可以提供更多整合性的服務與產品。例如：大型線上多人遊戲、演唱會以及無人機駕駛探索等。

- 零售業也可以將其範圍擴展到沉浸式購物體驗，從而允許更複雜的產品行銷模式與廣告服務。

- 企業可以通過虛擬世界，創造更好的工作空間與員工會議、線上協作和聯繫體驗。

■ 社交媒體可以轉移到元宇宙，用戶可以通過 3D 頭像進行互動，大幅減少社交不適應性與陌生性，提高樂趣與社群歸屬感、參與感。

元宇宙目前採用的技術仍處於起步階段且相當分散，無論是想要投入，乃至希望投資，其實都還是很早期。所以比較適合在不過度要求企業數位轉型的情況下，認知、學習、探索和為了元宇宙做準備。

不過我們還是可以先了解，元宇宙平台不同於傳統電商平台各自獨立的特性。在元宇宙中將會由各方一起搭建這個平台場景，由多方一起參與。而在參與過程中，多元宇宙的資產會需要更複雜的精準行銷演算法，讓資產媒合與流通速度變得更有效率。這時候，不管是社交媒體、遊戲或實體活動的虛擬化、軟體供應商，都可能會被要求提供用戶資訊共用的權限，讓不同用戶能在同一元宇宙中享受多元體驗。再者，這樣的用戶體驗，創造了新世代的平台經濟，一種以用戶高精準客製化服務為基準的平台服務樣貌，舉例來說：我能決定我在元宇宙的身分、權益、能創造給生態圈的效益，且是透明化地放在可被檢視的資料庫上。這樣可被檢視的效益讓商家與各種供應商，都能把平台的資訊轉換成能投放反饋資訊，減少各種資訊傳遞成本與增加資訊精準度。

當然我們此章節都會先以區塊鏈技術作為元宇宙的基底來探討，但並非一定是這樣的走向。不過綜上所述，這樣的簡單運作邏輯，可以大幅減緩平台經濟模式在行銷的壓力、增加成功率，各參與方都可從不同的資訊組合出自己最適合的需求，並且減少用戶溝通的摩擦。整體而言，資訊也能成為一種可以被再製的商品流通成為數位資產。

◉ 企業元宇宙平台初探

企業在既有市場上獲取各種資訊的代價是巨大的，其中包含了：用戶需求、市場趨勢、產品反饋等大家耳熟能詳的資訊。那在去中心化與隱私當道的現在，究竟要如何重新審視資訊的真實性、可信度與維持多元性，成了許多企業目前碰到的商務痛點。透過合縱聯合的行銷聯盟，或可馬上取得一定成效，但隨之而來的隱私破壞與侵犯，也讓企業成為了頭號公敵。

試想，OpenSea 如果要與藝廊電子商務平台做整合，而非僅是成為用戶上架的平台。但這些難以一眼看出用戶樣貌，且用戶的藝術喜好與消費喜好難以用大數據辨識的平台，究竟長期發展除了能面向既定投資客以外，有無可能利用元宇宙產業生態圈，來擴張它的使用範圍？是否能有個類似轉換器、或者入口服務來統整相關服務，並且降低用戶使用者門檻，增加流暢性體驗，便是個可能發展的方向。

◎ 產品開發

講到產品開發，很多人或許已經理解所謂的微笑曲線。簡單來說微笑曲線就是一個產品規劃、研發、行銷規劃與品牌建構的過程，都是腦力激盪面居多。而從元宇宙如此龐大的科技零組件來看，任何一點的失誤或許都會造成開發上的生態系統性風險，導致開發的錯誤與成本無限付出。但很多企業在轉型的過程還是會希望可以從代工模式，走向價值創造的模式。總之這邊僅是要表達，現階段的元宇宙生態圈中，有許多投入者早已在微笑曲線中站穩了腳步，看似許多公司已經把紅海市場佔盡，也在藍海市場持續布局，那究竟他們是否還需要用別的方式在市場中突圍？那如果想跳脫代工該如何出發？

如果從資訊平等或自由流通的角度，來推演這樣的產品開發，企業與用戶該在意的不只是產品好壞本身，而是它與整個生態圈其他元素的資訊互動關係。

⑨.③ 混合實境平台價值創造

雖然前面提到了一些問題，但其實要打造一個類寶可夢遊戲、蒐集資訊、建構平台等，都已經是既有 Web 2.0 的技術，但企業想轉型至 Web 3.0 真正的問題難點則是在於：多方價值創造與利益衝突的彌合。這裡，要克服的就是人與企業是否願意分享，與是否相信共用能創造更大利益的決策時刻，這個問題也

是筆者在協助許多大型企業進行轉型時需要花費許多心力溝通的地方。特別是在台灣的生態圈中，普遍其實很難接受共同成長的概念，大家都喜歡自己幹，甚至會覺得同樣的題目，既然它能做，為什麼我不能做？而不是去思考如何互補，1+1 > 2。這件事情真的很不容易，即便是打著 Web 3.0 名號出現的公司或項目方，基本上也都是以想要自己做為出發點在發展的。這其實是反映人的心理，也就是如同前面章節有簡單介紹過的合作賽局理論（Cooperative Game Theory）問題。畢竟合作賽局就是得在各方信息交換的基礎上，達成強制性、約束性契約。此外，合作賽局是一種通過談判和溝通建立合作意識、相互信任、約束和承諾的機制。其中主要有四點：

a. 價值共識：多方具有共同利益。

b. 資訊透明：需有必要的訊息交流。

c. 公平互惠：玩家間要自願、平等、互利。

d. 遵守規範：條件觸發後便會強制執行契約。

而元宇宙的開放與公平性符合了上述合作賽局的幾乎所有特徵，也因此，在建構產品或項目的過程中，自然也要符合這樣的方式，否則開發出來的項目會再次成為一座資訊孤島。但你現在其實可以看到各方的利害關係與利益方向仍處於利己階段。

9.4 公平的多方誘因創造

鑑於實質資訊的評等純粹是個理想，為了符合現實且讓企業投資與生態圈建構能夠順暢進行且減少風阻，一個產品開發人員要時時刻刻提醒自己：你希望能打造一個多方都有使用誘因的項目，不管這個誘因是有形、無形或者短期、長期的項目。元宇宙之所以會有這樣合作賽局的特色，也是因為參與者過多，在此，筆者提倡一個經典的經濟學理論：柏拉圖最適（Pareto Efficiency），並以

此原則為前提去建構一個多方都能有誘因創造與使用的元宇宙環境。所謂的柏拉圖最適效率或柏拉圖最優性是一種經濟狀態，在這種經濟狀態下，資源不能被重新分配以使一個人過得更好，而不會使至少一個人的境況變得更糟。柏拉圖最適效率意味著以最經濟有效的方式分配資源，但並不意味著平等或公平。一個經濟體處於帕累托最優狀態時，沒有任何經濟變化可以使一個人的境況變得更好，而不會使至少另一個人的境況變得更糟。

透過這個務實的原則，我們可以採用以下的機制設計，來讓多方願意參與：

a. 在柏拉圖最適的資源分配下，新增的誘因必須對所有人而言都是公平的。舉例來說：資訊交換與蒐集者，若還是以區塊鏈技術來建構元宇宙為前提，那或許參與者能夠在此行為下獲得一定的代幣獎勵或者 NFT；而企業也可以因為資訊帶來的生態保護實績，獲得環保標章或者 ESG 認證等。

b. 任何一個參與者要能夠透過這個元宇宙平台經濟的建構，減少成本或增加收益。舉例來說：虛擬實境的提供者需要由各方來協助維運，以避免過高的長期成本負擔。

c. 誘因可以互相整合與影響其他部分，增加資訊價值指數成長的可能性。舉例來說：產學合作的聯合行銷模式可以讓學生合法合理成為企業用戶，且能讓企業成為扶植學生教育資訊平等的角色。

9.5 所需用到的技術

在確認多方利害關係後，我們才會開始討論需要使用哪些技術，以及這些技術該如何被運用。

◎ 應用程式是 VR、AR 還是 MR 的運用？

單純的 AR 互動性有限、VR 又過於限定於特定區域，MR（混合實境）或許是較好的解方，因為透過 MR 能夠混合真實環境、增強現實、增強虛擬和虛擬現實技術。依照目前市場上教育科技的成本，打造一個具有互動性 Web App，將既有的資料蒐集、重組，會遠比打造整個生態圈元宇宙來的划算。再透過資料架構優化，我們才可能漸進式地創造出類似元宇宙的樣貌。

◎ Web App（應用程式）

這個平台的建構是為了給所有參與者使用，也因此這個 Web 3.0 的應用程式實際上就是元宇宙入口服務，透過這樣的服務，參與者可以選擇自己喜歡的生態圈、想蒐集的資訊、看到企業可能的獎勵、參與者之間的教育互動資訊等。同時開放式的平台架構下，外來參與者也可以協助共創內容及資訊。但還是需要一些保護機制，讓他們來選擇要保護的對象。這樣一來，也不會製造企業及多方的對立，也會讓多方資訊價值因為分享而指數成長。

9.6 跨機構間的元宇宙技術如何整合？

接下來我們可以看一下市場上成功的遊戲，來反推這些企業可以做些什麼？根據數據研究：截至 2021 年 4 月，Roblox 每月擁有 2.02 億用戶，其中 67%（1.35 億）為 16 歲及以下用戶。已經有 1.35 億兒童每天在元宇宙中花費數小時，他們在那裡構建遊戲和彼此挑戰。在這段描述中，為什麼教育會從進

入元宇宙中受益應該已經很明顯了。[1] 或許，在 Sandbox 建一個入口生物資訊網，就能以最低成本享受最高的遊戲化教學效應！除了遊戲，以下也將針對不同科技類型，做一個整合性的運用介紹。

❶ 虛擬實境：VR 某程度上已經改變了整個遊戲體驗。教育科技公司正在尋求通過將虛擬現實與遊戲化學習模塊相結合來提供類似的數位體驗。根據研究，VRC 和 AR 學習體驗可以提高學習效率，並提供逼真的內容，為成人和兒童提供申如期靜的學習體驗。根據另一項研究，使用 VR 設備訓練的學習者信心提高了 275%；與真人面對面的課堂學習相比，提高 40%。VR 幫助學生通過玩遊戲回答問題，進而提供獎勵。此外，對於有特殊需要的學習者和殘疾學習者來說，VR 是虛擬世界中的福音。在 VR 的幫助下，有特殊需要的學習者可以前往新的環境，否則他們會感到焦慮。此外，在虛擬現實中的整合有助於學生通過強調特定點來學習重要的生活技能，直到學習者獲得信心。

❷ 擴增實境：著名的遊戲 Pokémon Go 讓我們得以一窺如何成功地將擴增實境融入生活。該遊戲允許用戶留在現實世界中，同時在擴增實境中尋找神奇寶貝。元宇宙公司正在植入相同的技術，以使學習變得有趣。透過使用擴增實境，學習者可以掃描教科書頁面以更好地理解主題，學校可以設計可以突出學校活動的有趣雜誌，聾啞學生可以通過顯示技術驅動的抽認卡來利用擴增實境。

❸ 人工智慧：又稱為人工智慧、人造智慧，不僅可以增強學習體驗，還可以減輕教師的負擔。在人工智慧的幫助下，學生可以隨時隨地查訪有關他們所研究的特定主題問題。此外，人工智慧有助於評估和評估學習，並具有無需老師幫助即可對學習者進行評分的能力。元宇宙、人工智慧和機器學習相結合，有助於學生在任何給定時間提出問題並收集資訊。此外，它可以理解標準化的查詢，並同時為多個問題提供答案。

---

[1] Where is Edtech Heading With the Rise of the Metaverse? A Quick Guide. Grace Lau, April 18, 2022. https://www.emergingedtech.com/2022/04/where-is-edtech-heading-rise-of-metaverse-quick-guide/

9.7 結語：漸進式數位轉型

不論從產品開發角度還是既有臉書轉型 Meta 案例，扣除技術成本效益的克服，以下三個面向是必須掌握的關鍵因素：

❶ 誘因設計：在符合合作賽局與柏拉圖最優效率的條件下，每個市場參與者都必須有一個公平和強化的激勵機制，以增加市場上的決策量和交易活動，並使其易於上手和立即受益。

❷ 網路效應：網路需要成為目標市場的主要服務提供者，包括傳統服務和新的創新服務——所有參與者都需要能快速採用所開發出來的服務或產品。

❸ 治理機制：每個參與者必須在定義和細化市場規則方面發揮公平的作用，包括激勵模型、資料查訪（隱私控制）及其在競爭市場中能變現開發。因此，一定程度的去中心化是必要的。

一個漸進式的元宇宙要成形，如果你是協助者，務必要先能說服多方接受上述抽象商務論證的基礎；如果你是投入者，請務必調整過往傳統思維，並嘗試接受全新的發展邏輯。這樣一旦有了真正的社群共識以後，再來進行開發，就能減少事後產生的矛盾。

NOTE

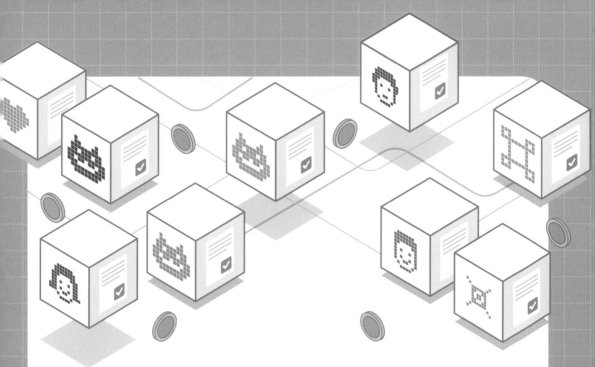

10

元宇宙商業應用：
企業 NFT 運用案例

本章節將介紹元宇宙概念延伸之商業應用，其中不少案例可能已耳熟能詳，我們將延續前幾章之邏輯思維來探討市場實際案例。透過本章節我們將了解市場目前仍存在之問題及挑戰。畢竟，元宇宙目前仍存在許多未知發展性。而這些案例的迭代也展示出元宇宙概念的包容性、延展性與持續擴張性。

10.1 元宇宙商業概念

元宇宙能否橫跨不同平台應用，仍是目前技術層面需突破之關卡。我們希望以跨領域方式介紹市場全貌，以避免過度切割帶來的混亂。也因全球疫情影響，加深人類對於網路科技之依賴，因而增加居家辦公、購物、娛樂等需求，元宇宙應用也成為熱門話題之一。

◎ 整合性商業模式

≫ 類型一：虛擬實境結合社交媒體平台

在元宇宙中任何活動都能算是一種社交行為。而在元宇宙內舉行演唱會及互動活動也逐漸成為市場需求，冠狀病毒迫使許多藝術家在 2020 年以線上演唱會，代替他們在舞台上的現場表演，對於藝術表演者來説元宇宙應用會是一個新的發展。

在元宇宙中，虛擬分身將不再受時空的限制。藝術家可以在元宇宙演唱會中立即更換服裝，或將舞台場景從外太空轉變為水下世界。隨著越來越多的用戶進入元宇宙，越來越多的虛擬流行歌星進入我們的世界，物理和虛擬現實之間的界限每天都變得越來越模糊。

≫ 類型二：身如其境購物體驗結合工作環境虛擬化

電商平台市場競爭激烈，若與元宇宙應用結合能發掘沉浸式購物體驗的商機。此外，元宇宙還可以作為介紹複雜新產品的理想曝光平台，讓用戶在接受資訊時能快速辨識跟被說服。阿里巴巴、Zara、Balenciaga、Nike 和 LV 等品牌已開始建構屬於自己的零售元宇宙平台。就零售業而言，他們的目標在於打造身如其境的購物體驗。

透過元宇宙應用，企業可以先將產品設計規劃出來，並藉由元宇宙世界測試該產品之市場需求，若符合企業預期之規模，再將產品製作出來，藉此降低生產過剩導致產品滯銷之情況。

◎ 衡量商業價值

進入實例案件分析前，以下彙整前述幾章的核心論述與思考流程，供讀者參考。未來，面對元宇宙產品應用開發，也可參考此框架作為優化的基礎。

❶ 是否符合資訊價值原則？

    a. 創造用戶價值：資訊自由、平等、流通、共用與共治。

    b. 去中心化優勢：資訊傳遞效率高、成本低、去中心化監管。

    c. 衍生出的目標：創造更平等的資訊架構、用戶體驗。

    d. 開放空間效益：資訊蒐集、反饋能更即時。

❷ 是否創造與既有業務的資訊關聯性？

    a. Web 2.0 跟 Web 3.0 的商務模式優劣分析。

    b. 資訊價值如何透過元宇宙商務擴張至其他關連性領域？

    c. 資訊價值如何因為跨領域分享而加速變現、指數成長？

❸ 商務模式與策略分析

    a. 目標用戶轉變：從 Web 2.0 ~ Web 3.0 如何增加既有用戶量？

    b. 市場擴張方式：合作取代競爭的賽局論，不再做資訊孤島。

    c. 收益來源擴增：從主動收益到被動收益（虛擬世界收益等）。

❹ 生態圈成本效益判斷

    a. 成本：七層基礎設施開發、入口介面服務、整合資料庫等。

    b. 效益：分成具體與抽象二種效益，區別實益在於鑑價便利性。

    c. 具體：資訊效率、商務收益、具體流量等。

    d. 抽象：資訊平等、品牌形象、無形資產價值等。

◉ 市場競品舉例

元宇宙概念應用廣泛，因此觀察市場上競爭對手產品之優劣，也成為評斷市場未來需求之參考點，舉例來說：Travis Scott 於線上遊戲《要塞英雄》舉行之線上演唱會，造成音樂及流行市場話題，因此元宇宙開發商可藉由觀察 Travis Scott 線上演唱會之成果來評斷是否需加強此領域之產品開發。

10.2 產業案例運用分析

每個產業都有可能在元宇宙中找到合適形態的商業機會。現階段，遊戲、音樂、影視、體育、藝術、社交等領域已率先進入元宇宙，相信未來元宇宙將在汽車製造、交通運輸、建築設計、城市治理、醫療健康等產業落地生根。以下將結合具體企業案例，展示元宇宙在不同產業運用現狀。

◉ 遊戲產業

在元宇宙搭建的虛實結合的宏偉架構中，遊戲和元宇宙結合的產業發展最為成熟，而且遊戲也是元宇宙最重要的呈現形式之一。

≫ 1. Roblox

Roblox（機器磚塊），2006 年由美國視頻遊戲開發商 Roblox corporation 開發，是世界最大的多人線上沙盒類遊戲創建平台。2021 年 3 月於紐約證交所上市，股份代號「RBLX」，以「元宇宙第一股」的稱號點燃元宇宙概念。

2021 年 Roblox 全球年度數據總結資料顯示，平台日活用戶接近 5000 萬，遍佈全球 180 個國家地區。就平台用輪廓來看，該平台的主要用戶以年輕人為主，高達 67% 的用戶未滿 16 歲。

特點一：多元產品
Roblox 擁有針對玩家、開發者設置三類產品，分別是 Roblox Studio（開發者編輯器）、Roblox Client（用戶端）和 Roblox Cloud（雲端）。

玩家通過 Roblox Client 探索 3D 數位世界，開發者創造者則通過 Roblox Studio 提供的即時社交體驗的開發環境，直接操作 3D 環境，且 Roblox Studio 這套系統即便是新手程式設計師也能輕易上手。至於 Roblox Cloud 則為平台提供服務和基礎架構。

特點二：自帶經濟系統
Roblox 創建了一套完整的經濟體，而該平台流通的代幣——Robux 幣作為能與現實世界的貨幣進行等價兌換的媒介。然而，這其實沒有脫離早期許多遊戲買賣裝備的效益。Roblox 透過創建平台代幣是否能持續創造商務誘因將建構在許多變數上。它的裝備、物件或者遊戲設計平台所創造的多方收益，必須要能達成一個循環經濟才能讓遊戲性持續轉換成收益。因此，要成立自己的一個遊戲銀行，仍需要透過多方的用戶體驗優化，因為完整的經濟體仍需要透過更多的服務來增加用戶的黏著度。近期，他們想把用戶年齡往上提升，可見也是在既有用戶的本質上看到了發揮的限制與天花板。

特點三：UGC[1] 模式 × 沉浸式體驗 × 互動

Roblox 與傳統遊戲模式的最大區別之一是，Roblox 本身不從事製作遊戲內容，而是為玩家提供豐富的素材庫和強大的編輯功能，支援玩家進行內容創作；而傳統模式是由遊戲後台負責生成內容，玩家只需要在已經被構建好的遊戲故事中探索。

目前 Roblox 擁有超過 4000 萬款遊戲，涵蓋了如射擊、格鬥、生存、競速等各種類型的遊戲，並已成為世界最大的多人線上創作遊戲平台。

Roblox 2021 全球年度資料總結顯示，2021 年在 Roblox Studio 的新創作者，數量同比 2020 年增長了三位數的百分比，其中女性創作者的總體份額（基於活躍的 Studio 用戶數量）也在持續增加。在開發者和創作者數量地域分佈上，美國均位於榜首，巴西均位於第二。

> **Quote**
>
> 「我們創作者社區的成員來自 170 個國家。2021 年，女性創作者新用戶的數量，同比增長了 353%，男性創作者新用戶則增長了 323%。」
>
> ——根據 Roblox 2021 年資料顯示

在沉浸的遊戲體驗方面，Roblox 也做了大量工作，包括優化了專門用於 VR 的攝影鏡頭，增加了第一和第三人視角之間的切換選項；降低內容對硬體要求，保證體驗；做到所有遊戲點開即玩，保證純粹的雲端遊戲體驗。

在交流互動方面，Roblox 支持多平台相容，玩家可以邀請朋友一起玩遊戲和創建遊戲。

---

[1] UGC（User Generated Content），譯為「使用者原創性內容」，泛指使用者將原創內容分享到網路社群中。

遊戲之外的成功

2021 年 Roblox 在聯動音樂藝術家及品牌活動上也取得巨大的成功。資料顯示部分精彩活動訪問量達到數百萬，其中前五名活動包括 Gucci Garden、Twenty One Pilots Concert Experience、KSI Launch Party、The Fashion Awards 2021、NIKELAND。

≫ 2. Axie Infinity

Axie Infinity 被認為是世界上最著名的 NFT 區塊鏈遊戲。這是一個以「精靈寶可夢」為靈感而創造出的世界，玩家可以控制自己的小精靈 Axie 進行戰鬥、收集、養成並建立一個精靈王國，也可以通過嫻熟的遊戲技巧和對生態系統的貢獻來賺取代幣。

而平台最重要的角色小精靈 Axies 則是以 NFT 形式存在。NFT 的好處是資產不受遊戲背後的公司控制，玩家真正享有遊戲資產的所有權，並有機會通過轉手和交易獲利，平台還支援在遊戲中購買以 NFT 形式存在的虛擬土地。近兩年該遊戲爆火的增長速度令人大開眼界。據 Axie Infinity 官方透露，該平台月收入從 2021 年 1 月的 10 萬美元到同年 6 月份收入 1220 萬美元，僅在 7 月份的 18 天內就實現了 7900 萬美元收入，七月總收入 1.673 億美元，創歷史新高。

區塊鏈遊戲特點：**Play-to-earn** 即「邊玩遊戲邊賺錢」

Axie Infinity 開創性地在遊戲中引入了 GameFi 概念「Game + DeFi」，即引入 DeFi 機制的區塊鏈遊戲。讓玩家在「Play-to-earn」邊玩遊戲邊賺錢。其帶來的最顯著改變是，改變製作團隊的盈利模式，將製作組的利益與遊戲長期的生態發展綁定在一起，而玩家也能共用遊戲發展帶來的紅利。

在 Axie Infinity 平台上有兩種代幣形式：Smooth Love Potion（SLP）和 Axie Infinity Shards（AXS）。前者 SLP 除了是具有交易功能的實用性代幣外，同時也是用於繁殖數碼寵物「Axies」的必需品。這為廣大普通玩家提供了賺取收入的管道；後者 AXS 是治理代幣，總供應量為 2.7 億個，主要有 Staking、治

理和支付三種使用場景。AXS 的持有者可通過玩遊戲、參與關鍵的治理投票來賺取 AXS 代幣。

玩家在購買虛擬寵物 Axie 後，可以在遊戲中通過戰鬥、養成及銷售 Axie、投資稀缺 Axie 等賺錢。以戰鬥模式為例，參與 Axie Infinity 的玩家操作自己的 Axie 團隊選擇冒險模式（PvE）或（PvP）模式進行戰鬥，通過戰鬥的方式獲取遊戲的代幣 SLP 作為戰鬥獎勵，而排行榜排名位列第一的玩家還可獲得每季的 AXS 獎勵。

總體來看，目前 Axie Infinity 的主要模組為戰鬥、繁殖、飼養，以及土地、市場買賣等，後續也會不斷上線新的模組，如質押功能。近期，則因為市場冷卻、駭客入侵等問題，讓遊戲內與代幣投資收入大幅下降，這也是顯示了難以預見風險的仍需要更多人把關。此外，遊戲性與市場資產價值稀釋的過程中，許多創投也重新開始了新的估值投資框架。

再者，遊戲雙幣制度的代幣模型設計，過去曾有著很良好的資產價值穩定效果，如今市場外的代幣價格反過來降低了遊戲的誘因，卻又沒有足夠的遊戲性來支撐商務收益，這樣的問題與負面效應，需要更多的遊戲專家一起來協助解決，Web 3 .0 投資者也當引以為戒。

》 3. Decentraland

Decentraland 重點在於投資性與增值性，這是它與 Sandbox 等遊戲最大的不同，可想像成一個出租元宇宙土地的虛擬不動產公司。早期之所以會被拿去比較主要是因為 SAND 也帶有土地需求，但他們一則重點是承租人與出租人的關係以及用益物權利益創造，一則則是藉由開放平台來創造更多的遊戲與遊戲用戶，會更重視社交遊戲屬性與廣告流量帶來的效應。

特點一：個性化形象與角色品牌化
在外貌上，每個用戶都能設計自己的外觀、品牌形象與打造自己的穿戴式配件。根據官方白皮書，用戶可創建自己的帳戶並自定義頭像。且可以從各種各樣的身體、臉型、髮型和服裝選擇中創建自己的外觀。搭配米色毛衣或藍色頭

髮彰顯個性。頭像可以與用戶實際外貌相似，或者看起來完全不同。頭像的引入不僅讓用戶有機會表達自己的個性並在 Decentraland 中得到認可，而且也預示著品牌和內容創作者的潛在商機。首先，他們將能夠創建和發布 Avatar 可穿戴設備以在市場上銷售。用戶還可以通過將這些可穿戴設備轉售給其他用戶來賺錢。

藉由客製化的角色，人與人之間的連結將不只是外貌而是在元宇宙中呈現給對方的品牌形象。與物理世界最大不同的體驗是：你再也無須為了換裝而感到煩惱、或者背負著高昂的品牌行銷成本，只為了修一張美麗的網紅照。在元宇宙中，每個人都能用多變的品牌與他人互動，且能面對面地完成虛擬聊天，而不再感到尷尬。

特點二：虛擬世界中的大富翁地主

元宇宙在目前的基礎設施下仍然是個有限的資料庫，自然而然在這些基礎設施上建構的土地資源也會是有限的。Decentraland 本身僅有 90601 塊土地，而且是以 NFT 形式組成。而從元宇宙七層設施的角度來看，影響地價的原因除了實體世界既有的不動產經濟變數，如：地段、地點、居民品質、資訊來源與實體廣告效益外，更有許多虛擬世界要考量的價格變數，如：觀看流量、可舉辦活動的類型、合作廠商的聯名遊戲內廣告。換言之土地已經從傳統的地點等於收益的概念，轉換成流量等於收益的狀況。

而與傳統土地最大的差別是：投資判斷上我們不能再以物理世界的形式思考，而是要考量社群參與度、曝光率、廣告轉化率等，來建構真正的虛實整合。換言之，土地做為虛擬空間的一部分，我們應該將之視為一個全渠道行銷的平台，讓土地漲幅以用戶搜索與點擊率等數據來看待它的價值。這如果能藉由一顆又一顆的 NFT 碎片化代幣配上類似 SudoSwap[2] 的 AMM 機制，土地的資訊價值將有機會指數派，且快速迭代出高品質的流量效益。

2　SudoSwap 是為了解決 NFT 欠缺流動性所處造出來讓用戶自定義價格與資金池流通性的平台，旨在將無法流動的 NFT 得以碎片化並以同質化代幣進行銷售或質押以創造利息。

結論

Decentraland 創造的流量與社群會是未來土地價值的升值關鍵，但跟實體用益物權差異的點在於：虛擬世界多了一層需要被包裝與減低技術壁壘的體驗門檻。而且，社群的建構往往需要大批人力去行銷跟推廣，並創造屬於土地投資社群的歸屬感。如果，投資與遊戲用戶的整合不能在短期內獲得進展，那各大產業的虛擬土地之夢，就可能變成元宇宙的不動產泡沫。

此外，隨著流量平均散佈在不同元宇宙土地中的社群獨立發展，割裂式的土地只會造成類似畸零地的買賣困境，因為獨立發展將無法創造規模經濟，也不能藉由代幣細分創造散戶土地價值的增值效益。而當大品牌逐漸入住不同土地導致散戶流量被稀釋成為廣告的附加價值，這樣的土地服務只會長期造成更多的用戶流失。

綜上，未來若要以虛擬土地創造更多價值，必須要有大品牌的聯盟或與散戶體驗的整合，來避免割裂式的元宇宙發展，讓穿梭在不同宇宙間的經濟效益被串聯與整合。

◎ 社交媒體

元宇宙下的社交方式是對現實社交和網路社交的延續，從技術和社交場景上實現了多項突破。

≫ 1. Meta 的「Horizon Worlds」

2021 年 12 月 Meta（前身為 Facebook）在北美向公眾開放了其虛擬實境 VR 平台 Horizon Worlds（地平線世界）。這是一款以 Meta 旗下 VR 設備 Quest2 和 Oculus PC 為基礎遊玩的社交虛擬實境平台。

玩家進入 Horizon Worlds 時，需要先創建一個代表自己的虛擬化身（avatar），可以隨機創建或自訂個人身體、面部、頭髮等形象，有趣的是，這個虛擬化身雖然有頭部，但沒有腿。創建完成後，玩家將會進入中央聚集地 Plaza，並從這裡進入各種遊戲，如 Pixel Plummet、Wand & Broom、Mark's Riverboat；或基於 Meta 提供的基本程式碼，建立自己的世界。

特點一：虛擬社交魅力

擁有龐大用戶基數的 Meta 在元宇宙社交平台打造方面實力毋庸置疑。其推出的 Horizon Worlds 也強調讓玩家體會到虛擬社交的魅力，而遊戲只是社交模式下的附加品。Meta 自己對 Horizon Worlds 的定義是：「一個由整個社區設計和構建的、不斷擴展的虛擬體驗宇宙。」（an ever-expanding universe of virtual experiences designed and built by the entire community.）Horizon Worlds 也鼓勵玩家可以在平台上分享或上傳照片、或與朋友在各空間穿梭旅行、舉辦派對和遊戲。

特點二：積極探索變現

Horizon Worlds 正在積極嘗試元宇宙變現方式，以便儘快讓創作者通過內容盈利。具體方式包括遊戲內購買和創作者津貼項目。第一種方式，Horizon Worlds 正在測試少數創作者在數位宇宙中銷售虛擬資產甚至體驗，但根據 Meta 政策規定，Meta 將會從每筆交易中收取一定費用。第二種方式，Horizon Worlds 計畫推出 1000 萬美元創作者津貼項目，鼓勵在 Horizon Worlds 世界裡打造優秀體驗的創作者，目前也處於測試階段。但可惜的是，現階段 Meta 距離祖克柏理想中的元宇宙社交世界似乎還有一段差距。元宇宙社交 APP 處於看似火爆，但道阻且長。

≫ 2. 百度的「希壤」

2021 年 12 月百度發佈 VR 打造的虛擬互動空間「希壤」，這也是百度宣佈正式邁入社交元宇宙的第一步。希壤是通過創建虛擬化身（avatar）3D 角色形象，在虛擬世界中與好友即時語音、互動交流。

官方對希壤的定位是一個跨越虛擬與現實、永遠存續的多人互動空間。在元宇宙熱度下，希壤在發佈之初熱情很高，但目前產品更像是百度佈局元宇宙版圖中的技術集成成果，距離實現真正的平行虛擬社交世界仍然有一段路要走。

◎ 教育產業

除了在遊戲和社交產業蓬勃發展，元宇宙也帶給教育產業無限可能。「元宇宙＋教育」或將顛覆傳統教學方式。目前海內外已在積極探索實踐「元宇宙＋教育」，從初期 VR 全景課堂、3D 互動沉浸式體驗基礎上，通過遊戲模式重塑學習體驗，甚至促進教育認證機制轉變等。

2021 年 12 月一篇在 Journal of Educational Evaluation for Health Professions 上發表的《虛擬世界的教育應用：可能性與侷限》（Educational applications of metaverse: possibilities and limitations）文章，除了深入探討元宇宙的 4 種類型外，並深度解釋在教育應用的潛力和限制。基於元宇宙的技術路線分為 4 種類型：增強現實、生活記錄、鏡像世界和虛擬實境。增強現實技術應用在醫學教育中的實際例子，例如：研發一件 AR 技術的 T 恤，病患穿上它後可以讓醫學生擁有類似透視眼的能力，透過相機鏡頭，醫生能看到患者體內的情況，如心跳速度、肋骨或其他器官的狀態等，透過這件融合 AR 技術的 T 恤有助於提升醫學生們模擬臨床手術的真實感，對於現代醫學教育將有顯著的提升。

≫ 1. 高通：助力 Morehouse College 啟動 VR 校園

美國南部城市亞特蘭大的莫爾豪斯學院（Morehouse College）於 2021 年 3 月為學生提供虛擬實境（VR）課程。這些課程不僅僅只是以線上虛擬的方式進行，而是以 VR 形式實現沉浸式體驗。在高通技術公司的捐贈下，學生們將獲得由高通驍龍 XR2 平台提供的 Oculus Quest 2 裝置，並基於此裝置讓使用者能進入沉浸式、數位化課程中。學生們能夠即時一起上課，並參與各種活動，如挖掘化石或模擬將人傳送到太空船上，上天文學課等課程內容。

莫爾豪斯學院的肯德里克 · 布朗（Kendrick Brown）博士表示，「新冠疫情期間，為我們的學生提供沉浸式的課堂體驗是非常重要的，莫爾豪斯學院很高興能引領這種方式。」

≫ 2. Gather.town：助力韓國教育元宇宙

根據 2021 年 11 月韓國首爾市政府發布的《元宇宙首爾五年計劃》，其中包含教育元宇宙的領域跟業務擴張。其中不乏虛擬教室、活動空間、實境教學等。而其所採用的元宇宙平台 Gather Town，也試圖完善各種教學功能，讓學生能夠自由自在的創作與用自己喜歡的形象參與各種平台活動。

目前，Gather Town 打造了一個教育元宇宙空間的起點與學生與教師的連結，而筆者認為，未來應可整合更多的 NFT 服務平台，成為多元進階自主學習教材的集散地。這樣一來，區塊鏈作為底層元宇宙金融的交易科技，才有真正的自主性效益，否則如果元宇宙僅是成為雲端教育的統合，或者類似遊戲的虛擬學習空間，這樣在未改善教育制度、內容與架構的情況下，並無法強化學生需求誘因與優化學習者的用戶體驗。而沉浸式體驗需要的包含但不限於：適合學習的集會場景，或虛擬實驗室以外的 AI 對話機器人教育諮詢服務。

結論：以元宇宙重新定義教育

綜上所述，除了沉浸式體驗，教育元宇宙將超越傳統的在線課程。因為，除了線上講課與相對簡單的閱讀資料，在不遠的未來，各種原始內容如書籍的知識可再透過 AI 加工（例如：ChatGPT）成為老師、學生與平台互動的重要收益來源，也就是二創學習材料的智慧財產權 NFT 代幣。

也唯有透過教育共享經濟，才有機會讓大家都成為大家的老師，形成最真實的因材施教，也成為多方利益共享的利害關係人。這樣，教育元宇宙的革新才有實際運用的場景與意義。

再者，過去教育旨在讓人類有更多的知識優化自己的行為，若科技能夠協助加速這個進程，元宇宙空間的存在就有極大價值。從上面的各種新型態學習方式來看，應該要能客製化設計出因材施教的項目空間與教學方式，以學生為本來思考他們所需要學習的項目，並減少學習中過多無謂的時間浪費與自信打擊。

最後，教育元宇宙若能搭配協助專注力與理解力提升的工具，將會高速落地在教育產業當中。因為，人類的學習時間常常綁住了近三分之一的人生，而這個世界上有很多人希望能把時間花在學習以外的地方。因此，若元宇宙能大幅增加學習效率，這樣教學相長的互動與社群誘因就有無限學習效益與社交潛能。

◉ 重塑金融

雖然最初 Metaverse 被認為主要與遊戲和社交媒體有關，但現在 Metaverse 技術已經在金融等傳統行業中找到了實際應用。銀行業作為元宇宙在金融領域落地的先鋒，目前海內外已有多家銀行佈局元宇宙，落地的應用和服務主要包括虛擬數位人、數位藏品和建設元宇宙營業廳三類，提供沉浸式體驗。尤其是虛擬人方面，金融機構百花齊放。

≫ 1. 美國「GTE 3D」

2015 年 10 月，美國佛羅里達州最大的信用社之一的 GTE Financia 公司推出最新的網上銀行創新產品「GTE 3D」，該產品允許使用者通過完全定制的網路體驗來體驗和獲取 GTE 提供的金融服務，包括汽車和房屋貸款、投資、保險和金融知識資訊等，讓用戶足不出戶也可以逛銀行。

GTE 3D 作為一個可透過電腦全天候造訪的虛擬世界，它提供了完善的金融服務。用戶在註冊並創建自己的頭像後，不僅可以隨時訪問外，也可在虛擬社區金融中心探索 10 種 GTE 服務和產品，如汽車和住房貸款、投資、保險和金融知識資訊；用戶也可以線上申請會員資格，或開設帳戶、申請貸款等服務。

GTE 員工（虛擬代言人）也可以與你進行即時聊天，他們可以幫助並回答你的問題，也能指導遊客完成各項操作體驗；聊天內容也可以 PDF 格式保存；GTE 3D 禮堂亦可提供作為網路研討會的場地。

> **Quote**
>
> 「GTE 3D 是在不斷發展的虛擬金融服務領域邁出的一大步。以新的方式讓我們的會員參與進來，使他們與我們的關係更方便、更個人化、更有訊息量，這是我們的一貫目標。」
>
> ——GTE 金融公司總裁兼首席執行官 Joe Brancucci

≫ 2. 韓國 Kookmin Bank 虛擬銀行

韓國國民銀行（KB，Kookmin Bank）是韓國最大的金融機構之一，也是金融與元宇宙融合探索的先行者。2021 年 6 月韓國國民銀行在元宇宙平台 Gather 上創建一個「虛擬城鎮」（virtualtown），同年 11 月韓國國民銀行與 VR 內容開發商 Sharebox 合作構建虛擬分行，允許佩戴頭戴式 VR 設備的客戶在元宇宙中造訪銀行。頭戴式顯示器（HMD）設備的使用者介面和互動支援，提供差異化的客戶體驗，例如：一對一諮詢功能。

總結來看，元宇宙目前還處在發展的早期階段，在技術、場景和產品層面尚未成熟。目前元宇宙金融體系的創建者主題依然以現實世界金融機構為主體，目的以拓展技術儲備和探索場景為主。而元宇宙帶給商業銀行的是對現有服務的一種補充和場景延伸，離真正、大規模商業化還有一定距離。未來元宇宙金融體系的創建者或許將是元宇宙社交社會的創建者，尤其是擁有眾多 C 端用戶的運營平台、遊戲平台。

◎ 其他產業

≫ 1. 元宇宙與零售商

儘管「元宇宙」只是一個理念或概念，但元宇宙給零售品牌帶來的提升確是實實在在的。經典案例包括拉夫・勞倫（Ralph Lauren）、Gucci、GAP、Zara 等。

拉夫・勞倫（Ralph Lauren）作為積極探索元宇宙 + 服裝零售模式的先驅，與遊戲平台 Roblox 合作。Roblox 上拉夫・勞倫虛擬 Polo 商店的遊客可以享受到許多其他的世界體驗。

例如，遊客可以烤棉花糖，參加滑冰或喝熱巧克力；此外，用戶可以在 Roblox 遊戲平台上瀏覽和嘗試不分性別的數位服裝；Roblox 上的遊戲玩家還可以透過尋寶活動解鎖不同的配件等。

此外，拉夫·勞倫和時尚零售商巨頭 Zara 推出的虛擬平台 Zepeto 合作，提供數位時尚系列的銷售，以及主題虛擬環境。

和拉夫·勞倫思路一致，義大利奢侈品牌 Gucci 也與遊戲平台 Roblox 合作，推出「Gucci 品牌虛擬展覽」。消費者可以在遊戲平台購買收藏和限量版 Gucci 配飾來打扮虛擬形象，除此之外，還為遊戲平台用戶供了一套虛擬空間和一套數位道具，這一舉動被視為時尚界對元宇宙的加碼佈局。

美國零售品牌 GAP，基於元宇宙概念推出虛擬試穿，透過 3D 虛擬形象來幫助消費者匹配適合自己的服裝，並根據自己的風格和體型去尋找合適的服裝尺寸和版型，進而提升線上購物滿意度和體驗度。

≫ 2. 元宇宙中的不動產

房地產作為極其重要的傳統產業，隨著 Metaverse 的出現，不僅提出虛擬房地產的概念，同時元宇宙技術應用於線下房地產行業，也將在房地產的各個鏈條與環節中帶來新變化。

對於房地產開發商和代理商來說，行銷尚未建成的房產一直是一個挑戰。購房者在房產開發初期只能看到代表新房產或社區的大型三維展示模型，去輔助想像建築的樣子，而當涉及到新建築內部細節及裝修時，房地產經紀人通常用全尺寸的公寓模型創建大型展廳來進行展示，而這些行銷方法需要大量的投資。

VR 技術的出現提供了有效解決問題的方法。房地產經紀人可以使用 VR 技術來展示尚未建成的房產的外觀和內部，這樣客戶就可以清楚地看到所提供的東西。建築視覺化變得更便宜、更有沉浸感。

儘管人們要想完全通過 VR 購買房屋還需要一段時間，但 VR 很可能成為人們預先篩選他們感興趣房產的一種重要方式，人們能夠在不離家的情況下把自己送到他們理想的房產，以及更方便地反覆參觀和檢查有關房產資訊等。隨著元宇宙參與到線下房地產行業，元宇宙的體驗將更具有社交性和互動性。

≫ 3. 元宇宙中健身

虛擬實境健身是元宇宙提供的一種新體驗。健身將不再侷限於用戶附近的健身房或健身中心，現在的健身愛好者可以在虛擬實境的幫助下在家中實現健身目標、獲得私人教練指導、獲得更具互動性的體驗。

UNIX 公司的 Metaverse Fitness 就是一個革命性的健身模式，有可能成為健身的未來。UNIX 公司的 Metaverse Fitness 通過虛擬和增強現實技術與創新設備相結合，使人們能夠隨時在自己家裡健身。對於會員來說，穿上 Metaverse 裝備可以真實地與一個健身社區接觸，包括接受教練指導、完成課程等。

≫ 4. 在元宇宙中辦公

2020 年新冠疫情的肆虐推動了遠端工作的發展。不同行業的公司的專業人員在疫情爆發期間熟悉了 Skype 電話、Microsoft Teams 和 Zoom 會議。這些工具為遠端工作的專業人士之間的虛擬通訊提供了很好的支援。

然而，元宇宙為開發虛擬辦公空間或學習環境提供了許多前景。元宇宙可以幫助提供體驗，讓你感覺像在同一個房間裡工作或學習。

Virtuworx 等公司已經在創建虛擬辦公空間方面利用了元宇宙，該公司已經開發了一種帶有數位化身的 VR 和混合現實環境的混合體，提供了一種有意義的、富有成效的工作場所體驗。通過一個完全可定制的解決方案，團隊可以獲得不同的功能，例如活動、辦公室、會議、虛擬培訓和貿易展覽。

10.3 結語：打造企業元宇宙生態圈

從上述許多跨領域項目可知，要多方合作才能打造企業元宇宙生態圈，且讓每個入口服務都能與其他流通服務做對接。自我封閉者往往會成為資訊孤島，失去更有效益的價值傳遞流程。筆者在此建議企業不論大小，都要能朝著合作賽局的角度去思考競合的下一步。

以下是總結本章的三點分析與建議：

❶ 共用資訊生態圈：相對於 Web 2.0 各方獨霸的局面，元宇宙與 Web 3.0 展現的是一種極度包容的資訊共享世界。資訊本身會因為服務之間的串聯獲得指數價值的成長。即便是一個很小的服務項目，都可能因為加入元宇宙生態圈而改變他的價值擴張模式。

❷ 強化既有產業鏈：元宇宙已經不只是單一虛擬實境跟網路產業就能獨霸的項目，不論是新創還是根深蒂固的產業，都要能試著去發展共用資訊的平台與項目。這樣一來，產業鏈才會變得相當牢固，減少因為溝通成本與時差帶來的資訊與企業金融風險。

❸ 共創合作的賽局：水平產業或垂直產業鏈，過去常常是以你吃我、我吃你的思考方式來競爭或合作。然而，若考量到整體企業綜效與用戶體驗與用戶價值多維度創造，可能要重新思考有無共創合作賽局的可能性，因為合作透明資訊賽局的結果會比其他賽局的效益都來得更大。

參考資料

- 元宇宙＋社交：典型案例和發展路徑

  https://www.yuanyuzhouneican.com/article-116425.html

- 元宇宙＋遊戲：典型案例和發展路徑

  https://www.bitpush.news/articles/2342647

- Axie Infinity

  https://whitepaper.axieinfinity.com/

- A YEAR ON ROBLOX: 2021 IN DATA

  https://blog.roblox.com/2022/01/year-roblox-2021-data/

- Decentraland — Introduction

  https://docs.decentraland.org/player/general/introduction/

- Educational applications of metaverse: possibilities and limitations

  https://pubmed.ncbi.nlm.nih.gov/34897242

- Exclusive advance look: GTE Financial prepares to launch 3D virtual branch

  https://www.bizjournals.com/tampabay/blog/morning-edition/2015/10/exclusive-advance-look-gte-financial-prepares-to.html

- GameFi - Axie Infinity

  https://gamefiinfo.com/game/8.html

- Morehouse College launches Virtual Reality campus and classes in collaboration with VictoryXR and Qualcomm

  https://www.auganix.org/morehouse-college-launches-virtual-reality-campus-and-classes-in-collaboration-with-victoryxr-and-qualcomm/

- Roadmap and completed milestones

  https://whitepaper.axieinfinity.com/roadmap

- Roblox 2021 全球年度數據總結

  https://www.yfchuhai.com/article/5608.html

- Seoul to provide public services through its own metaverse platform

  https://english.seoul.go.kr/seoul-to-provide-public-services-through-its-own-metaverse-platform/

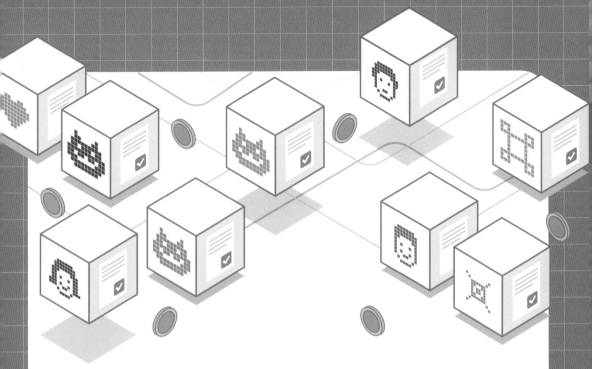

11

元宇宙產業趨勢 &
市場分析

11.1 導言

前面幾篇章節,筆者試圖利用一些篇幅從各個不同層面來探討元宇宙這個概念,但元宇宙仍在早期發展階段,相信相關技術與商務模式也將逐漸隨著科技進步和產業發展,而產生相當大的轉變。同前述幾章筆者的產品開發邏輯,為了能讓產業發展不至於虛無飄渺而可落地,需要一個更切合實際狀況的分析框架,重新來定位可行的元宇宙產業,並找出市場可行的方案。在最後這一章節,筆者將先從產業分析說明元宇宙目前的服務開發與運用方式,再擴展到市場分析與趨勢發展,希望協助開發者和投資者減少機會成本並掌握商機。

11.2 元宇宙市場分析

在介紹了元宇宙產品用戶體驗、科技運用方式、功能型元宇宙案例後,相信讀者對元宇宙已經有了一定程度的了解。因為這些元素構成了元宇宙市場的不同面向,也希望可以透過這些不同層面的分析,帶領讀者更加貼近市場趨勢。

市場趨勢需求

企業管理顧問 Emergen Research 預估元宇宙軟硬體市場規模將自 2021 年起,以每年 43.3% 的年複合成長率,至 2028 年將成長至 8,500 億美元。成熟的元宇宙將能夠滿足用戶完成所有和現實世界一樣的社交、娛樂等屬性,但以現階段來說,各個產品之間的相容性有待提升,現有的元宇宙產品,充其量只是建立在屬於自己的小型元宇宙,各個宇宙之間的連接性還不足以為用戶提供一個完整並方便的體驗。

目前元宇宙生態系中發展比較蓬勃的是虛擬遊戲領域，根據市場研究機構 Newzoo 對全球遊戲市場的預測，遊戲市場的收入將在 2024 年突破 2,200 億美元，虛擬遊戲市場市值的快速增長和區塊鏈技術的日益成熟，將使區塊鏈遊戲成為實現元宇宙的入口，用戶可以在遊戲世界中實現元宇宙的建設和參與。

市場未來潛能

❶ 從藝術和遊戲領域作為開端：由於 NFT 無法分割與獨一無二的特性，將會是元宇宙能夠運行的關鍵之一，NFT 能夠使現實世界中的各種資產在元宇宙中產生經濟價值，並使其擁有所有權，因此被視為是虛擬世界中產生經濟行為的關鍵，以及作為藝術、遊戲、音樂……等不同領域開啟元宇宙大門的鑰匙。NFT 普遍被視為是數位藝術品，也因為去年以來，各國的藝術家、拍賣公司和藝人紛紛投入的原因，造成 NFT 的熱度大增，不少項目的地板價屢創新高。至於遊戲領域的玩家也會因為虛擬財產的交易，使用加密代幣交換虛寶和物資，甚至可以和 NFT 結合。目前的區塊鏈遊戲，已經允許在遊戲內透過連接區塊鏈錢包，購買事先存放在遊戲裡的 NFT 產品，隨著遊戲規模的擴大和用戶人數的增加，跨區域的元宇宙將會更成形。

❷ 基礎設施和硬體支援的解決方案：元宇宙的概念還處於初始階段，其中重要的 AR、VR 以及區塊鏈最基本的跨鏈技術，都還沒有發展成熟。舉例來說，如果想使用 VR 技術開啟元宇宙的大門，在 VR 技術大規模普及之前，需要先解決 VR 產品的高價位以及用戶體驗不佳等問題；再者，元宇宙需要其他領域的支持，例如元宇宙遊戲需要穩定並且能承載多人、支援多樣設備及多元操作（支付系統）的大型高速伺服器。另外在元宇宙進行類似傳統商業的經濟活動時，例如：購買 NFT、租售地產方面，如何訂定合約並達成共識，將會擁有新的規範。因此，未來市場的目光將會逐漸聚焦於支援元宇宙的各項領域，例如 VR、伺服器以及區塊鏈跨鏈技術的成熟。

❸ 開拓全新的投資方式：未來針對區塊鏈的遊戲和線上 NFT 交易，將會出現針對不同環節的經濟行為。以 Axie Infinity 為例，這樣的商業經濟模式可

以吸引更多的玩家加入，同時也賦予遊戲玩家權力，把傳統的遊戲開發商創作遊戲給玩家玩，變成了玩家可以掌控遊戲發展的模式，一旦營運商出現問題，遊戲玩家可以結盟，共同透過掌握的遊戲代幣來制衡營運商。

藝術市場上，上海嘉禾拍賣有限公司攜手 NFT 數位藝術平台 CryptoArt. Ai，將草間彌生最具代表性及歷史性的兩件作品 Infinite Net（1959, c1979）和 Infinite Net（MGPP）構成一個組合標的進行拍賣，這是全世界 NFT 授權實體藝術品的首例。此種合作方式，解決了傳統藝術品真偽驗證的難題，透過區塊鏈加密技術，改變傳統藝術品鑑定過程中記錄和保留歷史文件，在藝術品真偽鑑定領域掀起了一場創新。

❹ 促進線上社交聚會：Covid-19 疫情導致人們無法實體接觸，某種程度上促進了數位學習和線上會議。元宇宙提供的平台，可以讓人們免除時間與空間的限制，透過線上平台完成在虛擬世界的群聚。例如 2020 年的加密世界大會 Coinfest 在 Decentraland 上舉行。往後將會有更多的組織機構，開始使用基於區塊鏈的元宇宙服務，將實體的聚會活動逐漸轉移到線上，目前已經在線上舉辦的活動有藝術展覽、演唱會、畢業典禮等，未來將會有更多的群體開始逐漸習慣線上聚會的模式。

❺ 不同宇宙之間的連接：元宇宙裡的用戶可以自由地穿梭於任何場景和平台，但是目前缺少完善的去中心化身份系統，元宇宙的用戶需要有一個甚至多個身份 ID，記錄所有線上行為，用戶不僅可以在一個元宇宙內使用該身份，完成社交、商業等行為，還可以穿梭在各個元宇宙間，讓虛擬世界更貼近於真實生活。目前已經實現的例子，例如：The Sandbox 和 My Neighbor Alice 合作，不同的元宇宙之間開始尋求共生，現有的多個元宇宙，如何從技術上實現連接、實現相互包容、求同存異的合作模式，將會成為市場下一步關注的重點。

📝 元宇宙商務評估

❶ 科技趨勢：元宇宙遊戲產業創造出了以使用者創作主導，經濟系統為核心的 Roblox 模式，用戶生成內容（UGC）模式廣受市場認可；5G 基地台、

大規模 IDC 資料中心的落成，以及「東數西算」的推進，在網路資料傳輸、算力上為元宇宙新時代提供了基礎；新一代 VR 設備實現使用體驗廣受好評，銷量迎來增長，顯示技術從 3D 漸漸往全擬真演進。

❷ 商業模式：尤其是內容平台商業模式的商務創新，以及各個項目間的資源整合，都是未來可以佈局的項目。雖然現在離實現元宇宙的願景尚有距離，但規模經濟已悄然產生，元宇宙產業鏈（區塊鏈、遊戲、通訊與顯示技術）各個技術項目都有投資機會。

❸ 用戶體驗：元宇宙未來主要面向為客戶端，遊戲作為主要的呈現方式，遊戲平台和遊戲開發公司將會逐漸往元宇宙靠攏。隨著遊戲內容的持續發展，線上遊戲商業模式將迎來新的突破，對於低延遲、大頻寬網路的需求提升，5G 的滲透率有望進一步提升。同時元宇宙的沉浸式體驗離不開虛擬實境技術，VR 項目值得關注。

❹ 發展時機：儘管目前藝術、遊戲等領域的元宇宙已初露端倪，元宇宙仍處於概念階段，以後也許有機會成為人類的精神寄託，如同電影《一級玩家》，虛擬線上的世界成為現實世界的平行宇宙，但從現在到元宇宙真正實現的那一天，還需要至少幾十年的時間。在這期間，人類需要解決區塊鏈技術的成熟度、元宇宙間的磨合以及各個領域、產業間的溝通、資訊架構體驗優化等問題，針對元宇宙的現狀和去中心化的特點，各個領域的區塊鏈利益相關者，需要繼續深掘，繼續從藝術和遊戲領域突破。

綜上，元宇宙的產業與投資布局需要有三個步驟：第一步需要完善所需基礎設施建設，包括硬體（例如：VR、AR、伺服器）以及加強區塊鏈去中心化技術（例如：保障跨鏈穩定性）。第二步要落實完善各個支持配套領域，例如：數位身份的真實感和沉浸感等。第三步為大規模吸引用戶習慣在元宇宙中活動奠定基礎。

11.3 產業佈局現狀：以大型跨國企業為例

市場趨勢影響著資金流動與產業動向，而產業佈局則是具體市場動向的展現。接下來，本節將針對一些知名產業的元宇宙佈局做出簡介，希望有助讀者一窺這些跨國產業巨獸的發展概況，並適時做出一些佈局。

Amazon

在電子商務領域，Amazon正在尋求給予用戶更新的體驗，準備將AR技術導入，也就是Amazon View，改變用戶的線上購物體驗，在當中創立一個虛擬的空間，以3D形式模擬用戶房間的基本佈局。透過這個新功能，可以輕鬆準確地在虛擬房間中擺放物品，對於有室內設計需求，需要確認陳列風格的用戶很有幫助。一般用戶也可以在購買產品之前模擬裝飾房間，在虛擬房間內擺放桌椅、櫃子及各式家具。在各個科技巨頭都在發展各種VR技術裝置之下，電商巨擘也需要充分利用虛擬實境技術，找出與客戶建立新連結的方式，使得線上虛擬購買體驗更為逼真。根據許多行銷公司的市場反饋與研究，這些線上購物能否替代實體購物的渠道，仍須視商品類型與本質而定。畢竟，有些商品必須要透過實體觸摸的質感才能改變人為的購買決策過程，這也是線上購物的障礙與需要克服的技術壁壘。舉例來說：買傢俱與買香水，何種體驗能被虛擬實境體驗替代不言而喻，前者需要對於材料質地的了解，後者則是嗅覺的辨識科技才能滿足用戶自有需求或送禮目的。

因此，線上與線下的整合與互補的體驗，才是真正的元宇宙電商平台成功的關鍵。蓋，人類消費行為往往大同小異，要獨立創造出特別的環境讓人趨之若鶩又能不感到倦怠，需要長時間蒐集用戶行為習慣數據才能做出更客製化的資訊推薦。這樣一來，電商元宇宙也才有使用的必要性與被投資空間。

◈ Netflix

提到元宇宙，大家通常想到的都是遊戲公司，但身為影音串流平台龍頭之一的 Netflix 也有想要跨足元宇宙的野心。Netflix 的執行長 Reed Hastings 指出，Netflix 最大的競爭對手不是迪士尼，而是《Fortnite》，一款具有元宇宙概念的線上遊戲，如果全球有數億人沉溺在元宇宙平台《Fortnite》中，那就會減少 Netflix 的收看人數，這就是問題的根本。

因此 Netflix 對於元宇宙也想參與其中，近期收購了三家遊戲開發商，並且聘請了前 Oculus 的高級主管為其遊戲開發副總裁，可見 Netflix 對於進軍元宇宙的決心。目前 Netflix 仍未計劃與其他業者競爭手機市場，而是透過影片結合遊戲內容方式，藉此推動影音觀看體驗，例如藉由遊戲類內容提升使用者觀看影集的意願，或是透過遊戲延伸影集劇情體驗。

當然，不可否認遊戲平台是個重要的元宇宙入口體驗，但人類遊樂行為的習慣與所花費的時間，以及其與觀看影片帶來的體驗樂趣，究竟有何不同，相信許多讀者也都有自己主觀上的需求差異。就此，筆者認為，遊戲跟影片之間的界線仍舊明顯，因為一種是被動吸收，一種需要主動參與，休閒程度與感受大有不同，所耗費的精力也是不同。因此，如果一個串流視頻公司要重新檢討收看人數，或許應該試著研究的是：「為何看完影片同時或者之後還會想去玩遊戲？」，或者「這樣的體驗是否有其他組合性的體驗能替代？」

因為，如果用戶體驗能拆碎成為一片又一片的樂高代幣銷售，作為門票的 NFT 則可以成為跨用戶體驗跟裝置的入口，減少因為身分認證或者體驗推薦帶來的使用者門檻，讓整體用戶流程更為順暢，同時又能透過精準行銷避免多種體驗疊加使用者時數帶來的疲倦感。

◈ NVIDIA

以硬體起家的 NVIDIA 在 GPU 技術會議（GTC 2021）上，宣布了要將產品路線升級為「GPU + CPU + DPU」的「三芯」戰略，同時，將其新發布的「全

宇宙」（Omniverse）平台定位為「工程師的元宇宙」。然而，筆者認為這已經是將工程師與設計師跟建築師拉起了連結。

因為無論是工程師、設計師與建築師都能透過 NVIDIA RTX 技術完成即時的協作，其擅長的圖形加速器可使用 CUDE 核心處理器進行加速，屬於效能優化的基礎設施。

而其所代表的商務與科技開發策略可歸納成：成為各種大型元宇宙不可或缺的建築軟體，因為加速效能的科技往往需要更為強大的工具將實體世界進行快速的 3D 建模，讓現實跟虛擬的界線變得更模糊但又更具體驗性。

◉ Microsoft

2022 年 1 月 18 日，微軟（Microsoft）發表官方聲明稱，將以每股 95 美元的價格全現金收購動視暴雪（Activision Blizzard），這筆交易價值 687 億美元，其中也包括動視暴雪的淨現金在內。這是微軟佈局元宇宙戰略的重要的一步。而微軟是否會去影響遊戲的走向，或者用其他部門的資源去協助遊戲本身的軟硬體整合，將會是值得注意的地方。

然而，這些運動或遊戲體驗如果無法取代人類對於現實生活同樣社交的需求甚至提供額外的誘因的話（例如：運動博彩或者線上運動社群的一對一專人講解版本），其實很難馬上建構足夠的用戶基數成為投資者的護城河。以運動體驗案例來說：美國人喜歡去酒吧聊天、搭訕甚至享受社交型的運動博彩，如何複製或者強化這樣的體驗，會是各種服務平台都會遇到的問題。而玩手遊的中國學生們則可能更喜歡一群人吃吃喝喝的過程中，享受對打叫罵的樂趣，而非讓微軟藉由一個科技把他們鎖定在特定空間中，操控暗黑破壞神的角色。

11.4 各國元宇宙發展概況

◉ 美國：資訊安全隱私與數據資產管理的均衡

與其他國家相比，美國政治對於元宇宙處於較為保守的態度。以民間機構 Facebook 為例，其消費者資料洩露行為被處以 50 億美元罰款，且在臉書打算自己鑄造穩定幣 Libra（現已更名為 Diem）的過程中，被美國政府再度打了一個巴掌。然而該公司並未放棄，於 2021 年十一月再度提出 Meta 的新公司名稱並試著轉型。

本案例某程度上可以看出中心化與去中心化的消長與金融主權的爭奪，然而到目前為止，美國政府相較於企業仍佔上風一點。至於 Meta 是否會試著跨過美元主權而在其試圖創建的元宇宙體系中重新發幣，是個值得關注的趨勢。

至於政府相關的單位，相對於大型平台的跨國性，區域性元宇宙服務，例如：美國幾所州立大學試用中的教育元宇宙課程，其取得元宇宙技術壁壘與障礙仍然存在，因此目前仍無法正當化或證明政府採用的成本是能滿足效益需求的。這樣的情況下，導致許多州和地方政府在更多參與之前可能會採取觀望態度。

然而，政府態度不代表民間機構會因此被制約，畢竟美國仍然是元宇宙最強大的科技大國，其所擁有的項目與科技也都是最先進的。這從前述亞馬遜或臉書的產業布局即可略知一二。

◉ 日本：鼓勵創造行業標準與完成產業布局

日本政府對於元宇宙採用著一種包容性的家長式管理方式，希望藉由法律規範的完善、產業指導方針的建立，在發展成果為民眾所能運用與接受的範圍內推廣元宇宙服務。該國的區塊鏈金融商品交易法規相對於其他國家也是更為完

善，不管是虛擬收益兌換平台還是電子錢包業務等。舉例來說：FXCOIN 將與金融廳等行政部門配合，電子錢包廠商 Ginco 也會一起進入市場服務。

再者，日本有相當多的動漫、遊戲 IP 可供全球授權，在元宇宙遊戲項目上具有壓倒性優勢。不論是早期的《初音未來》，還是《你好世界》作為元宇宙概念的動畫作品代表、各種跨國遊戲公司的收購案，都顯示出日本強大的元宇宙國力。也正是因為在這個優良的發展環境下，日本的 IP 才有辦法穩定輸出作為重要的收益來源，而能投資到大型 IP 項目，更是不少投資人所憧憬之未來。

韓國：傾全國之力來打造元宇宙政府與城市

韓國政府與企業可謂是上下一條心，且開發的元宇宙環境屬於全面覆蓋型的。從政府發布元宇宙首爾五年計畫開始，其規劃都屬於長期、永續化的經營，而非僅僅是單點式的專案。從政治、經濟、社會、文化、教育、旅遊等各方面，都有完成性高的國家發展策略。

此外，韓國還計劃在藝文市場與娛樂產業都打造一個線上的虛擬世界，來推廣韓國文化與韓語教學。這樣的文化元宇宙輸出，著實才是能打出國際品牌的行銷策略。換言之，文化的沉浸式體驗才是韓國政府真正的意圖，讓用戶能在不知不覺中喜歡上韓國的古典與流行文化，卻又不會因為政治因素而無法跨越種族。

技術上，三星新一代移動 DRAM（動態隨機存取記憶體）── LPDDR5X（低功耗雙倍數據速率 5X）手機電子科技、LG Display 與 Innotek 的 3D ToF 模組螢幕發展，都大幅強化了元宇宙體驗無縫接軌的可行性。而元宇宙社交軟體 Zepeto 功能上可說是強化版本的 Meta 3D Avatar 社交遊戲環境，試圖打造一個不受年齡、性別、種族等限制的用戶體驗。

發展中國家

發展中國家如何利用元宇宙技術？儘管目前有炒作和其他伴隨的風險，但元宇宙可能會在多個領域帶來好處，包括醫療保健、教育和城市發展。筆者建議發

展中國家應該試著開始以最小可行資源，探索虛擬世界的潛在利益和風險，為未來幾年可能獲得發展趨勢的技術做準備。因為科技往往是發展中國家可以彎道超車的一個崛起途徑。

❶ 首先，可以在教育和培訓過程中使用沉浸式技術，教師可以在培訓機構接受沉浸式培訓，並鼓勵學生在遊戲平台上創建教育內容。同樣地，醫療保健專業人員可以使用沉浸式技術得到更好的訓練。

❷ 元宇宙還可以優化城市發展。建築設計在建築形狀、體驗、功能和美學方面將與虛擬世界融合。發展中國家的城市可以在建築師和遊戲玩家合作的幫助下，在沉浸式空間中嘗試重新設計城市空間。可以透過沉浸式體驗向居民諮詢更好的設計。

❸ 目前英國、紐西蘭和歐盟等國，皆在推行數位對映政策。數位對映是未來元宇宙世界的重要基石，發展中國家也可考慮朝向數位對映的方向發展，盡早布局 Web 3.0 世界。

台灣

以目前台灣的跨領域合作案可以看出各大公司合作的對象與業務範圍，而元宇宙需要多方共同投資與嘗試，並摸索找出符合用戶需求的產品。就市場觀察而言：大型硬體電子供應鏈有其基礎設施的優勢，然而元宇宙的關鍵在於內容提供與用戶體驗，若要投資相關項目，自然須看各種元宇宙項目能提供的用戶終身價值。

11.5 元宇宙合作案

◉ 鴻海：投資 XRSPACE 虛擬實境

近日，鴻海科技集團與新世代虛擬實境應用、元宇宙開拓者 XRSPACE 攜手簽訂合作備忘錄，未來 XRSPACE 擁有的虛擬空間掃描和互動、視覺運算、渲染、手勢互動和全像追蹤、人工智慧等技術，將結合鴻海在軟硬體平台垂直整合的設計製造能力，建立起完整的元宇宙生態系統。

XRSPACE 於 2021 年推出全球首創線上虛擬展覽平台 GOXR 以及 PartyOn 虛擬音樂世界，任何用戶可透過手機、平板，與虛擬實境頭戴顯示器走入多元化的元宇宙即時互動空間並隨時參加線上活動。XRSPACE 結合 5G XR 跨終端、跨平台內容與體驗，開創人與人互動的嶄新可能，更在任何擁有 5G、4G，或 Wi-Fi 連線的環境中，以最直覺無負擔的方式，隨時隨地暢遊 XRSPACE 元宇宙虛擬社交世界。

◉ 宏碁：投資創立 NFT 交易平台 Jcard 的思偉達創新科技

今（2022）年 3 月，宏碁宣布投資台灣區塊鏈新創 STARBIT 思偉達創新科技，藉由其布建區塊鏈基礎設施的經驗，以及宏碁的跨國技術含量，將共同實現產業數位化。思偉達成立至今邁入第 5 年，該團隊在 2018 年率先上線亞洲第一間去中心化交易所 STARBIT EX，爾後並提供加密貨幣第三方錢包、底層鏈建置，同時也致力推動證券型代幣發行（Securities Token Offering，STO）的發展。

到了 2021 年，亞洲首座跨領域 NFT 交易平台「Jcard 這咖」成立，並陸續發行過崐崐、朱銘美術館、霹靂布袋戲、聯合報報時光、公視茶金和中華電信的

NFT，未來也將與宏碁旗下子公司倚天酷碁利用區塊鏈技術，整合各項資源一起開發元宇宙生態系。

華碩：國網中心區塊鏈＆ AI 雲創園區

華碩雲端（ASUS Cloud）長期協助企業數位轉型，並從 2020 年開始於區塊鏈領域投入布局，在華碩內部成立一個區塊鏈實驗室，專門研究區塊鏈技術在智慧城市、智慧醫療等領域的應用。同時，華碩也攜手思偉達創新科技等新創團隊，共同聯手拿下國家高速網路與計算中心（國網中心）標案，目標建置能廣為業界所運用的大型區塊鏈服務平台。而醫療在做 AI 的過程中，一定用到很多醫療數據，數據從合作方交換來時，都會在意這些數據都是敏感個資，這些數據是否妥善利用，過程中就可用區塊鏈去存證，需要信任，區塊鏈在數位經濟裡，是信任跟交易的基礎，是最便宜的技術。

11.6 台灣未來期許：從生態投資到產業落地

從上述案件可略知各國元宇宙項目的政府態度與民間進展，筆者在此也期許我國政府也能找到適合自己的發展方式，畢竟元宇宙無法單打獨鬥，任何的發展都需要初始資金的投資。最後，在本書末筆者希冀以下投資判斷標準可供國家與投資人參考。分述如下：

❶ 項目是否具有大型平台合作對象（例如：臉書或 Nike 等大平台收購的項目）。

❷ 項目方與各國隱私與金融法規監管互動（例如：各國金管會行政命令）。

❸ 過去項目開發時間之成本效益估計（例如：Roblox 等平台的開發路線圖）。

❹ 過去試錯之案例與其沉默成本項目（例如：許多 NFT 項目的代幣經濟）。

❺ 產品開發是否符合產業資訊架構優化與必要性。

綜上，除了前幾章闡述的產品方須有嚴謹的開發流程外，元宇宙投資人亦可根據上述價值投資標準來有效減少投資風險，一起完善元宇宙過渡期之投資，並創造永續經營的價值。相信在不遠的未來，若在投資上能減少試錯過程，元宇宙不會只是個大家意想中的泡沫化名詞而已，而是一個真正能夠超越主權、優化既有貨幣經濟體系且共享資訊的全方位互動平台！

◎ 延伸思考：加密貨幣的財會法律地位發展趨勢

一個商業活動或一個標的要成為目前普世所能接受的狀況，而不是淪為去中心化而被邊緣化，要解決的問題就是在法律上及商業衡量上取得地位與適法性，簡單說就是在法律及會計紀錄與衡量上找到存在的方法，但法律與會計本就是一群相對保守與傳統的一群，對於目前發展快速的數位資產商業活動都只是被動因應，導致大型企業及法人機構無法名正言順地投資相關數位資產，進而讓這產業無法進一步擴大。

為何大型企業及法人機構無法名正言順投資？主要是因為會計認列問題，讓投資不能在其報表上正式認列為投資的資產項目，而傾向於認列為費用項目！若一項投資不能成為投資而傾向於認列為費用，有哪一個企業及法人願意花錢來投入數位資產呢？

為何會計上會認列為資產比較困難，而傾向認列為費用呢？這就是會計上的表達都是以保守原則為主，將數位資產認列為資產就有所謂評價的問題，資產的評價就是目前最大的挑戰，比如企業可以投資股票，因為股票有市價，這市價是交易所依照買賣狀況得出的公平市價，有公允參考性，但數位資產目前並沒有一個讓普羅大眾及政府機構認定的一個具代表性交易所公告的市價當參考，因此數位資產的評價就面臨考驗，就會計師的邏輯，既然資產不好認列，就全部認列為費用吧，免除了資產評價問題也解決了審計問題。

商業實質重於法律形式，在會計上若能解決數位資產的認列問題，法律上也就沒有太大問題了，所以要解決數位資產的適法性，第一要解決的就是會計師界對於數位資產的處理要如何因應。

台灣的會計界一向沿用美國的最新規定與案例，但只要是正確的道路終究會有明智的人衝破這障礙，美國企業特斯拉截至 2022 年第二季持有大量比特幣讓這會計問題浮上檯面，並有了會計認列為資產的一項進展。

根據特斯拉官網投資人關係專區（Investor Relationship）所公告遞交給美國證券交易委員會（Securities and Exchange Commission, SEC）2022 年未經審計（unaudited）之第三季財務報表（10-Q），在 2022 年 6 月 30 日之合併資產負債表中（Consolidated Balance Sheets）資產（Assets）項下，總共認列了 2.18 億美元的「數位資產」。

在合併現金流量表中（Consolidated Statements of Cash Flows），在營運活動現金流量下（Cash Flows from Operating Activities），設有以淨額（net）列示的「數位資產利益」（Digital assets gain）；在投資活動現金流量下（Cash Flows from Investing Activities），認列 9.36 億美元的「出售數位資產現金流入」（Proceeds from Sales of Digital Assets）。特斯拉表示該等交易行為將按照美國會計準則（Accounting Standards Codification，ASC）606 號客戶合約之收入（Revenue from Contracts with Customers），按照比特幣現價（Current quoted market prices）認列。

至於如何認列比特幣等數位資產之公允價值？根據 ASC 820 號公允價值之衡量（Fair Value Measurement），將以市場上較為活躍、主流之幾間交易所（active exchange(s)）報價為主，並將以此作為比特幣之主要市場（principal market）。爾後會按季衡量相關數位資產是否存有超過 50% 的機率（more likely than not）產生減損損失。而衡量方法主要係自購入比特幣後，考量市場上主要交易所在該會計報導期間之最低價為比較基準，於報表上認列目前所購入之比特幣帳面價值（carrying value）與公允價值（fair value）間之差異數。

若有跌價，所產生之減損損失（Impairment losses）將在被辨認後認列於綜合損益表中。該減損的數位資產將被沖銷調節至其應有之價值並以淨額列示，縱使後續市場價格上升，在該數位資產未出售前，特斯拉將不認列相關增值

利益，特斯拉僅會在銷售數位資產時將銷售價格（sales price）與帳面價值（carrying value）的差異數認列為收益。

從特斯拉所揭示的財務報告中，我們發現數位資產在會計上的認列已經有了很大的進展，可以在資產負債表上認列為資產項目，不過對於資產的評價仍很嚴格，在買進時以成本計價，當期末有減損時要立刻認列減損，就算以後市價回升也不能認列回升利益，只能在出售時認列處分利益。而 NFT 相較比特幣就又會更難合理認列。

儘管如此，數位資產在會計上的進展已經算是有很大的突破了，我們企望數位資產能在台灣的上市公司財報上有出現的一天，代表法人與投資機構可以正大光明的參與並投資相關產業，不必擔心主管機關的質疑，這也將是區塊鏈相關產業百花齊放的時刻！

◎ 參考資料

- 月旦會計財稅網及特斯拉公告之未審計財務報告

- 布局 NFT、元宇宙，宏碁策略投資區塊鏈新創思偉達
  https://technews.tw/2022/02/17/acer-and-starbit/

- 吳漢章率華碩雲端典範轉移，催生元宇宙醫院在台誕生
  https://www.taiwanhot.net/news/993448/%E5%90%B3%E6%BC%A2%
  E7%AB%A0%E7%8E%87%E8%8F%AF%E7%A2%A9%E9%9B%B2%E7
  %AB%AF
  %E5%85%B8%E7%AF%84%E8%BD%89%E7%A7%BB%EF%BC%8C%
  E5%82%AC%E7%94%9F%E5%85%83%E5%AE%87%E5%AE%99%E9
  %86%AB%E9%99%A2%E5%9C%A8%E5%8F
  %B0%E8%AA%95%E7%94%9F

- 鴻海攜手 XRSPACE 打造元宇宙生態系，2022/02/22
  https://www.xrspace.io/tw/press/press_release/foxconn_xrspace_metaverse